规划希望

GUIHUAXIWANG

张建坤　主编

山西出版集团　山西人民出版社

图书在版编目(CIP)数据

规划希望 / 张建坤主编.—太原：山西人民出版社，
2011.9

ISBN 978-7-203-07366-6

Ⅰ.①规… Ⅱ.①张… Ⅲ.①电力工业—工业企业—
企业文化—山西省 Ⅳ.①F426.61

中国版本图书馆 CIP 数据核字(2011)第 135594 号

规划希望

主　　编：张建坤
责任编辑：秦继华
装帧设计：谢　成

出 版 者：山西出版集团·山西人民出版社
地　　址：太原市建设南路 21 号
邮　　编：030012
发行营销：0351-4922220　4955996　4956039
　　　　　　0351-4922127（传真）　4956038（邮购）
E - mail：sxskcb@163.com　发行部
　　　　　　sxskcb@126.com　总编室
网　　址：www.sxskcb.com

经 销 者：山西出版集团·山西人民出版社
承 印 者：太原市力成印刷有限公司

开　　本：787mm×960mm　1/16
印　　张：19
字　　数：200 千字
印　　数：1-8000 册
版　　次：2011 年 9 月　第 1 版
印　　次：2011 年 9 月　第 1 次印刷
书　　号：ISBN 978-7-203-07366-6
定　　价：42.00 元

如有印装质量问题请与本社联系调换

本书编委会

主　　编　　张建坤

编写组组长　　崔作让　阎永升

编写组成员　　栗国胜　张玉红　马云风

　　　　　　　陈　彬　崔建周　曾跃飞

　　　　　　　张爱权

目　录

目录

新时期孕育新希望

　　新中国成立以来先后有过 11 个五年规划，改革开放前 5 个，改革开放后 6 个。前 10 个称"计划"，从"十一五"开始称"规划"。从"一五"到"七五"称"国民经济计划"，从"八五"开始称"国民经济和社会发展计划"或者规划。从今年开始到 2015 年，我们走进了第十二个五年规划时期。"十二五"规划是 20 年全面建设小康社会的第三个五年规划。党中央提出的"十二五"规划纲要明确了"十二五"时期经济社会发展的指导思想、主要目标、战略重点和重大举措，是今后一个时期我国经济社会发展的重要指导性文件。纲要明确指出：2011 年—2015 年这 5 年是国家全面建设小康社会的关键时期，是深化改革开放、转变经济发展方式的攻坚时期。

　　国家电网公司发展也进入了承前启后的"十二五"发展时期。"十二五"发展的目标是：把国家电网公司建成以电网业务为核心，金融、直属产业和国际业务全面发展的世界一流能源集团，建成核心竞争力强、可持续发展能力强、服务保障能力强、软实力强的现代公司，建成员工和企业共同成长、企业与社会共同发展的具有更高文明素质的和谐企业。

"十二五"时期是加快建设坚强智能电网的关键时期。"十二五"期间，我国工业化、城镇化深入推进，国民经济平稳较快发展将带动电力需求持续增长，全国发电装机容量预计增加近5亿千瓦，全社会用电量增加2万亿千瓦时。必须加快转变电网发展方式，着力实施"一特四大"战略，加快建设坚强智能电网，尽快形成交直流协调发展、结构布局合理的特高压骨干网架，适应大型能源基地建设和大量清洁能源外送消纳的要求，满足经济社会发展和人民群众生活的用电需求，解决煤电运输紧张矛盾，保障能源与经济社会协调发展。

"十二五"时期是体制机制创新的攻坚期。随着特高压工程的建设和坚强智能电网的发展，国家电网已成为世界上电压等级最高、系统规模最大、资源配置能力最强的交直流混合电网，电网功能、形态和结构正在发生深刻变化。创新管理体制和运行机制，是转变公司发展方式的一场深刻变革，对公司工作提出了很高的要求。

"十二五"时期是全面建成国际化企业的机遇期。国家加快实施"走出去"战略，强调发挥我国在国际经济分工中的比较优势，坚持出口和进口并重、吸收外资和对外投资并重，支持各类有条件的企业开展国际并购。经过"十一五"发展，公司国际竞争力和影响力大幅提升，利用国际资源加快发展的空间得到很大拓展。我们

要抢抓机遇，在国际电网运行管理、资源并购、工程总包、招标采购、标准制订等方面取得重大突破，加快建设具有海外电力投资、建设、运营、服务等综合业务能力的国际化公司。

"十二五"时期是金融和直属产业发展能力的提升期。国家支持培育和发展节能环保、高端装备制造、新能源等战略性新兴产业，同时深化金融体制改革、健全多层次的资本市场体系，金融和直属产业发展面临有利的环境。公司坚强智能电网的加快建设、国际业务的快速推进等，迫切需要进一步提升金融和直属产业支撑发展的能力。目前，公司金融和直属产业已经具备加快发展的基础，"十二五"将迎来大发展的新时期。

山西省电力公司也迎来了充满希望、令人神往的"十二五"时期。"十二五"时期，是公司全面完成大规模电网建设的重要时期，是进一步完善和提升智能电网综合实力，技术、装备和公司管理全面达到国内领先水平的关键时期。在"十二五"时期，我们将全面贯彻落实科学发展观，按照山西省"绿色发展、清洁发展、安全发展"的要求，以满足经济社会可持续发展的电力需求为目标，促进特高压电网建设，加快坚强智能电网建设，提高山西电网的外送能力，全面提升电网的资源配置能力、安全水平和经济运行效率，实现电网发展方式的重大转变，保障国家能源安全，支持低碳经济发展，服务我省工业化、城镇化和社会主义新农村建设，为全面建设小康社会提供安全、可靠、清洁、优质的电力保障。

新时期孕育新希望。希望是令人神往的蓝图，希望是催人奋进的号角，希望是成功的内因，希望是行动的动力。适应时代要求、事业需要，充满希望的山西电力人将踏上新的征程，用心用智、用超越的想象力去规划希望。

1963 年美国黑人运动领袖马丁·路德·金发表《我有一个梦想》的演说，点燃了美国人追求和实现民族平等、消除种族歧视梦想的热情；1949 年毛泽东主席在天安门城楼上"中国人民站起来了"的庄严宣告，激发了华夏儿女建设社会主义强国、实现中华民族伟大复兴的动力。山西省电力公司"十二五"规划，承载着山西电力人的希望和梦想，承载着山西省电力公司走上科学发展轨道的希望和梦想。山西省电力公司上自领导、下至普通员工，一定会牢牢把握难得的发展机遇，用智慧和汗水孕育山西省电力公司发展更加美好的明天。

一、新的五年，赋予我们太多的希望和梦想

人人都有梦想，有梦想的人是幸福的人，人人都应怀揣希望，有希望的人生注定是精彩的人生。新时期的山西电力人执行和完成"十二五"规划的过程，是一个织梦、圆梦和超越梦想的过程。

新的五年，我们将秉承先进的理念

理念是行动的先导，是实践的灵魂。只有在先进理念指导下，山西省电力公司"十二五"规划所确定的宏伟目标才能最终得到落实；只有在先进理念指导下，山西省电力公司才能在执行规划的过程中，避免盲目性，增强自觉性和主动性。而且，从长远看，理念

比看得见的业绩更为根本和重要。所以，从某种程度上讲，"十二五"规划完成的过程，就是山西省电力公司不断秉承、逐步完善先进发展理念的过程。站在时代高度，结合山西实际，展望"十二五"期间山西省电力公司发展的美好前景，山西电力人将在先进理念的指导下迈向新的征程。

第一，创新理念。创新是时代的要求，是企业发展战略的核心，是企业获得持续竞争力的源泉，只有大胆创新，才能推动企业向前发展。站在发展的新起点，国家电网公司深入分析我国经济社会发展的趋势、能源可持续发展的内在要求，遵循电力发展规律和电网发展规律，从保障能源安全、优化能源结构、促进节能减排、发展低碳经济的要求出发，提出了建设统一坚强智能电网的发展战略目标。这是电网发展方式的重大变革和创新，科学回答了公司在发展关键阶段走什么路、朝什么目标继续前进的重大问题，具有极其重要的战略引领作用，为山西省电力公司"十二五"期间的发展指明了主要方向。

建设统一坚强的智能电网，是一项全面创新的开拓性工程，没有经验可以借鉴，没有模式可以照搬。这要求山西电力人要从知识经济的要求出发，从市场环境的变化出发，不断进行技术、管理、制度、市场、战略等诸多方面的创新；要主动适应时代发展和公司变革，坚持不懈地学习智能电网的新技术，掌握经营管理的新方法，了解系统内外的好经验，不断增强把握电网和公司发展的规律、提升创新发展的能力。特别是各级领导干部，更要以超前的思路谋划发展，准确把握电网和公司的发展方向和未来趋势；要将公司发展的优势和战略目标相互融合，统筹公司内外资源，统筹公司与员工、公司与社会的各方面关系，求强不求大，求优不求全，用发展的、开放的、全面的观点开拓新思路，探索新途径，破解新难题，赢得新发展。

第二，绿色环保理念。绿色环保理念是对山西省电力公司坚持什么样发展理念、走什么样发展路子的重要检验标准。近年来，我国能源需求快速增长，能源供应和温室气体减排压力日益增大。开发利用清洁能源成为世界各国解决能源和环保问题、应对气候变化的共同选择。2009 年 9 月 22 日，在纽约联合国气候变化峰会上，胡锦涛总书记代表中国作出庄严承诺，2020 年中国非化石能源占一次能源消费比重达到 15%左右。非化石能源主要通过发电实现在终端能源利用，为落实国家能源发展总体目标，2020 年，我国非化石能源发电占一次能源消费的比重必须达到 12%以上。按此推算，到 2020 年，全国非化石能源发电装机占电力总装机比重将达到 35%左右。

电网是推进清洁能源发展的关键环节，大规模清洁能源的集中开发和外送，对消纳市场、系统调峰调频、电网安全运行提出了更高的要求。建设坚强智能电网，有利于实现电力资源在较大范围优化配置，有利于节省线路走廊和节约土地资源，有利于节省电网建设投资和运行费用，有利于减少煤电对环境污染的影响。在过去 5 年里，山西省电力公司以结构调整促节能、技术创新求节能、强化

管理抓节能，取得了明显成效。但是节能降耗的形势依然严峻，增长方式较为粗放和用电形势趋紧、节能空间缩小等问题仍然比较突出。未来五年，省公司要进一步提高认识，努力使绿色环保理念深入人心。塑造绿色环保理念，是一项系统工程，必须加强领导，强化责任落实，强化协调配合，强化机制创新，强化技术服务，强化责任考核，强化监督执法，强化宣传教育，形成全省电网公司上下齐抓共促的良好局面。

第三，服务理念。服务党和国家工作大局、服务电力客户、服务发电企业、服务山西经济社会发展，是山西省电力公司的宗旨，同时也是山西省电力公司在未来五年的追求。这一定位，表明山西省电力公司对自身性质职能有了更为清醒的认识与更为准确的把握，体现了公司基本使命与价值追求的统一，体现了国有企业的经济责任、政治责任与社会责任的统一，是电力行业长期践行的"人民电业为人民"服务宗旨在新时期的深化和发展，是公司一切工作的出发点和落脚点。"十二五"期间，山西省电力公司要以服务人民群众为根本，以提高企业职工素质和社会文明程度为目标，以思想道德建设为主线，树立全新的服务理念，不断丰富服务内涵，提升服务质量。

新的五年，我们将创造一流的业绩

电力是经济和社会发展的基础性、战略性、先导性产业，在促进经济平稳较快增长、加快经济结构调整、保障改善民生等方面，具有重要的支撑和保障作用。"十二五"期间，山西省电力公司要加快电网建设，全力满足经济社会发展需求；提升运行水平，切实保障电力有效供应；助力节能减排，积极促进经济发展方式转变；建设智能电网，着力提升自主创新能力。这要求我们要奋力争先，努力超越，力争在"十二五"期间创造出一流的业绩。

第一，着力打造发展的硬实力。硬实力是企业发展的物质基础，是促进企业不断壮大的坚强保障。山西省电力公司作为保障安全可靠供电的企业，电网的发展水平决定了公司的硬实力水平。转变电网发展方式，建设坚强智能电网，既是服务全省经济社会发展、保证全省电力供应的客观要求，也是打造公司发展硬实力的必由之路。"十二五"时期，山西省电力公司发展方式转变的重点是加快推进以特高压为关键的各项工程建设，侧重发展配电网，建设坚强智能电网，全面提高电网的安全运行水平和供电保障能力，实现电网与经济、社会、环境的协调发展。各级各部门既要从优化能源结构、保障能源安全等方面，充分认识建设坚强智能电网的重要性，又要从增强企业实力、把握发展先机、提高服务水平等方面，深刻认识建设坚强智能电网的紧迫性，积极适应清洁能源发展和智能用电要求不断提高的新形势，以确保主网坚强、解决配网薄弱、优化电网结构为重点，加快建设坚强智能电网。

要以国家坚强智能电网规划为指导，统筹抓好电网规划、前期、建设、运行等各环节，推进各级电网协调发展，提高电网资源优化配置能力和供电能力。要提高电网智能化水平。坚持以坚强网架为基础，以通信信息平台为支撑，以智能控制为手段，统筹推进

发电、输电、变电、配电、用电、调度等各环节的智能化建设与改造，加快建设技术先进、布局合理、传输顺畅、延伸到户的电力通信信息网，实现"电力流、信息流、业务流"的高度一体化融合。要密切关注智能电网发展趋势，积极构建新型商业模式，把握先机，争取主动，拓展新的业务领域，创造新的效益增长点。

第二，着力提升竞争力。竞争力是企业综合素质的集中体现，是企业立于不败之地的可靠保证。"十二五"规划提出的优化业务流程，重塑组织架构，将极大地促进企业管理水平的提高；转变发展方式，全面实施人力资源、财务、物资的集约化管理，构建大规划、大建设、大运行、大生产、大营销体系，是对公司管理结构的全面优化，将对提升公司竞争力产生重大而深远的影响。

为此，公司上下要自觉树立一盘棋思想，切实做到局部服从整体、小局服从大局。要进一步加大人、财、物等核心资源科学配置和集约调控力度，在公司推行统一的管理模式、管理标准、业务流程，加快建立健全集中、统一、精益、高效的科学管理体系，提高公司的整体运营效率和效益。要加大标准化建设力度，建立覆盖公司生产经营管理全过程的标准体系，强化标准的严格执行。要加快信息化建设步伐。不断深化信息系统应用、不断推进管理提升。要着力实现业务处理流程化、数据分析自动化、辅助决策智能化、信息系统实用化、企业管理数据化。信息化是实现先进管理思想的重要载体，要高度重视信息系统的深化应用，不懈怠、不停步，加快理念变革和管理变革，实现各层级所有业务的纵向信息贯通和横向集成共享。

新的五年，我们要打造一流的团队

人是企业发展的决定力量，团队是企业发展的重要支撑。国家电网公司要"建设世界一流电网、建设国际一流企业"，必须打造一流的团队。一流的团队是公司不断发展、创造辉煌的根本和基础。张建坤总经理多次指出："坚定的执行、扎实的工作、团队的合力，是愿景成为现实、希望得以实现的重要途径和内在力量"，要"通过打造人人有专长的团队，提升公司整体工作水平"，要"组建重点项目公关团队"，要"组建精诚团结的员工团队"，要"打造责任团队"，"使公司上下形成责任为重、信念坚定、合力攻坚克难，推动公司科学发展的领导干部团队"。

打造一流团队要做到：第一，培养主动做事的品格。人的工作状态可以分为四类：第一类是饱含激情、创造性地开展工作；第二类是工作积极主动、充满热情；第三类是安排干什么就干什么；第四类是"做一天和尚撞一天钟，混日子"。四类人的区别就在于是否具备主动品格或者说主观能动性发挥的多寡。打造一流团队，就是要最大限度去发挥每个成员的才能，并加以凝聚，其出发点可以是培养第三类人的主动品格，使其成为第二类人、甚至第一类人。

第二，培养忠诚敬业的品质。忠诚是一种品质、一种力量。忠诚于企业、忠诚于岗位、忠诚于职责，是一个优秀员工高效完成任务的前提和基础。每个人都渴望能把工作做得更好、更完美。忠诚敬业的使命感和责任感可以使员工与企业的奋斗目标紧紧地联系在

一起，使员工真正敬重自己的工作，把工作当作自己的事，为自己所担负的职责做出承诺，付出努力。富有忠诚品质的员工，能够一心一意于他的职责与工作，没有他人的督促，也能出色地完成任务。团队成员必须有敬业的品质。有了敬业的品质，才能把团队的事当成自己的事，有责任心，发挥自己的聪明才智，为团队的目标而努力。作为团队的一员，个人的荣辱兴衰与团队、集体是连在一起的。这就要求每一个人，有意识地融入团队之中，并且想方设法地完成好个人承担的任务，养成不论干什么工作、干什么事都认真对待的好习惯。马丁·路德·金说过："如果一个人是清洁工，那么他就应该像米开朗基罗作画、贝多芬作曲、莎士比亚写诗一样对待他的工作。他的工作如此出色，以至于天上的神灵、地上的人们都会对他注目赞美：瞧，这儿有一位伟大的清洁工，他的活儿干得真是无与伦比！"

第三，培养宽容与合作精神。在社会分工越来越细的趋势下，任何企业都不可能完全孤立地开展生产经营活动，每个人也不可能依靠一己之力完成工作任务。只有学会对外合作、共享资源、抗击风险，学会对内协作、学人之长、补己之短，才能实现优势互补、风险同担、利益共享，形成推动企业发展的强大合力。面对"十二五"期间公司发展的繁重任务，我们必须加强与社会方方面面的互动联系，强化公司内部的协同运作，最大限度地发挥各个方面的积极作用，在合作中寻求发展，在互利中实现共赢：

一要主动与人协商，多沟通、交流。俗话说，"最美丽的表达是倾听"，倾听是一种不可或缺的职业自觉与素养。如果希望打造一支精诚团结的团队，最基本的一点就是要多参考团队伙伴的意见；二要有宽容心，宽容比严厉的力量更大，也是一种有效的管理手段。要正确看待团队中每一个人的长处和优点，特别是多看别人的长处，多看别人优秀的一面，不刻意地挑别人的毛病。三要培养全局观念。团队精神提倡个性张扬，但个性必须与团队目标相一致，团队每个成员，都必须有整体意识、全局观念，时刻考虑团队的需要。团队的每个成员都要互相帮助、互相照顾、互相配合，为集体确定的目标而努力奋斗。工作中出现了问题，遇到了难处，每个成员都要主动想办法，帮着解决。任何时候、任何事情都不能只考虑自己的需要而不关注别人的感受。要把团队的成绩和自己的荣辱紧紧地联系在一起，在团队发展中成为受益者。

二、新的五年，赋予我们谋求突破、实现跨越的新目标

对于企业而言，就是要为员工树立共同的奋斗目标，并确保目标的科学性与合理性。因为目标决定未来，目标决定一切。科学的目标指引企业走向正确的轨道，远大的目标引领企业实现跨越式发展，具体目标则是激发员工热情、促进企业持续发展的动力。优秀的企业，必然会制定一个合理的企业目标，把这个目标分解成一系列的子目标，并把这个目标融入每一个员工的心里去，落实到每一个员工的行为中去。

新的五年，我们用心描绘宏伟蓝图

宏伟蓝图是令人激动的，是催人奋进的，是航标，是灯塔。"建设世界一流电网，建设国际一流企业"是国家电网公司的远大理想、宏伟蓝图、奋斗方向，是一切工作的目标追求。建设世界一流电网就是从我国国情、能源资源状况和电网发展规律的实际出发，坚持以科学发展观为指导，坚持自主创新，赶超世界先进水平，充分利用先进的技术和设备，按照统一规划、统一标准、统一建设的原则，建设以特高压电网为骨干网架、各级电网协调发展，具有信息化、自动化、互动化特征的坚强智能电网。建设国际一流企业就是坚持以国际先进水平为导向，以同业对标为手段，推进集团化运作、集约化发展、精益化管理、标准化建设，把公司建设成为具有科学发展理念、持续创新活力、优秀企业文化、强烈社会责任感和国际一流竞争力的现代企业。

新的五年，山西省电力公司发展将进入创新突破期。公司售电量年均增长 10%，固定资产总额年均增长 15%；公司"三集五大"体系全面建成，集团化运作优势充分发挥，专业管理进入国家电网公司同业对标先进行列，企业素质和综合实力大幅提高，公司的凝聚力、执行力、软实力进一步增强，初步建成现代化的国内一流电网公司。

新的五年，山西电力人立足公司发展的实际，合理规划未来，确立了"十二五"电网发展的总体目标：建设以 500 千伏电网为骨干网架，各级电网协调发展，具有信息化、自动化、互动化特征，安全可靠、经济高效、清洁环保、透明开放、友好互动的坚强智能电网，实现从传统电网向现代电网的升级和跨越。到 2015 年，建成以晋北—石家庄、晋中—豫北和晋东南（长治）—南阳三个特高压通道及"三纵四横" 500 千伏电网为主网架的坚强山西送端电网。重点城市形成坚强的 500 千伏、220 千伏主网架和 220 千伏、110（66）千伏分区供电的网络格局。农村电网建成以 220 千伏变电站为枢纽的 110 千伏（66/35 千伏）主网架，县域电网、重点用户全面实现双电源供电。基本形成智能电网运行控制和互动服务体系，关键技术和装备实现重大突破。

新的目标明确了新的发展思路、蕴含了先进的理念，勾画了公司未来的发展前景，为全体员工指明了奋斗的方向，成为激发全体员工为共同希望努力的强大动力。

新的五年，我们面临着科学发展的新要求

在"十二五"时期，面对国内外的形势，我们面临着科学发展的新要求。从国家建设资源节约型、环境友好型"两型"社会看，我国已成为全球二氧化碳排放第一大国，在气候变化问题上受到越来越大的压力。因此，发展低碳经济，推动提高能效、节约能源等新技术的开发和运用，促进社会经济向高能效、低能耗和低污染模式转型将是大势所趋。电网作为重要的能源基础设施，必须着眼于节约资源和保护环境，加快推进节能环保技术进步，提高电能传输和利用效率，提升电网经济运行水平。

从电网发展要求看，电网的科学发展，也即实现安全、经济、清洁、高效、可持续的电力供应是对我们的迫切要求，这要求山西省电力公司不仅要建设坚强的网架，而且需要通过技术创新，提高电网技术含量，提升能源效率，达到节约资源、保护环境的目的。特高压电网建设将不断地扩大范围，电网电压等级越来越高、规模越来越大，区域电网联系越来越紧密，对电网的安全运行能力提出了更高的要求，迫切需要更多的自动化、智能化控制技术保障电网安全。

从公司与外界互动联系的要求看，电网发展受宏观经济环境、社会环境、政策环境以及利益相关方等外部因素的影响越来越突出，电网与各方面尤其是与电源和用户的联系越来越紧密。电网不仅要为客户提供足够的电力，而且要能最大限度地体现发、输、变、配、用各个环节的利益，实现电网与电源和客户之间的交互响应，满足发电效率最高和客户多元化用电的要求。总之，这些要求决定了山西省电力公司的发展必须走坚强可靠、经济高效、清洁环保、透明开放、友好互动的智能化电网道路，更加注重电网与经济、社会、环境的协调发展；更加注重电网与电力和能源行业的协调发展；更加注重发电、输电、变电、配电、用电、调度各环节的协调发展；更加注重规划、设计、建设、运行、营销、服务等各项业务的高度协同；更加注重应用先进的网络信息和自动控制等技术提高电网的智能化水平。

为此，一要转变电网发展方式，实现电网的科学发展、协调发展和集约发展。以"建设世界一流电网"、提高电网优化配置资源能力为目标，实施"一特四大"战略，建设以特高压电网为骨干网架、各级电网协调发展的坚强国家电网。二要转变公司发展方式，实施集团化运作、集约化发展、精益化管理、标准化建设。以一流企业为目标，落实"三重一大"集体决策制度，推行资产全寿命周期管理，优化配置公司资源。建立健全各类标准体系，深化同业对标工作。坚持依法从严治企，认真落实依法经营企业、严格管理企业、勤俭办企业的各项要求，以提高发展效率和经济效益为目标，把增收节支、降本增效的要求贯穿经营管理的全过程。按照集团化、扁平化、专业化的要求，完善管理体制，健全内控机制，提高效率和效益。三是加强公司内质外形建设。着力提高公司安全、质量、效益、科技、队伍五方面素质，塑造五方面形象。

新的五年，我们将实现全新的战略目标

宏伟目标是令人向往的，它必定也是合理的，是在科学理念指导下不断完善的。宏伟蓝图的实现不是一蹴而就的，它需要不断地细化、不断地分解，需要分项目标、分阶段目标作为强有力的支撑。总目标是"纲"，分目标是"目"，目离不开纲，纲"举"才能目"张"，纲离不开目，没有目的纲就不能成其为纲，是无法举起的纲。

新的五年，山西省电力公司不仅确立了发展的总目标，同时也制定了可行的分项发展目标。一是主网架发展目标。2012年建成陕北—晋中—长治—南阳—荆门—长沙1000千伏输电通道，蒙西—晋北—石家庄—济南—潍坊1000千伏输电通道和蒙西—晋中双回 1000 千伏线路，满足蒙西、陕北、晋北和晋东南煤电基地向华中、山东电网等负荷中心输送电力的要求；2014 年，建成晋中—豫北—徐州双回 1000 千伏线路，满足晋北、陕北、蒙西煤电基地外送华东电网的需要；2015 年山西电网将形成陕北—晋中—长治—南阳—荆门—长沙、蒙西—晋北—石家庄—济南—潍坊和晋中—豫北—徐州特高压输电通道，山西电网将拥有至华中电网、山东电网和华东电网的特高压输电通道。

二是配电网发展目标。加强配电网建设，增加供电能力，确保"配得下、用得上"，满足快速增长的用电需求；增加 10 千伏线路联络，提高互供能力，县域电网建成两条及以上线路与系统联络，保障重要用户至少双回路供电；加快负荷发展较快地区和现有薄弱地区的配电网建设，通过增加变电站布点、扩建主变、电网切改、更换大截面导线等措施，改善配电网设备的重载、过载情况，消除电网瓶颈，提高主变和线路 N-1 通过率；加强农村 10 千伏及以下电网建设与改造，通过缩短供电半径、加强无功配置等措施，基本解决农村"低电压"问题，更好地保障"家电下乡"政策落实，满足农村经济发展和农民生活用电需求；降低电网损耗提升配电网经济运行效率。

三是通信网发展目标。立足于为全省电力生产和经营管理服务的宗旨，以满足坚强智能电网和公司现代化管理发展的通信需求为目标，构建以骨干通信网为主体、配用电通信网为延伸、各级通信网协调发展的省公司通信网。以提高对各级通信资源的调配能力、提高对各类通信业务的承载能力、提高对各种自然灾害和外力破坏的抵御能力为目标，满足电网发展各个环节、不同业务的通信需求，建成结构合理、先进实用、坚强高效、覆盖全面、接入灵活、包容性好、具有业务感知能力和自愈能力的绿色环保型电力通信网，为电网安全、经济、高效运行提供服务。建立符合坚强智能电网建设和运行的通信管理体系、通信标准体系、通信技术（功能）体系、通信网络体系。

四是智能化发展目标。公司以高度的社会责任感和历史使命感，在认真分析全国电网发展新趋势的基础上，提出了新形势下山西省建设坚强智能电网的发展目标，分三个阶段建设各级电网协调发展，以信息化、自动化、互动化为特征的坚强智能电网。全面提高电网的安全性、经济性、适应性和互动性，全面提高山西电网的安全运行水平和供电保障能力，实现电网与经济、社会、环境的协调发展。

三、新的五年，赋予我们化解矛盾、破解难题的新机遇

未来五年，山西省电力公司发展将迈入升级腾飞期，加快发展的重要战略机遇期，建设坚强智能电网的关键期，公司体制机制创新的攻坚期。这对山西省电力公司实施"十二五"规划，既是极好的机遇，又是严峻的挑战。

过去的发展打下了坚实基础

"十一五"期间，山西省电力公司累计完成电网投资 436.6 亿

元，全省 110 千伏及以上输电线路增加 7248 公里，变电容量增加 4951 万千伏安，分别是 2005 年的 1.45 倍和 2.39 倍，相当于再造了一个山西电网。外送电量也由 2005 年的 359 亿千瓦时提高到 2010 年的 685 亿千瓦时（其中，山西省电力公司外送电量从 166 亿千瓦时提高到 216 亿千瓦时），在全国排名第三位，仅次于内蒙古和湖北，发挥了在全国范围内优化能源资源配置的作用。需要强调的是，1000 千伏特高压交流试验示范工程建成投运，并保持安全运行两年多，使山西电网成为世界上电压等级最高、技术最先进、资源配置能力最强的电网之一，开启了山西电网发展的新时代。所有这些成绩，为公司未来五年的发展打下了坚实基础。

转型跨越战略拓展了发展空间

山西实施转型发展、跨越发展战略，努力在"十二五"期间实现经济翻番，再造一个新山西，这赋予山西省电力公司广阔的发展空间。山西是我国重要的煤炭基地，已探明煤炭储量 2653 亿吨，占全国的 26%，排在首位。每年出省煤炭占到全省煤炭产量的 80% 以上，但 2010 年输煤输电的比例为 16∶1，往外运煤占了绝对多数，通过输电配置的煤炭仅占 6%，加大输电比例还有很大的空间。而且，我们知道同样是 1 吨煤，煤炭外运与发电外送给山西带来的产值比约为 1∶4 左右，还可以同步消化煤矸石，为煤矿和发电企业带来更好的经济效益和社会效益。这必然要求进一步加快山西省电力公司发展步伐，为加大电力外送提供保障。特高压技术占用线路走廊少、输送能力大、输电距离远、防御自然灾害能力强等优点，在特高压试验示范工程的运行实践中已得到证实。特别是山西的高山丘陵比较多，在这个地域修公路、铁路，成本较高，特高压线路可以翻山越岭，减少对耕地等的占用和影响。因此，加快以特高压为核心的坚强智能电网建设，既符合山西的实际情况，也符合全国范围优化配置资源的客观要求，对服务地方经济发展、加快转型具有十分重要的意义。

新的五年，机遇与挑战并存

未来的五年，是机遇与挑战并存的五年。能否抓住机遇、应对挑战是决定我们的事业能否大发展的关键。"十二五"时期山西省电力公司的发展面临一定的挑战：一是电网和电源的发展还不协调。短时期内风电、煤层气等清洁能源的快速发展导致电网接纳能力不足、送出能力不足，影响电网的安全稳定运行，制约着电网的科学发展。二是电网建设资本金不足。山西省电价水平明显偏低，与山西能源大省必须注重电网与电源匹配的紧迫要求严重不符。考虑新能源接入、电气化铁路供电设施配套等因素，电网建设资金更加短缺。与此同时，国家把抑制通货膨胀作为首要任务，不断提高存款储备金率，公司资产负债率已超出国家电网公司平均水平16.87个百分点，投融资能力受到限制。三是保障高危客户安全供用电风险始终存在。随着煤炭资源整合工作的不断推进，大量的整合煤矿将会在近两年集中投产，山西省煤矿整合后共计1053座，新增用电负荷约400万千瓦，绝大部分需要由35千伏及以上两路电源供电，要求配套建设大量的煤矿双电源变电站。

"十二五"时期是山西电网发展的新的战略机遇期，国家电网公司在与山西省委、省政府的会谈中，确定投资山西1200亿元，为山西省电力公司的发展搭建了新的平台。省委、省政府以综合改革试验为契机，大幅增加电力外送份额，给山西省电力公司的发展提出了新的任务。同时，山西省拥有丰富的煤炭资源，是国家跨区"西电东送"和特高压"三纵三横"输电通道的汇集点，也是世界上首条投入商业运营的交流特高压起点，赋予我们得天独厚的能源优势、区位优势和先发优势。"十二五"期间，山西省电力公司要紧紧抓住发展的机遇，积极应对各种挑战，把公司定位于坚强智能电网的建设运营企业，定位于规划引领和传输接纳新能源的电网平台，定位于助推电动汽车新动力的主营服务商，定位于以"四个服务"为宗旨、保障电力可靠供应的央企，引领公司早日建成"一强三优"的现代公司。

太多的希望和梦想，要在新的五年转化为现实

放飞梦想，点燃希望。新的五年，是承载梦想的五年，是在希望的指引下跨步前进的五年，是山西电力人化激情为行动、化梦想为现实的五年。

电网公司作为关系国计民生、涉及千家万户的基础性企业，与资源环境、经济环境、社会环境、人文环境、利益相关方等互动联系非常密切。新的五年，我们要把国家电网公司的发展战略落实到山西的经济社会发展之中，要把山西电网和公司的发展贯穿于推进转型跨越发展的实践中，要把公司的政治责任、经济责任、社会责

任统一于科学发展的实践之中，要把壮大公司实力的奋斗过程融化于实现员工价值的共建共享发展成果之中。

站在发展的新起点，我们必须要把山西的事业、公司的发展和岗位的贡献作为思考的出发点，通过思考过去、总结经验，思考现在、创新变革，思考未来、凝聚力量，在思危、思成、思新上深思考、下工夫、做文章，不断开创公司发展的新境界。因此，我们思考工作，谋划发展，想山西的事业，就是要立足省委、省政府的工作大局，紧紧围绕山西发展的战略重点，在服务经济社会发展，推动新型能源基地建设，促进和谐社会构建能力上谋划新提升；想公司的发展，就是要按照国家电网公司党组的决策部署，紧紧围绕"一强三优"现代公司的发展目标，在建设统一坚强智能电网，深化集团化运作和人、财、物集约化管理，加强"三个建设"工作上谋划新突破；想岗位的贡献，就是要坚定执行公司的发展战略，紧紧围绕山西省电力公司的发展重点，全面提升责任意识、强化和谐执行力，倡导立足岗位做贡献，为别人鼓掌，为自己加油，用心做事，做就做好，在履行岗位职责上谋划新作为。

可以预见，"十二五"规划实现之日，就是转型跨越发展、再造一个新山西呈现之日，就是山西省电力公司和谐发展、科学发展呈现之日，就是山西电力人价值实现、梦想成真、幸福发展呈现之日！

第一章

发展之魂：和希望一起飞翔

"发展才是硬道理。"这是中国改革开放总设计师邓小平提出的具有划时代意义的经典名言。改革开放至今，我国在各方面取得的伟大成就最充分最雄辩地证明："发展"的的确确是硬道理！有发展才有进步，有发展才有希望，有发展才有振兴。"发展"对于一个国家是如此重要，对于一个企业而言其重要性也是不言而喻的。企业发展靠什么？有人说，靠资金、靠技术、靠人才。诚然，这些都是企业发展所必不可少的。但是，仅仅具备这些是完全不够的。那么，对于企业而言最重要的、最核心的又是什么呢？是企业的灵魂。一个人如果没有了理想、没有了目标、没有了追求，就如同行尸走肉一般，失去了活着的意义。同样，一个企业如果没有了灵魂，就失去了发展的动力、生存的目标，既使拥有再完善的设备、再高超的技术也难逃最终消亡命运。如果说资金、技术、人才等是企业发展的基础，那么希望就是企业发展的灵魂，是希望为企业的发展插上了翅膀。

一、希望是发展引擎

在《现代汉语词典》中，"希望"的含义是：心里想着或希望达到某种目的或出现某种情况。由此可知，希望是介于幻想和现实之间的一种状态，它既非虚无缥缈遥不可及，亦非直接面对的现实情况，是"可望"又感觉"可及"的一种景象，即：这种景象在主观上被认为在将来或不远的将来是可以实现的。对于一个企业而言，凝聚希望即意味着使员工形成共同的奋斗目标，形成与企业共同发展的愿景。

点燃共同的希望

"希望"对我们每个人来说都是非常重要的。它是人们心中或脑海中所期盼的某种目的或情况。共同的希望是一个组织中人们所共同盼望的结果或目标，它创造出众人是一体的感觉，并遍布集体活动的方方面面，从而使各种不同的活动融汇起来，为实现共同的目标奋斗。不管是个人的希望，还是集体的共同希望，其来源都是人们内心的意愿。只不过个体的希望是个体内心的愿望，而共同希望则是很多人内心共同的一种愿望。简单地说就是，个体是"我想要什么？"，而共同的希望是"我们想要创造什么？"

在现实生活中，大多数人都有各自不同的希望，但有一部分人和另外一部分人的希望是相同或相似的，只不过由于他们彼此间不曾真诚地分享过对方的希望，因此这并不算共同希望。想要让个体的希望成为共同希望，只有当他们走到一起，彼此分享对方的希望

并愿意为之奋斗的时候，或者是某个个体的希望得到其他很多人的认同与支持，并且大家集中在一起为实现这个希望努力时，才能形成共同希望，而且这个共同的希望会紧紧地将他们结合起来。因此可以说，共同希望是在人们心中一股令人深受感召的力量，刚开始时可能只是被一个个体的想法所激发，然而一旦发展成感召一群人的力量时，就不再是抽象的东西，人们开始把它看成具体存在的目标。

在人类群体活动中，共同希望能激发出非常强大的力量。中国共产党 90 年的历史就是一部为共同希望奋斗的历史。中国共产党作为一个马克思主义政党，自诞生之日起就把实现社会主义、共产主义作为自己的奋斗目标。在实现共产主义的过程中间，会有不同的历史发展阶段。在每一个阶段，根据不同的时代主题和社会主要矛盾，中国共产党提出了各个历史阶段的具体的一些目标。这些目标就是共同希望。

上世纪 20 年代初中国共产党成立时，中国还处于半殖民地半封建社会，在这样的历史背景下，中国共产党提出它的主要任务是反对封建主义和帝国主义，使中国成为真正的民主共和国。为此，在日本于 1937 年发动全面的侵华战争后，中国共产党与当时执政的国民党合作共同抗击侵略者，并最终赢得了胜利。后来，中国共产党又通过武装斗争最终于 1949 年推翻了国民党政府，从根本上推翻了帝国主义、封建主义和官僚资本主义在中国的统治。

新中国成立后，中国共产党作为执政党，提出了使中国向社会主义国家过渡的新任务，开始探索在中国建设社会主义的道路，使我国的经济得到了全面恢复和迅速发展。

改革开放后，顺应时代和人民的要求，我党提出了新时期的新任务，把工作重点放到社会主义现代化建设上来。通过改革经济体制、政治体制，逐步确立了一条具有中国特色的社会主义现代化建设道路。

从中国共产党这 90 年的历史来看，中国人民之所以始终信任和拥护中国共产党，就在于中国共产党在关系中华民族命运和前途的每一个关键时刻、每一个重大关头，始终能够把握历史大势、顺应时代潮流，提出合乎实际的目标和任务，形成全国人民共同奋斗的理想和信念。

现在，中国共产党还在不断地完善自己的执政理念，在近几年又提出了一系列新主张，如提出树立以人为本、全面、协调、可持续的发展观，构建社会主义和谐社会，建设社会主义新农村等。党在不同时期提出的不同的目标就是我们的共同希望，这些希望激励着全国人民为之奋斗，这些希望也是全国人民发自内心的意愿，当这些意愿通过中国共产党提出并为之努力的时候，它会激发出超乎想象的巨大力量。

对企业而言，共同希望同样至关重要，因为它是企业员工发自内心的共同愿望，它为企业的发展提供了焦点与能量。在缺少共同愿望的情形下，企业的发展充其量只是"温饱"式的发展，只有当所有员工致力于实现某种他们深深关切的愿望时，才会产生"创造

型的发展"。事实上，除非人们对他们真正想要实现的愿望感到振奋，否则企业要实现跨越式发展将不可能。

知识链接

全面协调可持续是科学发展观的基本要求。胡锦涛总书记在中国共产党十七大报告中指出：科学发展观，基本要求是全面协调可持续。深入贯彻落实科学发展观，必须坚持全面协调可持续发展。要按照中国特色社会主义事业总体布局，全面推进经济建设、政治建设、文化建设、社会建设，促进现代化建设各个环节、各个方面相协调，促进生产关系与生产力、上层建筑和经济基础相协调。

形成一致的愿景

愿景是什么？愿景指的是心中期待实现的愿望以情景或画面的方式呈现在人们的头脑中。简单地说就是，对愿望的联想在头脑中产生出来的生动的画面，是人们对未来的愿望，是发展前景，是希望或者愿意看到的景象。它是一种意愿的表达，概括了未来目标、使命及核心价值，是哲学中最核心的内容，是最终希望实现的图景。一般而言，愿景是在组织层面上提出来的，常常表现为"某某企业、公司的愿景"，对于一个企业、公司来说，愿景必须是共同的；而希望则是每一名员工的个体状态，员工之间可能存在较大的差异。当每个员工的希望成为企业的愿景的时候，就能产生出巨大的能量推动企业的发展。没有愿景，企业就没有未来，没有成功的愿景，企业就不会有持久的、旺盛的生命力。愿景是企业文化的主体，这不只是口号、概念，它更是贯穿于整个企业的每个角落、每个环节的组织精神。愿景影响着人，从而影响着企业的风尚、活力甚至影响到管理、经营的成效……

一般来说，企业的希望与企业的愿景是统一的，但是企业的希望与员工的希望不一定一致，也就意味着员工的希望与企业的愿景并不总是一样的。当员工希望与企业愿景一致、重叠时，员工身上迸发出来的创造力、劳动效率是非常大的，这种力量正是一个企业生存发展的原动力。反之，企业的发展将遇到巨大的阻碍。对企业而言，愿景是更高层次的追求，介于信仰与追求之间，是企业的中期追求，类似于人们常说的理想，愿景比信仰低一层（信仰通常是永恒不变的），比追求高一层（追求通常是短期的）。愿景是激发员工希望的一种重要方式。

有一部片名叫《斯巴达克斯》的电影，取材自罗马奴隶斗争，讲述的是斯巴达克斯在公元前71年领导一群奴隶起义，他们两度击败罗马大军，但是在克拉斯将军长期包围攻击之后，最后还是被征服了。在电影中，克拉斯告诉几千名斯巴达克斯部队的生还者说："你们曾经是奴隶，将来还是奴隶。但是罗马军队慈悲为怀，只要你们把斯巴达克斯交给我，就不会受到钉死在十字架上的刑罚。"

在一段长时间的沉默之后，斯巴达克斯站起来说："我是斯巴达克斯。"然后他隔邻的人站起来说："我才是斯巴达克斯。"下一个人站起来也说："不，我才是斯巴达克斯。"在一分钟之内，被俘虏军队里的

每一个人都站了起来。

这个故事是否虚构并不重要，重要的是它带来更深一层的启示。这个故事的关键情节在于，每一个站起来的人都说自己是"斯巴达克斯"并义无反顾地选择受死，表面看好像他们是忠于真正的"斯巴达克斯"，并为了挽救他的生命。其实深入分析，我们就能理解，这个部队所忠于的，不是斯巴达克斯个人，而是由斯巴达克斯所激发的"共同愿景"，即有朝一日可成自由之身。这个共同的愿景是如此让人难以抗拒，以至于没有人愿意放弃它。在这里每个战士的希望与整个部队的希望是高度一致的，因此，他们宁愿牺牲也要维护共同的愿望——实现自由。

一个优秀的企业，就是要凝聚全体员工的希望，使它转化为企业与员工共同的愿景。这种愿景反映的应该是大多数员工的共同希望，对于企业及每个员工来说都是美好的，值得期待的。美好的共同的愿景一旦形成，每个员工都会尽自己最大的努力为企业的发展出谋划策，都会极力维护企业的利益，只有这样企业的发展才有希望，企业、员工共同的美好愿景才能实现。

激发员工潜能

对企业来说，愿景就是凝聚全体员工共同希望所达成的情景或蓝图，企业的愿景的实现就意味全体员工共同希望的实现。如果没有"共同愿景"，将无法想象美国电报电话公司、福特、苹果电脑等是怎么取得巨大成就的。这些由他们的领导人所创造的期望，已经成为全体员工共同的希望：裴尔想要完成费时50多年才能达成的全球电话服务网络；亨利·福特想要使一般人都能拥有自己的汽车；杰伯斯、渥兹尼亚以及其他苹果电脑的创业伙伴，则希望电脑能让个人更具力量。同样的，日本公司若不是一直被一种纵横世界的希望所引导，也无法如此快速崛起。例如小松公司，在不到20年间，从只有卡特彼勒公司1/3的规模，成长到与其具有相同的规模；佳能从一无所有，到目前已赶上全录影印机的全球市场占有率；再如本田公司的成功也是一例。

这些企业之所以成功，其中一个重要的原因就是"共同愿景"所激发出来的全体员工的创造力。创造力是产生新思想、发现和创造新事物的能力，它是成功地完成某种创造性活动所必需的心理品质。创造力与一般能力的区别在于它的新颖性和独创性，一旦员工创造力被激发出来，就会为企业带来发展的动力和活力，从而为企业向更高层次发展开辟路径，为企业带来更大的成功。

一个企业有没有创造力事关企业的发展与生存，而人才又是形成创造力的物质载体，因此企业需要吸引人才、留住人才。大多数人认为金钱是吸引人才、留住人才的关键，其实不然，金钱固然重要，但是让每个人都能够在岗位上各尽其才，发挥出自身的创造力，这才是人才最为看重的条件。因此要留住身边的优秀人才，最好的办法、最高的境界除了要有良好的物质待遇外，还应该有明朗的企业和个人发展前景，也就是企业要通过凝聚员工共同希望，形成共同愿景，为人才的发展提供平台。

企业的共同愿景会改变成员与组织之间的关系。它不再是"他们的公司”，而是“我们的公司”。共同愿景是使互不信任的人一起工作的第一步，它产生一体感。事实上，组织成员所共有的目的、愿望与价值观，是构成共识的基础。心理学家马斯洛晚年从事于杰出团体的研究，发现它们最显著的特征是具有共同愿景。马斯洛观察到，在特别出色的团体里，任务与个人本身已无法分开；或者应该说，当个人强烈认同这个任务时，定义这个人真正的自我，必须将他的任务包含在内。

许多企业愿景是由外在环境刺激而造成的，例如竞争者。百事可乐的希望明确地指向击败可口可乐；租车业的艾维斯的希望是紧追赫兹。然而，如果目标只限于击败对手，仅能维持短暂的时间；因为一旦目标达成了，心态就会转为保持现在的地位便可。这种只想保持心态难以唤起建立新事物的创造力和热情。真正的功夫高手，比较在意自己内心对“卓越”所定义的标准，而不是“击败其他所有的人”。这并不是说希望必须是内在的或是外造的，这两种类型的希望是可以共存的，但是只想击败对手，并不能长期维持组织的力量。

京都陶瓷的稻森胜夫恳求员工们“向内看”，发掘他们自己的内部标准。他认为，虽然在努力迈向成为同业中最优秀的目标时，公司会把目标瞄向成为“最好的”。但是他的希望是，京都陶瓷应当持续追求“完美”而非只是“最好的”。

共同愿景会唤起人们的激情，特别是内生的共同希望。工作变成是在追求一项蕴含在组织的产品或服务之中，比工作本身更高的目的——苹果电脑使人们透过个人电脑来加速学习，美国电报电话公司借由全球的电话服务让全世界相互通讯，福特制造大众买得起的汽车来提升人类出行的便利。这种更高的目的，亦能深植于组织的文化或行事作风之中。赫门米勒家具公司退休的总裁帝普雷说，他对赫门米勒公司的希望是："为公司人员心中注入新的活水。"因此他的希望不仅只是加强赫门米勒的产品，还包括提升它的人员和企业文化的层次，以及追求富有创造力和艺术气息的工作环境，最终实现让共同愿景承载员工希望前行。

二、希望是成长标杆

标杆是作测量用的任何一种带刻度的棒或标尺。在现实生活中，不管是对个人还是集体，标杆都能起到指示方向及警示目标的作用。对于一个企业来说，有了标杆相当于有了衡量工作成效的工具及前进的方向，有了标杆，才能够带动员工为明确的目标而努力奋进。有了标杆就会为自己设置各个时期的小目标，从而产生收获实现目标的喜悦，增加向上发展的激情。企业追求的目标越明确、越清晰、越具有可衡量性，实现目标的过程就越清晰越具有可操作性。

希望是成长的力量

在现实生活中，希望是一道美丽的愿景。我们很难想象一个没有希望的世界会是什么样子。从国家到企业再到个人，大部分时间是在希望之中度过的，国家有国泰民安的希望，企业有发展壮大的

希望，个人有幸福发展的希望，我们都在为了美好的希望而勤奋工作，努力奋斗。人活着，除了需要阳光、空气、水和食物外，还需要有希望。没有希望的人，就像没有舵手的船，这船只会在大海中漂泊，但不会到达彼岸。希望是催促人向前的动力，也是生命存在的最主要的激励因素。对企业来说，丧失了"希望"的标杆，也就意味着失去了前进的方向，不仅不能到达彼岸，而且随时会沉没。

据说在鲁西南深处有个小村子，出了不少大学生，四邻八县的人都把这个村子叫"大学村"。这个村子广出人才，原因何在？记者去采访，可是村子里谁也说不清楚。知道其中原因的只有一个人，那就是最早在这儿教书的老师。这位老师曾在大学里教过书，后来不知何故被下放到这个村子里来教小娃娃。村子里的人说，这位老师不但书教得好，还能掐会算，能预测学生的未来。有的学生回到家里对大人说，老师说我将来能当作家；有的学生对大人说，老师说我将来能当科学家。不久，家长们发现他们的孩子与以前大不一样了，个个变得勤奋好学了。10年后，奇迹发生了。这些学生到了参加高考的时候，凡是过去老师说自己将来能当作家、能当科学家的学生，都以优异的成绩考上了大学。这位教师退休时，又将自己的秘密传授给接他班的老师，接班老师又用这个方法来点燃孩子们心中的希望之火，而且，他们还坚守着老教师的嘱托：不要把这个秘密告诉村里的人。那些学生从考上大学的那一刻起，对于这个秘密就恍然大悟了，但他们这些人又都自觉地坚守起这个秘密。

哈佛大学最杰出的心理学教授威廉·詹姆士说："不管什么事

情，只要满怀希望就会成功。你真诚地希望某种结果，就可能得到它。你希望行为善良，你便会为人善良；你如果想富有，你就会富起来；你希望博学，你就将会博学。"有什么样的希望，就有什么样的人生。当一个人满怀希望时，才能充分发挥自己的潜能，他的人生才会有惊人的闪光，那些不可能的事，也才会陆续地变成可能。这就是标杆的力量！有标杆才会有比较，才会有奋斗的勇气和努力的方向！在标杆的警示下，在与标杆的竞争中，人们会怀揣着乐观、满怀着希望去付出自己的努力，即使遇到再多的险阻、再大的困难，也会努力地去攀登的。因此，优秀的企业应善于找准自身定位，设置标杆，明确目标，让企业中的每一个人都有努力的方向。

在 20 世纪 70 年代的时候，日本发生了一次空前严重的经济危机，受金融危机的影响，一个日本的大企业就快倒闭了，是哪个企业？是松下！松下在金融风暴的严重打击下，损失特别大，唯有贷款才能够把它救活。但是在金融危机笼罩的日本，哪能那么容易贷到款呢？松下到处贷款都没有贷到，在这种情况下，谁帮忙呢？是松下的竞争对手索尼！索尼安排人联系了各大银行贷给松下 40 亿日币。后来，松下的老板找到索尼的老总，问他说："你不是天天梦想把我给打死吗？怎么又来帮忙了？"索尼的老总说："如果你死了，恐怕我也要死。为什么？因为咱们经常打，在与你的竞争中我会经常去创新，经常去成长。但是，如果今天我的标杆倒了，我的竞争对手死了，我就会失去发展的方向。所以，你得活着，你还得活得好好的！"

这件事告诉我们，只有心怀希望才有可能成功，没有希望也就无所谓成功。通过希望确立一个标杆，并为之奋斗，这样希望就是成功的起点。企业只有确立共同愿景，给员工共同的希望，才能不断发展壮大，反之，漫无目的、不思进取，最后只能是随波逐流，最终沉沦并被其他企业赶超和取代。

希望是执著坚守

当我们面临困境时，可能会因为种种困难选择放弃。但是，如果我们还有希望，还有生存的目标，我们就不会选择放弃。因为只要有希望我们就会坚持，有希望我们就有奋斗的目标。希望为我们提供了标杆，是我们坚守承诺、执著奉献的动力。

一头驴子不小心掉进一口枯井里，他哀怜地叫喊求救，期待主人把它救出去。驴子的主人召集数位亲邻出谋划策，实在想不出办法搭救驴子。大家倒是认定，反正驴子已经老了，就是死了也不为过，况且这口枯井迟早总要填上的。于是，人们拿起铲子开始填井。当第一铲泥土落到枯井里时，驴子叫得更恐怖了——它显然明白了主人的意图。又一铲泥土落到枯井里，驴子出乎意料地安静下来。人们发现，此后，每一铲泥土打在它背上的时候，驴子都在做一件令人惊奇的事情，他努力地抖落背上的泥土，踩在脚下，把自己垫高一点。人们不断把泥土往枯井里铲，驴子也就不停地抖落那些打在背上的泥土，使自己再升高一些。就这样驴子慢慢地升到枯井口，在人们惊奇的目光中走出枯井。

驴子不会说话，但是它的行动证明了它怀有强烈的活下去的希望，这种对生的渴望使得驴子没有放弃，并最终凭借自身的智慧和外界的帮助而获救。人非驴子可比，具有更高的智慧，因此，不管是在什么情况下都应怀有希望。生命本身就是由一连串希望组成的，包括对健康、对学业、对事业、对财富、对婚姻、对交友的希望，等等。

在美国一家医院里，有位患癌症的大老板，已经病入膏肓。家人为他请来一位很有名气的教授。教授想用心理疗法来给他治疗，便问病人："先生，你想吃点什么？"病人摇摇头。教授又问："先生，你喜欢听音乐吗？"病人又摇了摇头。教授接着又问："那么你对听故事，说笑话，或者是交女朋友，有没有兴趣？"病人用一种极其微弱的声音回答道："没有兴趣。"教授想继续问下去，可家人在一边赶紧说："教授，没有用，他健康时都没有什么爱好，更甭说是现在这个样子了。"教授听了之后，神情一下子忧郁起来，他叹了口气，转身走出病房。家人追了出来很担心地问："教授，是不是没救了？"教授说："我医治过成千上万的病人，每次我都是全力以赴，但这个病人我是彻底没有办法了，因为他是一个失去希望的人，对生活没有什么留恋，也不会有信心活下去的，再好的医生也治不好他的病。"

这位老板有豪华的别墅，有高级轿车、汽艇，有花不完的美元，他应有尽有，可就是缺少了一样——希望。没有希望的人，就像没有舵手的船，只会在大海中漂泊，漫无目的、随波逐流，因为

没有方向，最终很难达到希望的彼岸。

这个真实的故事再次证明：生命之火能为神奇的希望而燃烧，也能因希望的消失而熄灭。因此，在人生的征途中，最重要的其实并不是财产，也不是地位，而是在自己胸中像火焰一般熊熊燃起的信念，即"希望"。因为那种毫不计较得失、为了巨大希望而活下去的人，他们有了衡量生活意义的标尺，才有可能激发出巨大的激情，克服种种困难。也只有终生怀有希望的人，才是具有最高信念的人，才会成为人生的胜利者。

亚历山大大帝给希腊世界和东方的世界带来了文化的融合，开辟了一直影响到现在的丝绸之路的丰饶世界。据说他投入了全部青春的活力，出发远征波斯之际，曾将他所有的财产分给臣下。为了登上征伐波斯的漫长征途，他必须买进种种军需品和粮食等物，为此他需要巨额的资金。但他却把从珍爱的财宝到他的土地，几乎全部都给臣下分配光了。

群臣之一的庇尔狄迦斯，深以为怪，便问亚历山大大帝："陛下带什么启程呢？"

对此，亚历山大回答说："我只有一个财宝，那就是'希望'。"

希望是一个人最大的财富。人生如此，企业何尝不是如此。有希望的企业就有奋斗目标，就有凝聚着全体员工为企业共同愿景而奋斗的精神动力。当然，希望的标杆为企业带来的当然不能只有希望而没有行动。如果说怀有希望是成功的起点，那么具体行动就是成功路上的每段旅程。对于一个企业而言，想要达到某种目标，就得有具体的实施步骤，并持之以恒。

希望是努力方向

人很容易遇到失败或障碍，于是悲观失望，或是在严酷的现实面前，唉声叹气、牢骚满腹。人常说，患癌症是发生在我们身上最倒霉的事。其实，没有希望地活着，那才是最坏最坏的事情。

人生是美好的，但有一个前提，那就是每天都充满希望地去生活。在日常生活中，有些人常常认为：天天做同样的事，上学——放学；上班——下班。今天是昨天的翻版，今年又是去年的重复，觉得日子过得太平凡，太单调，太没意思。产生这种想法和感觉的原因其实很简单，那就是缺少希望，缺少努力的方向。如果每天能给自己一个希望，你就会觉得每一天都是新的开始，每天的学习、工作就不再是单调乏味的重复，而是为实现目标所必须的准备，因而就不会迷失自己。人有了希望，就会觉得日常生活中的小小期待、小小盼望，无论是去图书馆读书，还是去公园散步，就连栽盆吊兰，去看望老朋友，都蕴含着新鲜。这样一天的生活就会很愉快，就会很充实，就会很有意义。因此，别小瞧这些微不足道的小希望，只要有意义，都是美好的，都值得去努力，去实现。

"希望"是人生存发展的力量，在心里一直抱着美"梦"的人是幸福的。也可以说抱有"希望"活下去，是只有人类才被赋予的特权。只有人，才由其自身产生出面向未来的希望之"光"，才能创造自己的人生。人生不能无希望，所有的人都是生活在希望当中的。假如真的有人对生活失去了希望，那他只能是生活的失败者。身处逆境而不丢掉希望的人，肯定会找出一条活路，在内心里也能体会到真正的人生欢乐。拥有"希望"的人生是有目标的人生，是有奋斗方向的人生；失掉"希望"的人生，则会失去努力的方向，最终迷失自己。

三、希望铸就成功

希望是人生命中的力量，凭借这种力量人们会不断地去奋斗，向着既定的目标前进，直到自己的目标成为现实为止。希望是蕴藏在心中的一团永不熄灭的火炬，是保证人生目标实现的内在驱动力，它能够激发人们奋斗的勇气，是人们战胜一切困难的原动力。

催生发展勇气

希望具有强大的驱动力，它能自然而然地激发出勇气，这勇气会大到令自己都吃惊的程度。在追求希望的过程中，人们自然而然地会产生勇气，去做任何为实现希望所必须做的事。

1961 年肯尼迪总统宣示了一个愿景，它汇聚许多美国太空计划领导者多年的心愿，那便是：在 10 年内，把人类送上月球。这个愿景引发出无数勇敢的行动。20 世纪 60 年代中期，在麻省理工学院的德雷普实验室（Draper Laboratories），发生了这样一个故事。该实验室是太空总署"阿波罗"登月计划惯性导航系统的主要承制者。计划执行数年后，该实验室的主持人才发现他们原先的设计规格是错误的。这个发现令他们十分困窘，因为该计划已经投入了数百万美元，这时如果纠错，他们所面临的风险不仅仅是巨大的合同损失，还有他们的名誉，然而，他们并未草草提出权宜应对措施，反而毅然决然地请求太空总署放弃原计划，从头来过。

是什么支撑他们这么做，是什么让他们有这样大的勇气去纠错？理由很简单，就是一个简单的希望，一个共同愿景：在10年内，把人类送上月球。为了实现这个希望，他们义无反顾。

在20世纪80年代中期，在几乎所有小型电脑产业都投向IBM个人电脑阵营之际，苹果电脑始终坚持它的愿景：设计一部更适合人们操作的电脑、一部让人们可以自由思考的电脑。在发展过程中，苹果电脑不仅放弃成为个人电脑主要制造厂商的机会，也放弃了一项他们领先进入的创新技术：可自行扩充的开放型电脑。苹果公司的勇气正是来源于对希望、对共同愿景的期待。这项策略后来证明是对的。苹果公司最后所发展出来的麦金塔电脑，不仅容易使用，同时成为新的电脑工业标准，让使用个人电脑成为一件快乐的事。

曹操率领军队经过沙漠，路上缺水，士兵都很渴。曹操说，前面有一大片梅树林，树上的梅子又酸又甜，可以解渴。士兵一听有梅子，都觉得自己的嘴里充满了梅子，口水流出，都不觉得渴了，从而走出了缺水的地带。大家都知道，这个故事叫"望梅止渴"，因为有了希望，所以大家都有了走出沙漠的勇气，感觉梅子就在眼前，这就是希望的力量。希望给我们带来了动力，带来了活下去的机会。

愿景让我们变得目标明确，为了实现伟大的目标，个人可以克服懦弱、提升勇气，企业可以放弃短期利益、为更为长远的目标奋勇前进。如果没有一个拉力把人们拉向真正想要实现的目标，维持现状的力量将牢不可破。愿景建立了一个高远的目标，以激发新的思考与行动的勇气。对于企业而言，如果没有共同愿景，就不会有企业发展的动力。赫门米勒家具公司的总经理赛蒙说："当你努力想达成愿景时，你知道需要做哪些事情，但是却常不知道要如何做，于是你进行实验。如果行不通，你会另寻对策、改变方向、收集新的资料，然后再实验。你不知道这次实验是否成功，但你仍然会试，因为你相信唯有实验可使你在不断尝试与修正之中，一步步地接近目标。"共同愿景是一个方向舵，当企业在发展过程中遭遇混乱或阻力时，它能够激发员工不断克服困难的勇气，并为企业指明发展方向，促使企业继续循着正确的路径前行。当然，企业前进的道路上可能是困难重重，枯燥而辛苦的，但有了共同愿景，就犹如航行中的灯塔，使我们不会迷失航向，这时，任何困难比起我们努力想要达到的目标的重要性，都会显得微不足道。就如弗利慈所形容的："伟大的愿景一旦出现，大家就会舍弃琐碎的事。"

搭建成功阶梯

正如一位哲人所说："伟大的目标构成伟大的心灵，伟大的目标产生伟大的动力，伟大的目标形成伟大的人物。"希望是一个人迈向成功的动力,搭建了个人、企业走向成功的阶梯。只要把一个个美好的希望锁定，然后一步一个脚印去接近目标，这时你就会发现，不是你在走向成功，而是成功在向你走来。

心理学家曾经做过一个这样的实验，他们组织了三组人，让他们分别向着10公里以外的三个村子进发。

对于第一组人，心理学家并没有告诉他们路程究竟有多远或者到哪里去，只是告诉他们只要跟着向导走就行了。结果，刚走出两三公里的时候，就开始有人叫苦了；在走到差不多一半路程的时候，已经有人变得愤怒起来，他们开始不停地抱怨："为什么要走这么远？何时才能走到头？"甚至有人干脆就坐在路边不走了；越往后走，他们的情绪就越是低落。对于第二组人，心理学家告诉了他们要去的村庄的名字，并且告诉他们总共有10公里的路程，只是心理学家并没有在路途中设置里程碑，他们也就只能凭着自己的经验来估计行程的时间和距离。结果，当走到一半的时候，很多人都想知道自己走了多远了，还有多少路程？只有比较有经验的个别人说"大概走了一半的路程。"于是，大家就又簇拥着继续往前走，当走到全程的3/4的时候，大家的情绪开始变得低落起来，他们开始变得疲惫不堪，总觉得路程似乎还有很长很长。对于第三组人，心理学家不仅仅告诉了他们要去的村庄的名字以及总共有10公里的路程，并且，还在沿途为他们设置了里程碑，每一公里就有一块里程标志。人们边走边看路边的里程碑，每当他们走完一公里的时候就会有一种快乐和继续向前的精神，行进中他们用歌声和笑声来消除旅途的疲劳，情绪一直很高涨，所以，他们很快就到达了目的地。

我们不妨来总结一下，是什么原因造成了不同的结果？是目

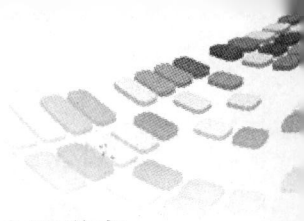

标，是目标产生的不同希望，造成了不同的试验结果。从心理学家的安排来看，第一组的人是没有目标的，只能跟着向导，漫无目的地往前走，因为他们心中没有明确的希望，所以导致半途而废；第二组人只有一个总的目标，却没有小的目标，在行进中，他们不知道自己走到了哪里？究竟还有多远才能够到达目的地？他们的希望过于笼统，不够明确，不能时时激发他们前进的动力，所以情绪变得低落、疲惫不堪。而第三组人不但有明确的总目标，在他们的总目标下还设有一个个小的目标，每完成一个小目标他们就会增添一种喜悦的激情与成功的希望，所以他们会更加努力地向前行进，这样的人会更快更容易实现自己的目标，走向成功。由此，心理学家得出了这样的结论：当人们的行动有了明确目标的时候，心中就会充满希望。他们会把自己的行动与目标不断地加以对照，进而清楚地知道自己的行进速度和与目标之间的距离，这时人们的希望与行动的动机就会得到维持和加强，就会自觉地克服一切困难，向着自己的目标去努力，直到实现目标。

有目标就会有希望，有希望大家才愿意付出努力，有了希望才会有奋斗的勇气与激情。因此，一个企业在各个发展阶段都应为每一个部门、每一个职位设立相应的目标，以产生"希望"。即要给大家一个努力的愿景，让每一个人，不管是高层的还是底层的，都有一个自己向上奋斗的目标，在目标的作用下，每一个人都会充满希望地、自愿地付出自己的努力，这样就会一步一步地向一个又一个的小目标去接近，而小目标的实现又会激发他们向下一个目标去努力的勇气和动力，最终实现企业的宏伟愿景。

希望成就未来

我们常听人们谈论天赋、运气、机遇、智力和优雅的举止对于一个人的成功是多么重要。但是，如果有了这些条件却没有坚定的目标，也是不能成功的。很多人有一种错误的想法：认为天才的成功是先天注定的。固然，一粒煮熟的种子即使在适宜的环境下也不会发芽、生长。固然，橡树种子会成长为橡树，而不会成长为松树，这是十分自然的事。但世上被称为天才的人，肯定比实际上成就天才事业的人要多得多。

美国有两位心理学家公开宣称，他们发明了一种绝对正确的智能测验方式。为了证实他们的研究成果，他们两人选择了一所小学的一个班级，帮全班的小学生做了一个测验，并于隔日批改试卷后，公布了该班5位天才儿童的姓名。经过20年之后，追踪研究的学者专家发现，这5名天才儿童长大后，在社会上都有极为卓越的成就。这项发现马上引起教育界的重视，他们请求那两位心理学家公布当年测验的试卷，弄清其中的奥秘所在。那两位已是满头白发的心理学家，在众人面前取出一只布满尘埃、封条完整的箱子，打开箱盖后，告诉在场的专家及记者："当年的试卷就在这里，我们完全没有批改，只不过是随便抽出了5个名字，将名字公布。不是我们的测验正确，而是这5个孩子的目标正确，再加上父母、师长、社会大众给予他们的协助，使得他们成为真正的天才。"

这个故事告诉我们，一个人未来的成就取决于他的人生目标，取决于他对未来人生是否充满希望。人生目标或者说对生活的希望可以重塑一个人的性格，改变一个人的生活，也可以影响他的动机和行为方式，甚至决定命运。生活都是在人生目标的指引下进行的。如果思想苍白、格调低下，生活质量就会趋于低劣；反之，生活则多姿多彩，人们可以尽享人生乐趣。

有个年轻人去采访朱利斯·法兰克博士。法兰克博士是市立大学的心理学教授，虽然已经 70 岁高龄了，却保有相当年轻的体态。

博士说："二战结束之后，我在哈佛大学从事一项很有趣的研究。我问 1953 年那届的毕业学生，他们的生活是否有任何希望或目标？你猜有多少学生有特定的目标？"

"50%。"年轻人猜道。

"错了！事实上是低于 3%！"法兰克博士说，"你相信吗，100 个人里面只有不到 3 个人对他们的生活有些梦想。我们持续追踪这些学生达 25 年之久，结果发现，那些有目标的 3% 的毕业生比其他 97% 的人，拥有更稳定的婚姻状况，健康状况良好，同时，财务情况也比较正常。当然，毫无疑问，我发现他们比其他人有更快乐的生活。"

"你为什么认为有目标会让人们比较快乐？"年轻人问。

"因为我们不只从食物中得到精力，尤其重要的是用心里的一股热诚来获得精力，而这股热诚则来自目标，来自于对事物有所希望，有所期待。为什么有这么多人不快乐，一个非常重要的原因就是因为他们的生活没有意义，没有目标。早晨没有起床的动力，没有目标的激励，也就没有梦想。他们因此在生命旅途上迷失了方向和自我。"

"如果我们有目标去追求的话，生活的压力和张力就会消失，我们就会像障碍赛跑一样，为了达到目标，而不惜冲过一道道关卡和障碍。"

有人说，成功很简单，就是过一种快乐的生活。过快乐的生活需要时刻保持对生活的希望，不断为自己树立目标。目标能够创造出目的和意义。有了目标，我们才知道要往哪里去，去追求些什么。目标和希望给我们提供了快乐的基础，有希望就能克服生活中的各种不愉快。缺乏意义和目标的生活是无法创造出持久的快乐的。人们总以为舒适和豪华富裕是快乐的基础，然而事实上，真正让我们感觉快乐的却是某些能激起我们热情的东西，这就是快乐的最大秘密，也是成功的最大秘密。

四、希望是永不熄灭的火炬

梦想是人类对于美好事物的一种憧憬和渴望，梦想可能是不切实际的，但毫无疑问，希望却是人类最天真、最无邪、最美丽、最可爱的一种意识里的追求。一旦希望付诸行动，就有了实现的可能，它就会成为我们为之努力的目标，成为我们生活的希望，有时还会为我们带来奇迹。

在美国西部一条普通的乡间公路旁，有个老人开了一间炸鸡店，因为路过的人实在太少，生意一直很不景气，友人劝老人换一个地方，他却固执地守在那里卖他的炸鸡，在他60岁那一年，他的炸鸡店被迫关门了。就在许多人认为他该颐养天年的时候，老人又忙开了，他怀揣自己多年心血的结晶——炸鸡配方，去拜访那些他认为对自己的配方感兴趣的投资者。问了一个、两个……两百多次的满怀热情的拜访，换回的却是千篇一律的拒绝，没有一个人愿意为他投资。老人并没有气馁，他一面根据众人所提的意见和自己的思考不断完善炸鸡的配方，一面继续寻找投资者。直到秋天，他又陆续拜访了几百人。"总会有人慧眼识珠的"，老人这样不断地安慰自己，他来到繁华的纽约，在他快要一千次的被拒绝时，他的配方终于被一家不大的餐馆相中了，他开始专门经营这种炸鸡，很快，他的炸鸡就风靡了整个美国，接着炸鸡连锁店就风靡了全球。成为现今世界餐饮公认的名牌，你们一定猜到了。是的，这就是赫赫有名的肯德基炸鸡。那位历经挫折、在60岁的时候开始创造奇迹的老人，就是肯德基的创始人。

心中有了希望，就有了无穷无尽的力量，就永远不会害怕任何困难，有梦想导航，用意志划桨，鲁迅的希望编入了《呐喊》，爱因斯坦的希望登上了诺贝尔的领奖台，袁隆平的希望长成了如高粱般的水稻，唐杰慧的梦想圆了水木清华的学堂。有梦想就有了力量。任何开天辟地的壮举，任何响彻云霄的声望，最初都是源之于他们心中的梦想……

梦想是成功的开始

如今的社会，是一个充满梦想的社会。梦想可以让我们的生活变得更加充实、更加丰富多彩。在这个充满竞争的社会当中，梦想对人的成功起着非常重要的作用。有了梦想，就会有为之奋斗的愿望，就会想办法去实现它，就会为了它而付出努力！少年时代，洛克菲勒的梦想就是当富翁，"成为一个有 10 万美元的人"。在平均月工资只有10美元左右的 19 世纪下半叶，这是一个巨大的梦想，相当于今日的中国人想成为千万或亿万富翁。但就是这样一个梦想，经过洛克菲勒的努力不但实现了，而且本人也成为美国甚至全世界第一位资产超过亿万美元的超级大富翁。

1955 年，日本大企业井植岁男（三洋电机创办人）家中的一个园艺师傅向他说："社长先生，我看您的事业越做越大，而我就像树上的蝉，一生都在树干上，太没出息了。您教我一点创业的秘诀吧！"井植点头说："行！我看你比较适合园艺方面的事业。这样好啦，在我工厂旁有 2 万坪空地，我们合作来种树苗吧！树苗一棵多少钱能买到？""40 元。""好！以一坪种两棵计算，扣除中途死掉的，2 万坪大约可种 2.5 万棵，树苗的成本刚好 100 万元，3 年后，一棵可卖多少钱呢？""大约 3000 元。""100 万元的树苗成本与肥料费都由我来支付，以后的 3 年，你负责除草与施肥等工作。3 年后，我们就有 600 多万元的利润，到时候我们每人一半。"不料园艺师傅却拒绝说："哇！我不敢做那么大的生意。"最后，井植只好以付工资的方式，聘用那个园艺师傅栽种树苗。就这样，园艺师傅白白丧失了一个成功的致富良机。

失去梦想，也就意味着失去了希望，意味着离成功的大门越来越远。因为梦想是成功的开始，没有梦想，何谈成功？当一个人对生活不存在任何梦想的时候，也就没有了对生活的欲望和激情，更谈不上获取成功的机会，这样的人生只会越咀嚼越无味，这样的生活不是平淡而是平庸。

当然，并不是有梦想就一定会成功，梦想只是通往成功之路的第一步。当周围环境已发生变化，原来的梦想可能已无法实现时，就要根据现实情况适时调整目标，制定新的人生目标或发展目标。朝着自己可以实现的梦想，朝着可以发挥自己才华、展现自己抱负的方向去努力，只有这样才能离成功越来越近。

梦想是奋斗的动力

"I have a dream." 马丁·路德·金说出了他的梦想，他为此奋斗至停止呼吸的一刻，也让更多的人拥有了和他一样的梦想。有梦想才会有为之奋斗的动力，有时梦想会创造奇迹。

知识链接

> 马丁·路德·金，美国著名黑人民权领袖，诞生于美国东南部的佐治亚州的亚特兰大市。1963年，马丁·路德·金晋见肯尼迪总统，要求通过新的民权法，给黑人以平等的权利。1964年度诺贝尔和平奖获得者，有"金牧师"之称。1963年8月28日在林肯纪念堂前发表《我有一个梦想》的著名演说。

两只青蛙不小心掉进了路边一只牛奶罐里，牛奶罐里仅有为数不多的牛奶，但是足以让青蛙们体验到什么叫灭顶之灾了。

一只青蛙想：完了，完了，全完了，这么高的一只牛奶罐啊，我是永远也出不去了，于是它很快就沉了下去。

另一只青蛙看见同伴沉没于牛奶中时，并没有沮丧放弃，而是不断告诫自己：上帝给了我坚强的意志和发达的肌肉，我一定能跳出去。它每时每刻鼓起勇气，鼓足力量，一次又一次奋起，跳跃——让自己跑起来，生命的力量与美展现在它每一次搏击与奋斗里。

不知过了多久，它突然发现脚下黏稠的牛奶变得坚实起来。原来，它的反复践踏和跳动，已经把液状的牛奶变成了一块奶酪！不懈的"跳起来"终于换来了自由的那一刻。它从牛奶罐里轻盈地跳了起来，重新回到绿色的池塘里，而那一只沉没的青蛙就那样留在了那块奶酪里，它做梦都没有想到它的同伴会有机会逃离险境。

有无梦想，往往会决定不同的命运。因为有梦想，才会有为之奋斗的勇气和坚持，而奋斗的过程中往往会产生意想不到的事情，既有遇到困难时的挑战，也有超越自我的洒脱，既有伤痛，也有欢乐。

据说，奥地利的布鲁克居住在贫困的乡间，母亲早年去世，父亲后来因工作受伤，无力继续支撑家庭，加上两个需要扶养的年幼弟弟，家里的重担顿时成了布鲁克的重责大任。

一天，一位顾客匆忙拿了一双鞋底坏掉的皮鞋，交给布鲁克修理。布鲁克动作熟练，隔天便把鞋底缝补、敲钉完成。顾客抚摸着那双鞋子，感动地说："小伙子，谢谢你把我的皮鞋修好，这是我见过的修的最好的一双鞋，不但缝补的很坚固，还把皮鞋擦得跟新的一样。"

　　附近擦皮鞋的同行，私底下窃语："布鲁克真是服务过头了，顾客只付了修皮鞋的钱，他却把皮鞋擦这么亮，这有什么好处呢？这么笨，是注定一辈子落魄的。"布鲁克并不在意这些话，只是继续做自己的工作，他觉得为顾客着想，对得起自己的良心，收取顾客的钱心安理得，这样就够了。后来，布鲁克受到皮鞋工厂的雇用，在工厂专门修补有瑕疵的皮鞋。多年以后，那些嘲笑布鲁克的人，仍然还在街头修补皮鞋，至于布鲁克，已经担任奥地利最大的皮鞋工厂的制造经理。

　　布鲁克是一个心中有梦想的人，他的梦想不仅仅是当一名街头的修鞋工。在他的心目中，修鞋不仅可以改变他贫困的生活，还可以当作是一项神圣的职业，于是他用心去做，用心去经营。最终通过自己的奋斗，改变了自己的命运。

　　梦想是奋斗的动力，奋斗是实现梦想的条件。光有梦想而不去为之努力，只能是空想，没有任何价值。只有在梦想的指引下，不断去尝试，不断去创造，不停地奋斗，梦想才会变为现实。

努力让梦想成真

　　梦想是深藏在人们内心深处最强烈的渴望，是一种挥之不去的感觉和潜意识，也是人们走向成功的原动力。每个人都有着自己的梦想，都有着自己的渴望和追求，或许是一日温饱的愿望，或许是安邦治国的抱负……但不管是什么样的梦想，每个人都想实现它，成就它。而梦想成真"五部曲"，正是引领我们造就梦想、成就未来的成功之道。

首先要树立适合自己的梦想。每个人的心中都会有梦想，但梦想有好有坏，有切合实际的，也有好高骛远的，有能够实现的，也有难以企及的。美好的梦想催人奋进，错误的梦想只会让人走上歧途。切合实际的梦想，容易转化成理想，思行合一，最终梦想变现实；不切实际的、好高骛远的梦想脱离现实，最终只能是空想、妄想。曾经有位雄心勃勃的年轻人，梦想要发明一种可以溶解一切物质的万能溶液，但有人问他，这种溶液研制出来以后，你打算用什么容器来盛放它呢？不切实际的梦想，只能停留在梦想阶段。树立适合自己的梦想就是要在充分认识自我、剖析自我的基础上，分析主客观条件及未来的可能性，恰当设定目标，并不时地根据实践作出更正。一旦确立了适合于自己客观实际的梦想，就像为行动插上了理想的翅膀，有了翅膀，才能在更为广阔的天空中翱翔。

其次是静心研析，分解梦想。树立适合自己的梦想以后，下一步就得静下心来研究和分析梦想、分解梦想，制定出一步步实现梦想的行之有效的计划方案和实施策略，这就会使自己的梦想显得并不遥不可及。一个人梦想的目标越明确、细致，他实现自己梦想的几率就越大。

第三步是自信加努力，追逐梦想。只有心存一份"梦并不遥远"的自信，和敢于努力拼搏的勇气，才会拥有梦想成真的一天。也许我们在试图实现自己梦想的过程中，可能会遇到各种各样的挫折和困扰，我们一定要坚持住，千万不要因为感到梦不可及而失去

信心或停下追逐梦想的脚步，只有持之以恒，才能铁棒磨成针。纵观人类历史，有哪个成功追逐梦想的人是不劳而获、守株待兔的？

第四步是学习榜样，破解梦想。一般说来，我们拥有什么样的梦想，就应该努力结识什么样梦想成真的榜样，了解他们的成长经历和成就梦想的历程。选择、吸收、消化他们的成功经验，以此来铸造一把适合自己破解梦想之锁的钥匙，打开梦想成真之门。因为善于借鉴他人的成功经验，就是"站在巨人肩膀上"，使自己看得更远，行动得更快。

第五步是把握机遇，实现梦想。许多人的成功多是来自于灵感，许多人之所以不能实现梦想，是因为灵感到来时没有抓住机会。机会是转瞬即逝的，如果抓住了它，就能实现梦想。但机会只垂青于那些有梦想和有准备的人。以前，英国科学家牛顿长期以来认为有一种神秘的力存在，但一直不知道到底是怎样的一种力，直到有一天，当牛顿在花园的苹果树下思索，一个苹果落到他的脚边时，牛顿终于获得了灵感，并因此发现了万有引力定律，成就了他多年来的梦想。

梦想如同玫瑰，对自卑者来说，只想到它带刺的可怕；对自信者来说，就会想到它郁香的可爱。只有不怕被刺伤手的人，才能真正手持玫瑰，才能真正懂得它的美丽和珍贵！但愿所有的人都能拥有玫瑰，都能梦想成真！

因为，有梦想才有希望，有梦想才有未来。

第二章

干事之基：坚持规划先行

有句俗话说："吃不穷，穿不穷，规划不到才会穷。"规划，规者，有法度也；划者，戈也，分开之意。规划是为了实施既定方针而制定的综合性计划，包括实施既定方针所必需的目标、政策、程序、规则、任务分配、执行步骤和使用的资源等。规划主要是根据组织总目标和各项分目标去制定组织的分阶段目标以及内部各部门的分阶段目标，包括一些具体项目的工作计划。对企业而言，企业规划意味着进行比较全面的长远的发展计划，是对企业未来整体性、长期性、基本性问题的思考与考量，并结合企业自身实际与未来发展目标而设计的整套行动方案。

萧伯纳有一句名言："明白事理的人使自己适应世界，不明白事理的人，硬想使世界适应自己。"人最大的悲哀，就是做了一辈子自己不喜爱的工作。人最大的失败，就是忙碌到死一事无成，还让后人看不到希望。没有规划的人生，就像是没有目标和计划的航行。人生规划就是人生的基本航线，有了航线，我们就不会偏离目标，更不会迷失方向，才能更加顺利和快速地驶向成功的彼岸。

企业规划是一种不同于传统职能管理的崭新的管理思想和管理模式。传统的企业管理内容仅局限于对不同职能活动进行管理,如生产管理、成本管理等。由职能管理走向战略管理是现代企业管理的一次飞跃。1970 年美国学者桑恩和豪斯对企业运用战略管理的情况进行过考察。经过比较研究发现,运用了正式战略规划的企业在投资收益率、股权资本收益率和每股收益等财务指标上都明显优于没有正式战略规划的企业。同时发现,企业采用正式战略规划以后,其经济效益要比没有战略规划的年代的效益有较大幅度的改善。

简而言之,规划是一个行动过程的描述。一个总规划可以含有若干个子规划。在日常生活中,规划意味着在行动之前决定行动的进程。

一、成功从规划开始

《礼记·中庸》一书中有这样一句话:"凡事预则立,不预则废。"预,就是预先,指事先做好规划或准备;立,则是成功。这句话的意思是说,要想成就任何一件事,必须要有明确的目标、认真的准备和周密的安排。没有准备的盲目行动,只能是忙忙碌碌却一事无成。

凡事预则立

预是成功的基础，不预则是失败的根源。有了精心的准备，艰苦的努力，不懈的奋斗，扎实的实践和巨大的付出，才能达到成功的彼岸。规划其实就是"预"的一种，对于企业来说，只有事先作出规划，准备充分，才可能取得成功，获得更大的发展。"预"是"立"的前提，"立"是"预"的结果。没有准备的行动是盲目的，最终可能失败。一个缺乏准备的人一定是挫折不断的人，纵然具有超强的能力、千载难逢的机会，也不能保证获得成功。

一个年轻的猎人带着充足的弹药、擦得锃亮的猎枪去寻找猎物。虽然老猎手们都劝他在出门之前把弹药装在枪筒里，他还是带着空枪走了。"废话！"他嚷道，"我到达那里需要一个钟头，哪怕我要装100回子弹，也有的是时间。"仿佛命运女神在嘲笑他的想法似的，他还没有走过开垦地，就发现一大群野鸭密密地浮在水面上。以往在这种情景下，猎人们一枪就能打中六七只，毫无疑问，够他们吃上一个礼拜的。可如今他匆匆忙忙地装着子弹，此时野鸭发出一声鸣叫，一齐飞了起来，很快就飞得无影无踪了。他徒然穿过曲折狭窄的小径，在树林里奔跑搜索，但由于树林是个荒凉的地方，他连一只麻雀也没有见到。真糟糕，一桩不幸连着另一桩不幸：霹雳一声，大雨倾盆。猎人浑身上下都是雨水，袋子里空空如也，猎人拖着疲乏的脚步回家去了。在看到猎物的时候才去装弹药，连作为一名猎手最起码的准备工作都没有做好，当然不可能有什么收获了。

充分准备是成功的前提，没有准备，就仓促应战，往往会被打个措手不及。香港著名推销商冯两努曾说过，"世界会向那些有目标和远见的人让路"，此话一语道破了取得成功的奥秘。有目标和远见的人，会提前做好准备，一旦机会降临，由于准备充分，就能够不失时机地去把握。

阿尔伯特·哈伯德有一个富足的家庭，但他还是想创立自己的事业，因此他很早就开始了有意识的准备。他明白像他这样的年轻人，最缺乏的是知识和必备的经验。因而，他充分利用一切时间有选择地学习一些相关的专业知识。他一直保持着这个习惯，这使他受益匪浅。后来，他有机会进入哈佛大学，开始了一些系统理论课程的学习。

经过又一次欧洲考察之后，他开始积极筹备自己的出版社。他请教了专门的咨询公司，调查了出版市场，尤其是从从事出版行业的威廉·莫瑞斯先生那里得到了许多积极的建议。这样，一家新的出版社——罗依科罗斯特出版社诞生了。由于事先的准备工作做得好，出版社经营得十分出色。他不断将自己的体验和见闻整理成书出版，名誉与金钱相继滚滚而来。

阿尔伯特并没有就此满足，他敏锐地观察到，他所在的纽约州东奥罗拉，当时已经渐渐成为人们度假旅游的最佳选择之一，但这里的旅馆业却非常不发达。这是一个很好的商机，阿尔伯特没有放弃这个机会。他抽出时间亲自在市中心周围作了两个月的调查，了解市场行情，考察周围的环境和交通。他甚至亲自入住一家当地经营得非常出色的旅馆，去研究其经营的独到之处。后来，他成功地从别人手中接手了一家旅馆，并对其进行了彻底的改造和装潢。

在旅馆装修时，他接触了许多游客，了解到游客们的喜好、收入水平、消费观念，更注意到这些游客正是由于对繁忙工作的厌倦才在假期来这里放松的，他们需要更简单的生活。因此，他让工人制作了一种简单的直线型家具。这个创意一经推出，很快受到人们的关注，游客们非常喜欢这种家具。他再一次抓住了这个机遇，一个家具制造厂诞生了。同时他的出版社还出版了《菲利士人》和《兄弟》两份月刊，其影响力在《致加西亚的信》一书出版后达到顶峰。

我们可以看到，阿尔伯特的成功是建立在充分的准备基础上的，所以他才能够在面临机遇时果断出击，正是准备意识成就了他事业的辉煌。

阿尔伯特深深地体会到，准备是执行力的前提，是工作效率的基础。因此，他不但自己在做任何决策前都认真准备，还把这种好习惯灌输给他的员工。不久之后，"你准备好了吗？"已经成为他们公司全体员工的口头禅，并成功地形成了"准备第一"的企业文化。在这样的文化氛围中，公司的执行力得到了极大的提升，工作效率自然显而易见。

凡事不预则废

有"预"才能"立"，不预则难以取得成功。同样是罗依科罗斯特公司，在阿尔伯特的儿子小伯特·哈伯德接手公司以后。小伯特完全丢掉了父亲阿尔伯特赖以成功的准备意识，丢掉了"准备第一"的企业文化，从而使原本欣欣向荣的企业走向没落。

其实，从某些方面来说，小伯特也是一个很有思想的人。阿尔伯特的那本《致加西亚的信》正是来自小伯特的启发。小伯特曾经说过："那场战争中最伟大的英雄就是罗文，他的精神值得我们每个人学习。"但是，小伯特和大多数人一样，只是意识到了罗文精神中忠诚、敬业、积极主动完成任务的一面，并没有意识到隐藏在罗文精神中最有价值的准备意识。对罗文精神的这种片面理解，虽然使小伯特养成了勇往直前的战斗精神和积极主动的工作态度，但也造成了他忽视准备、盲目冲动的习惯。

当阿尔伯特发现了小伯特这一致命的弱点后，就经常提醒他："准备赢得一切！一个意识不到准备的重要性的人，无论做什么都不会成功。"但是，小伯特却从没有把父亲的话真正放在心上，他认为准备太简单了，根本不像父亲所说的那样玄妙，一个人要想成功，只要勤奋、敬业就可以了。

阿尔伯特去世后，面对家族企业中繁重的工作，小伯特毫不畏惧，他立志要完成父亲还没有完成的事业。于是，小伯特每天工作都在12个小时以上，忙碌的程度远远超过了他的父亲。

但是，他的劳动却没有得到回报，漠视准备的弊端很快显现了出来。他对图书的构成和运作规律一无所知，也根本没有去留意过家具市场的变化和风险，当然更谈不上什么成熟的思路。日益忙碌的他悲哀地发现，他付出的努力几乎没有任何价值，企业开始走下坡路。

当时，管理层的意见很不统一，这更让小伯特无所适从。他不熟悉公司的业务，不懂市场，公司很快陷入混乱状态。由于小伯特的影响，公司原本形成的"准备第一"的企业文化已经荡然无存；员工们也开始像小伯特一样，什么事情都是先做了再说。长此以往，工作效率自然极其低下，使得公司的危机不断扩大。

阿尔伯特因对准备的极度重视而赤手打下一片天地；小伯特因对准备的重要性浑然无知白白地葬送了一个企业。

父子两个人的不同结局告诉我们：准备是一切工作成功的前提。只有充分地准备才能保证工作得以完成，而且做起来更容易；相反，没有准备的工作是毫无头绪的，也无法判断结果，当然会留下许多漏洞和隐患，失败也就不可避免了。

所以说，一个做好准备的人就是一个已经预约了成功的人。在工作中要时时刻刻提醒自己，我准备好了吗？还有什么需要准备的？我所准备的是最适合我的吗？我想当你得到的肯定答案越多时，行动成功的可能性也就越高。

机遇青睐有准备的人

人的一生充斥着无数的机会和挑战，但并不是所有的人都能抓住机遇，也并不是所有的人都能顺利应对挑战。善于把握机会的人往往更容易获得成功，而机会永远是给有准备的人留着的。

圣保罗大学的副校长文森教授聘用了两名年轻的女孩儿——露西亚和凯特当助手，替他拆阅、分类信件。

露西亚和凯特都很聪明伶俐，但她们还是有些区别。那就是，露西亚除了分内之事外，几乎不会再干其他的任何事，宁可闲着，也不去帮助其他忙碌的人，更别说在业余时间去学习和准备了。而凯特却不是这样，她经常不计报酬地干一些并非自己分内的工作——譬如，帮助文森教授给读者写回信。在这件事上，凯特从不马虎，并做了认真的准备。为了使自己写的和文森教授写的信区别不大，她认真研究了教授的语言风格，最终写的和文森教授一样好。凯特每天把她写的回信一起交给文森教授，让他阅读后再由她发给读者。她还利用业余时间，在文森教授那里借阅了许多书籍，每晚都看到很晚才睡，并做了大量的笔记，有空闲的时候就去向文森教授请教。凯特的做法受到露西亚的嘲笑，我们的这份工作只是暂时的，干吗这么费劲去做些不属于自己分内的工作，简直不可思议。

　　但凯特却没有放弃，仍然每天坚持着，甚至认为这是一个不可多得的学习机会。也许凯特并没有想到她这样做会有什么好处，但事实却再一次证明，一个人的努力与付出是与所得成正比的，凯特的准备意识让她抓住了机遇，使她的人生之路有了很大的转折。后来，文森教授的秘书辞职了，在挑选合适人选时，教授自然而然地想到了凯特，凯特成了文森教授的新任秘书。

　　故事并没有结束。凯特的积极、主动的良好心态，自然引起了更多人的关注，不少公司纷纷提供更好的职位邀请她加盟。为了挽留她，教授多次提高她的薪水，与最初当一名助手相比，已经高出了4倍。正是积极的准备使凯特拥有了一个美好的前程。

人生的赢家和输家往往只在一些小的准备上有差别：每天花5分钟阅读、多打一个电话、适当时机的一个表示、在表演上多费一点心思、多做一些研究，或在实验室中多试验一次。如果一个人能把所有的精力都投入在经营自己的专长上，结果会怎样？必然会有所成就！

渥沦·哈特葛伦在年轻的时候曾是一名挖沙工人，长年累月的劳作使他萌生了必须要成就自己人生事业的欲望，他想成为研究南非树蛙的专家。

按照哈特葛伦所受的教育程度，他根本不具备这方面的基础和才能。但他从1969年开始，就把大部分时间和精力用在了这项研究上，每天都收集大量的标本，共做了大约300万字的笔记，终于找到了南非树蛙的生活规律，还从这些蛙类身上提取了世界上极为罕见的一种能预防皮肤伤病的药物，从而一举成名，获得哈佛大学的博士学位，并成为美国《时代》周刊的封面人物。

他曾经问过一位年轻人是否听过南非树蛙，年轻人坦率地回答："不知道。"

博士诚恳地说："如果你想知道，你可以每天花5分钟的时间阅读相关资料，这样，5年内你就会成为最懂南非树蛙的人，你会成为这一领域中最具权威的人。"

年轻人当时不置可否，但他后来却常常想起博士的这番话，觉得这番话真的道出了许多人生哲理。这位年轻人开始像哈特葛伦那样把时间和精力投入到自己喜欢的专业上，终于成为第二个哈特葛伦，他的名字叫伍迪·艾伦。

大多数人都不愿意每天多准备5分钟的时间努力成为自己理想中的人。他们的生活层次只停留在：为吃饭而吃、为搭公车而搭、为工作而工作、为了回家而回家。他们从一个地方逛到另一个地方，事情做完一件又一件，好像做了很多事，但却很少有时间从事自己真正想完成的目标。就这样，一直到老死。很多人临到退休时，才发现自己虚度了大半生，剩余的日子又得在病痛中一点一点地流逝。

作为一名企业员工，不要认为所有的准备工作是为了企业和上司去做的，其实准备的最大的受益者是我们自己。在工作中，我们要警惕这样一种心理：准备工作做得再好，不还是企业老板受益吗，没必要为工作付出那么大的精力去准备。具有这种想法的人并没有意识到，其实放弃准备就是放弃成功。学习与准备的最大受益者的确是每一个学习和准备的人。对于企业员工而言，做足准备功课，在给企业带来最大利益的同时，也给自己带来了机会，为自己开启了成功之门。你为企业作的贡献越大，越容易得到企业领导的认可。企业发展了，员工才有更为广阔的崭露自己才华的平台，才能获得与企业共同成长的机会。

二、规划是承前启后的节点

节点是一个很抽象和应用很广泛的概念，通俗地说就是某个大环境中的一个点或者一段，好比公交车线路中的一个站台。事业的发展并不是一次规划、一次计划就可以一劳永逸完成的，它需要在实践中不断地验证规划的正确性、合理性，要对规划进行修补、完善，只有这样，事业的发展才能向预期的目标一步步靠近，直至完成。

规划是联系不同阶段的桥梁

在事业的发展过程中，规划是连接前后不同发展阶段的桥梁。规划不是一成不变的，而且也不是只有一个规划，在一个总规划下面应该有若干个阶段性的规划。事业发展目标的确定往往是基于特定的社会环境和条件的。而环境和条件总在变化，确定了目标也应该作出修改和更新，况且这样的目标虽然写出来了，但是并没有镶刻在石头上，它的存在只是为事业的前进提供一个架构，指示一个方向。因此，规划也要时时刻刻随着环境和条件的变化作出修正和完善。一个完善的规划对于事业的成功有着举足轻重的意义。

首先，规划有助于帮助完善事业发展前期一些不合理的计划、任务。由于规划是先于执行进行的，因此难免会有一些纰漏或失误。当经过一段时间的发展，在实践中认识到了不足和缺点，可以通过规划来修正、完善发现的不足和缺点，同时，随着经验的增长，通过分析、比较，可以更清楚地认识自身的能力和特点，更清楚地明确自身的优势，充分挖掘自身的潜力，以实现发展目标。

其次，规划有助于激励自身或员工努力工作。不管是企业还是个人，制定和实现规划就像一场比赛，随着时间的推移，一步一步地实现规划，这时你的思维方式和工作方式又会渐渐改变。当实现一个阶段性规划的时候，你会自然借鉴以往的经验来设计如何使下一个规划能更好、更快地实现。如果下一个阶段性规划也如期实现，这种良性循环会大大地激励人们的信心。

第三，规划有助于抓住重点。制订规划的一个最大的好处是有助于安排日常工作的轻重缓急。通过对事业的规划，能使我们紧紧抓住工作的重点，增加我们成功的可能性。

第四，规划有助于引导个人发挥潜能。规划能助你集中精力，全神贯注于自己有优势并且会有高回报的方面，这样有助于你发挥尽可能大的潜力，最终实现成功的目标。

第五，规划有助于评估目前的工作成绩。规划的一个重要功能是提供了自我评估的重要手段，规划主体可以根据规划的进展情况评价取得的成绩、审视存在的问题。

规划有助于事业持续发展

毛泽东说："不打无准备之仗，不打无把握之仗。"商业类似战争，兵力是投资，胜利是利润，一切都有赖于精密合理的规划。人们也常说"计划赶不上变化"。事物在发展过程中会遇到诸多的问题，这时候就需要经常对原有的规划进行修正，以此来确保事物发展的方向。

重庆嘉陵集团在发展中不断调整公司战略，多次化险为夷，并在几个重要关头取得了成功，确保了市场地位。

1988 年，全国摩托车市场出现一片疯狂的抢购浪潮。当时，不少摩托车生产厂家在确定 1989 年方针目标时，产量都定得很高。嘉陵集团通过冷静分析市场环境、市场发展趋势及国际经济形势和经济政策等因素，认为抢购风只是暂时现象，绝不可能持久。因此他们提出了"不比产量比质量，不比速度比效益"的经营方针。不出所料，1989 年国家治理整顿，抑制通货膨胀，实行财政、信贷"双紧"政策。许多摩托车厂家猝不及防，库存大量积压，资金无法周转，生产难以正常运作。而嘉陵集团由于及时调整发展战略，断然将销路不畅的车型减产，同时加紧开发市场前景看好的车型并立即投放市场，取得了成效。1989 年嘉陵集团产销率达 98%，创下了公司当年盈利 6952.7 万元的历史最高纪录。到 1995 年，全国摩托车市场产量猛增，市场出现供大于求的局面，形成买方市场，一些厂家纷纷降价销售，更加剧了竞争的激烈程度。要渡过难关，关键问题是能否站稳市场。嘉陵集团再次调整战略，提出了"宁可牺牲数量保质量，宁可牺牲效益保市场"的经营发展策略，实施名牌发展战略。由于措施得力，当年 1 月至 11 月，嘉陵生产摩托车 104.52 万辆，产销率达到 99.8%，提前 40 天完成全年生产经营目标。从而保持了在摩托车行业的竞争优势和排头兵地位，成为"中国摩托车之王"。

嘉陵集团的例子告诉我们，企业在发展过程中可能会遇到各种各样的问题，我们要根据形势及时调整原来的战略，而不能墨守成规。

著名的生产运动品牌的阿迪达斯公司，在创立之初，凭借不断的创新和努力，该公司和彪马公司在1972年之前占有了运动鞋的全部市场。但在此后这种状况就开始发生了变化。20世纪70年代，蓬勃兴起的健康运动使阿迪达斯公司感到吃惊。一时间，成百万以前不好运动的人们对体育锻炼产生了兴趣，成长最快的健康运动是慢跑。据估计，到1980年有2500万~3000万美国人加入了慢跑运动，还有1000万人是为了休闲而穿跑鞋。尽管如此，为了保护其在竞技体育市场中的统治地位，阿迪达斯并没有大规模地进入慢跑市场。到20世纪80年代初慢跑运动达到高峰时，阿迪达斯已成了市场中的"落伍者"。竞争对手推出了更多的创新产品和更多的品种，并成功地扩展到了其他运动市场。例如，耐克公司的产品已经统治了篮球和年轻人市场，运动鞋已进入了时装时代。到20世纪90年代初，阿迪达斯公司的市场份额降到了可怜的4%。

之所以出现这种局面，是由于阿迪达斯公司在体育运动市场发生变化的时候，没有能够及时根据市场形势的变化，作出调整战略规划的布置，导致贻误时机，最终让对手超越。商场如战场，局势瞬息万变。这就决定了企业的规划不能是一成不变的，在遇到新情况、新问题时必须要及时作出修正、作出调整，只有这样才能保证企业的持续发展，使企业立于不败之地。

规划正确才能走向成功

合理的规划可以使企业持续健康发展，不合理的规划也会导致企业的失败。因为规划不合理，就意味着在实现目标的过程中，没有找到正确的路径、方法或规划目标本身就不完善或无法实现。这

第二章 干事之基：坚持规划先行

样的规划不但不能为企业发展保驾护航，反而会成为企业发展的障碍。

1991年春，史玉柱成立了珠海巨人新技术公司。他说："IBM是国际公认的蓝色巨人，我用'巨人'命名公司，就是要成为中国的IBM，东方的巨人！"公司成立后，很快吸引了众多科技精英，由几个人发展为50多人，接着壮大到200多人，其中97%为大学生和研究生，平均年龄为24岁，可谓人才济济，实力雄厚。到1993年7月，全部子公司在全国38个城市发展起来，公司拥有大量的剩余资金。

为了寻求新的支柱产业，巨人一脚踏进房地产市场，把原来计划盖来自用的18层办公楼一改再改，层层加高，最终决定修一幢珠海市的标志性建筑，楼层高达70层，总投资也顺理成章地涨到12亿。这笔巨额资金如果仅靠电脑产业的收入是无力支撑的，而通过融资渠道募集到的1亿多元也远远不够。于是史玉柱将目光瞄准生物工程，因为这是个在短期内可以获得高额利润的产业，史玉柱决定用已筹措到的资金强力启动药品和保健品市场，以所赚取的利润反哺巨人大厦。短短15天内订货量就突破了3亿元，与此同时，员工也由200人猛增到2000人。然而，巨人集团的弊端也突出暴露出来。首当其冲的是集团整体协调能力乏力。由于产品供应短腿难以追上营销长腿，错过销售的黄金时节，公司损失巨大。渐渐地更深层次的矛盾也凸显出来：原有干部队伍动力不足，新的骨干队伍难以补充，管理失控。这样一来，急剧的外延式扩张不仅没有激发原有的系统的活力，又因无法形成新的机制而使管理上破绽百出。

从上述案例可以看出，巨人集团失败的主要原因有：第一，盲目追求发展速度。巨人集团的产值目标可谓大矣：1995 年 10 亿元，1996 年 50 亿元，1997 年 100 亿元。然而目标越大风险越大，如果不经过科学的分析论证，没有必要的组织保证，必然损失惨重。第二，盲目追求多元化经营。巨人集团涉足了电脑业、房地产业、保健品业等，行业跨度太大，新进入的领域并非优势所在，却急于铺摊子，有限的资金被牢牢套死，巨人大厦导致的财务危机，几乎拖垮了整个公司。巨人的主业——电脑业的技术创新一度停滞，却把精力和资金大量投入到自己不熟悉的领域，缺乏科学的市场调查，好大喜功，没有形成成熟的多元化管理的能力。除此之外，一个重要的原因是，巨人集团在决策方面的失误，这个失误直接导致前两个失误的形成。

"巨人"失败的主要原因是：盲目追求发展速度，规划好高骛远；盲目追求多元化经营，规划不符合企业发展的实际；决策的失误实际上就是规划的失误。在巨人集团成立初期，"成为中国的 IBM"是其发展的长远目标，围绕这个目标巨人集团也进行了一系列的规划，并取得了一定的成就。但是在发展后期，规划脱离实际，朝着不合理的方向发展。这成为巨人集团倒下的一个重要因素。

三、规划是科学发展的起点

科学规划是科学发展的重要前提，事关一个企业的长远发展，事关员工的福祉。一个公司除了需要充足的资金、有用的人才和技术外，还需要根据公司的实际状况制定合理的规划，既要有短期、中期规划，更要有发展的长远规划。因为规划能够让企业在成长的过程中做到有的放矢，为企业的科学发展保驾护航。

企业发展，规划先行

对于企业而言，要健康快速发展，必须做到"规划先行"。"磨刀不误砍柴工"，规划做细了，规划做好了，企业的发展才能一帆风顺，畅通无阻。规划是企业发展中首先要解决的问题，规划不切实际或规划不完善，再宏伟的发展目标也无法实现。

王老吉凉茶发明于清道光年间，至今已有175年，被公认为凉茶始祖，有"药茶王"之称。2002年以前，由于中国市场还不成熟，存在着许多市场空白，加上产品本身具有的某种不可替代性，红罐王老吉是一个很不错的品牌，在广东、浙南地区销量稳定，盈利状况良好，有比较固定的消费群。然而，随着市场不断完善，竞争对手不断增多。企业要做大，要走向全国，就必须克服一连串的问题，甚至原本的一些优势也成为困扰企业继续成长的障碍。

2002年年底，公司想为红罐王老吉拍一条以赞助奥运会为主题的广告片，要以"体育、健康"的口号来进行宣传，以期推动销售。然而在解决广告创意问题时，发现红罐王老吉虽然销售了7

年，其品牌却从未经过系统、严谨的规划和定位。红罐王老吉是当"凉茶"卖，还是当"饮料"卖？企业都无法回答红罐王老吉究竟是什么，消费者就更不用说了，完全不清楚为什么要买它。这个根本问题不解决，拍什么样"有创意"的广告片都无济于事。经过一轮深入沟通后，公司决定暂时停拍广告，先对红罐王老吉进行品牌规划与定位。

通过深入调研发现，消费者对红罐王老吉并无"治疗"要求，而是作为一个功能饮料购买，购买红罐王老吉的真实动机是用于"预防上火"，如希望在品尝烧烤时减少上火情况发生等，真正上火以后可能会采用药物，如牛黄解毒片、传统凉茶类治疗。

在对竞争对手进行了进一步分析后，品牌规划基本完成：首先明确红罐王老吉是在饮料行业中竞争，竞争对手应是其他饮料；其品牌定位——"预防上火的饮料"，独特的价值在于——喝红罐王老吉能预防上火，让消费者无忧地尽情享受生活：吃煎炸、香辣美食，烧烤，通宵达旦看足球……

在品牌规划完成的基础上，红罐王老吉开始在各种媒体上急风暴雨式地展开广告宣传，效果立竿见影。"怕上火，喝王老吉"的品牌形象迅速深入人心。

红罐王老吉品牌的成功定位和传播，给这个有着 175 年历史的、带有浓厚岭南特色的产品带来了巨大的效益：2003 年红罐王老吉的销售额比 2002 年同期增长了近 4 倍，由 2002 年的 1 亿多元猛增至 6 亿元，并以迅雷不及掩耳之势冲出广东。2004 年，尽管企业不断扩大产能，但仍供不应求，订单如雪片般纷至沓来，全年销量突破 10 亿元，以后几年持续高速增长，2008 年销量突破 100 亿元大关。

表面看，红罐王老吉的成功是企业广告宣传的成功，事实上，真正的成功来源于对产品品牌的准确定位与周密规划。如果没有事前对品牌进行周密的规划与研究，拍什么样"有创意"的广告片都无济于事。正如广告大师大卫·奥格威所说，"一个广告运作的效果更多的是取决于你产品的定位，而不是你怎样写广告"。

科学规划，坚决执行

在现实工作中，能够发现问题的人多得很，办法也并不缺乏，可以为之出谋划策的人也有之，但问题最终还是会被搁浅或"流产"，缘何？因为再好的方案、再周密的规划如果没有人去实施都只是一纸空谈。

一座山上生活着很多动物，其中狮子是王，每天都处理大大小小的事务。一天，熊猫报告说狼非常凶残，经常欺负弱小动物。弱小动物已被他吃掉了不少，有的连骨头都没有留下。狮王听后大怒，立即签发了一个文件，严厉指出：狼如果不痛下决心改正错误，一定严惩不贷。

不久，狮王又接到羊的告状信，信中说，狐狸时常玩弄狡猾的伎俩，以各种名目敲诈羊们，一会儿要收青苗种养费，一会儿要收泉水保护费，一会儿要收空气清洁费，一会儿要收山地使用费……再这样下去，羊们就生活不下去了。狮王义愤填膺，大叫："发个文件，狐狸如此胡作非为，要给予警告，严重警告！"文件刚发，一群蜜蜂飞来哭诉，狗熊一天到晚什么事也不干，可是吃喝起来却贪馋无比。蜜蜂们辛辛苦苦劳动一年，狗熊们几顿"工作餐"，就把蜂蜜吃得差不多了。蜜蜂们过冬的食品已成了问题。狮王暴跳如雷，愤怒无比："再发个文件，严肃处理！一定要严肃处理！"

狮王的文件发了一个又一个，但狼欺凌弱小动物照样欺凌，狐狸勒索钱财照样勒索，狗熊大吃大喝照样大吃大喝。狮王苦恼地向猩猩博士请教："我的态度够坚决的了，为什么这些家伙竟这么大胆呢？"猩猩博士反问道："这个问题还需要我来回答吗？"

没有得到有效执行的文件，就像是高高挂起的墙画，没有任何的震慑力。规划也是如此，制定了规划就要好好去执行，若不然，像狮王一样，辛辛苦苦制定的规划却被束之高阁，成为摆设。任何一个企业，要想成就辉煌事业，要想在某一领域中做出优异的成绩，都必须按照科学规划一步一个脚印地去实施。

规划实施过程也是检验一项规划制定得是否完整、是否合理的判断过程，具体实施过程中充满了较大的不确定性。因而人们在执行规划时，必须不断地完善规划，以确保规划的科学性。

然而，科学的规划一旦确定，就必须保证一丝不苟、不折不扣地得到执行，否则再完善的规划，也只能是空中楼阁、镜花水月。

明确路径，找准落点

中国有句古话叫"授人以鱼不如授人以渔"，表面的意思是说给人一条鱼不如交给别人钓鱼的办法，其实质说的是传授给人既有的知识,不如传授给人学习知识的方法。规划不仅是为了得到"鱼",更是为了找见"渔";不仅是为了给大家一个宏伟的目标,更是为了明确科学发展的路径,找准各项工作的落脚点。

有这样一个故事,说的是一个穷困潦倒、沿路求乞的书生遇到了一位仙翁,书生向仙翁祈求帮助,仙翁欣然答应,叫书生看看地上的石块,接着用右手食指轻轻一点,石块立即变成了黄金。仙翁叫书生拾起黄金变卖为生。书生俯身拾起了黄金,恭恭敬敬地交还给仙翁说:"这块黄金我不要,我要你的手指头。"

故事中的书生很聪明,他要仙翁的手指头就是要仙翁点石成金的方法,因为掌握了这种方法他可以一辈子受用。企业在做规划时,一定要针对眼前纷繁复杂的事物、现象理清思路,明确路径,找准决定规划成败的关键所在,只有这样作出来的规划,才具有前瞻性、可操作性,才能为企业的发展起到积极的推动作用。

市丸良一是日本昭和市丸交通公司的总经理。他的公司起源于市丸家的酱油铺。由于是小本经营,难以同大企业竞争,市丸家的酱油铺只好改做淀粉生意,取名"市丸产业公司"。后来,公司获得了关于淀粉供求信息的情报。当时日本处于战后恢复时期,对淀粉的需求量很大,而做淀粉的原料甘薯主要出产在气候温暖的南方鹿儿岛县。市丸产业公司占有"地利"之便,公司经营得很顺利。由于得到了准确的市场供求信息,市丸产业公司在短短的几年时间内发展成为一家庞大的企业,在日本淀粉公司中居第三位。

随着日本进入经济高速发展时期,日本农林省决定减少淀粉公司的数目。在提前获得此准确情报后，已经当上市丸产业公司总经理的市丸良一于1976年买进3辆小汽车，经营出租汽车业。只用两年时间就正式办起了市丸交通公司。到1984年发展为九州最大的出租汽车公司，共拥有出租汽车369辆。

在经营出租汽车事业的同时，市丸良一又以其独到的眼光发现不动产业有利可图，便设立市丸商事公司，较早地办起了修建和出租公寓事业。他又利用西乡隆盛逝世100周年，宣传他建筑的加治屋公寓，使其公寓的销路十分顺畅。

制订规划，必须要找准规划的关键点和突破口，从而使整个规划都能条理清楚，路径明晰。古人云，"举一纲而万目张，解一卷而众篇明"，说的就是这个道理。挖掘不出规划的"纲"，"万目"就无法张开，整个规划就有可能混乱不堪，那么成功的可能性就比较小。市丸良一之所以取得成功，其原因之一就在于对信息的及时把握，及时把搜集到的信息进行甄别，找准了制订发展规划的关键点，及时抢占了发展的先机。

知识链接

"举一纲而万目张，解一卷而众篇明"，是东汉时期的大学问家郑玄在他的《诗谱序》中讲过的一句非常著名的话。纲是渔网上的总绳，目是网上的眼，将渔网的总绳一撒，所有的网眼就都张开了。意思是说，做任何事情都要抓重点，抓主要环节。

四、规划是个人事业成功的秘诀

好的规划不仅是企业健康成长的法宝，对于个人事业的成功也有着突出的意义。个人事业发展规划是指一个人对其一生事业历程相继的预期和计划，包括一个人的学习，对一项职业或组织的生产性贡献和最终退休规划，有助于帮助个体确定职业发展目标，有助于鞭策个体努力工作，有助于抓住重点，有助于引导个人发挥潜能，最终实现成功的目标。

有志之人立长志

从小时候起，我们就不断地听到这样的提问："你长大了想做什么工作？""你长大了想干一番什么事业？""你想过没有？你长大了，要做个什么样的人？"我们思考这些问题，并且力求通过努力，用实际行动来回答这些提问，那就叫立志。立志就是规划。"如果能够重来一次的，我将……""如果我再年轻几年，就能……"在日常生活中，我们经常会发出这样的感叹，只因为悔不当初没有想清楚，没有好好规划……所以才会因此而错过了许多人生的乐趣，如果在行动之前就能够作出"我打算第一步……""我计划先……"的规划，相信在随后的生活中就不会有如此多的遗憾了。

一个纽约的百万富翁回忆说，当年，他在一家纺织品公司的薪水最初只有每周7美元50美分，后来一下子就涨到了每年1万美元，而这之间竟然没有任何的过渡。没过多久，他还成为这家纺织

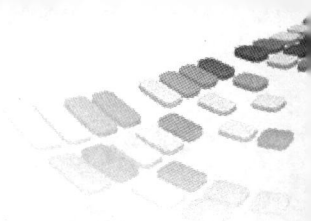

品公司的合伙人。

刚去公司的时候，他和公司签订了五年的工作合约，约定这五年内薪水保持不变。但他暗下决心：决不满足于这每周7美元50美分的低微薪水，决不能就此不思进取。他一定要让老板们知道，他绝不比公司中的任何一个人逊色，他是最优秀的人。其实，这是他自己的人生规划的一部分。

他工作的质量，很快引起了周围人的注意。3年之后，他已经如鱼得水游刃有余，以至于另一家公司愿意以3000美元的年薪，聘用他为海外采购员。但他并没有向老板们提及此事，在五年的期限结束之前，他甚至从未向他们暗示过要终止工作协定，尽管那只是一个口头的约定。当时有很多人说，"不接受如此优厚的条件，你实在是太愚蠢了。"但是，在五年的合同到期之后，他所在的公司给予了他每年1万美元的高薪，后来他还成为该公司的合伙人。

老板们都很清楚，这5年来他所付出的劳动，要数倍于他所领的薪水，理所当然，这是他应得到的报酬。假如他当时对自己的人生没有一个长远的规划，没有考虑将来的个人发展问题。他就会对自己说："每周7美元50美分，他们只给我这么多，而我也就只拿这么多好了，既然我只领着每周7美元50美分，那么我何必去考虑每周50美元的业绩呢！"试想，结局又会怎样？实际上，这些话正是当今很多年轻人的想法，他们一边以玩世不恭的态度对待职责，对公司报以冷嘲热讽，频繁跳槽，蔑视敬业精神，消极懒惰，却一边怨天尤人，埋怨自己怀才不遇，生不逢时。因为老板所付不多就敷衍自己的工作，正是这种想法和做法，令成千上万的年轻人与成功绝缘。

对于一个雇员来说，还有比薪水更重要的东西，那就是工作后面的机会，工作后面的学习环境，工作后面的成长过程。这些都是个人发展规划要考虑的内容，只有把个人将来的长远发展纳入规划当中，才能够做到不计较个人暂时的得失，从而为达到个人更大的发展作出准备。工作固然也是为了生计，但比生计更重要的是品格的塑造，能力的提高。如果一个人的工作目的仅是为了工资的话，那么可以肯定，他注定是一个平庸的人，也无法走出平庸的生活模式。

循序渐进追寻梦想

苏联生物学家巴甫洛夫曾经指出：首先是循序渐进。……循序渐进，循序渐进，循序渐进。从你的工作之始就要在知识积累方面养成严格的循序渐进的习惯。在攀登高峰之前，要学习科学的基本知识。在没有走完第一步的时候千万不要走第二步。永远不要企图用大胆的猜想和假设去掩盖你在知识上的缺陷。这个肥皂泡虽然绚丽夺目，但它一定会破灭的，它留给你的只有难堪。人生是一个过程，一个人的成长发展也是循序渐进的，谁也不可能一口气吃成个胖子，更没有人能随随便便成功。因而个人发展规划的制定就必须要符合个人成长的规律，要分阶段、分步骤逐步去实施。

施瓦辛格从一个瘦弱的奥地利小男孩成长为健美冠军、电影明星、亿万富翁，直至一个政治家，施瓦辛格一步一步地实现着自己的梦想，一步一步地把自己的职业生涯规划变成现实。

出生于 1947 年的施瓦辛格早在 10 岁时，就有三个梦想：世界上最强壮的人、电影明星、成功的商人。通过自己艰苦努力和奋斗，今天，他把自己的三个梦想早就全部变成活生生的现实了。

施瓦辛格的成功，让我们再一次看到了一个普通人是如何通过自己的努力，一步一步将自己的梦想变做现实的。与此同时，他的成功史也向我们阐释了职业生涯规划的真谛所在，那就是要注重规划的阶段性和步骤性。

职业生涯规划就像爬山，也像开车，需要不断调整方向。假如施瓦辛格第一步就将自己的职业生涯规划定位于政治家，那么，他可能不会这么顺利成功，也可能无法达到成功。

第一步是第二步的基础，第二步是第一步的延续，规划的每一个阶段都是相互联系的。应该说政治家并非施瓦辛格一贯的理想，但时机成熟了，条件水到渠成了，他也就理所当然可以把政治家作为自己奋斗的目标了。施瓦辛格自 18 岁获得欧洲健美冠军以后，怀揣 20 美元到好莱坞闯荡天下，意图作个电影明星。而演员生涯的成功，为他成功进军商业打下了坚实的基础。通过他在威斯康星大学攻读商业和经济学，更是让他快速成为拥有 20 亿美元身价的亿万富翁。而这一切的积累又成为他成功实现政治家梦想的必要条件和准备。

在现实生活中，有很大一部分人看到别人的成功后，心里就有点不安分，眼里就有点泛红光，就迫不及待急于求成，妄想一步登天。世界上的事情，肯定是有因有果的，绝对不是空中楼阁。另外，利用自身条件来完善自己的人生规划也是很重要的。自身条件随个人的发展也处于一个不断变化的过程中。当自身能力得到增长，自身素质得到提高，自身社会关系、社会资源等得到储备之后，确立更长远的规划，实现更高的目标，就不再是可望而不可即。所以，个人职业规划要根据新的情况、新的环境、新的条件不断调整，要善于把近期目标与远期理想联系起来，这才是实际可行的职业生涯规划。

埋头拉车不忘抬头望路

努力工作固然重要，但更重要的是要用脑子去工作，用心去思考谋划。一个人的成功是多方面因素决定的，但是否对个人生涯有长远规划是决定一个人能否成功最为关键的因素。有长远规划的人，能够做到高瞻远瞩，不计较暂时的利益得失，并能够准确地把握机遇，这是他之所以成功的原因；没有长远规划的人，只会斤斤计较，注重眼前，得过且过，这也是他无法取得成功的重要原因。

盛夏的一天，一群人正在铁路的路基上工作。这时，一列缓缓开来的火车打断了他们。火车停了下来，一节特制车厢的窗户被人打开了，一个低沉、友好的声音说："大卫，是你吗？"

大卫——这群人的主管回答说："是我，吉姆，见到你真高兴。"于是，大卫和吉姆——铁路的总裁，进行了愉快的交谈，半个小时之后，两人热情地握手道别。

大卫的下属立刻包围了他，他们对于大卫是总裁的朋友这一点感到非常震惊。大卫解释说，23 年以前，他和吉姆是在同一天开始为这条铁路工作的。

　　其中一个下属半认真半开玩笑地问大卫："为什么你现在仍在太阳下工作，而吉姆却成了总裁。"大卫非常惆怅地说："23 年前我为了 1 小时 1.75 美元的薪水而工作，而吉姆却是为了这条铁路而工作，从上班的第一天起，他就开始为如何使这条铁路发展得更加壮大而做准备，我除了完成每天的本职工作以外，什么都没有做。"

　　23 年前为 1 小时 1.75 美元薪水而工作的人，现在仍然为薪水工作；23 年前为整条铁路而工作的人，现在却成了团队的总裁。这就是平凡者与卓越者之间差别的根源所在。

　　唯有既肯干且干出成绩的员工，才是不会被淘汰和取代的人才。从一开始就为自己人生作长远规划的人，他不会满足于每天为薪水而工作，他也不会把自己当成公司的雇员，他不会觉得自己是在为别人工作。正因为他心中有远大目标，他才能够专心于自己的工作，把自己当作公司的主人，并在工作中激发潜能。这也正是一个成功者必须具备的重要条件之一。

第二章　干事之基：坚持规划先行

第三章

规划希望:用理性操控未来

人们总是这样描绘希望:希望是优美动听的歌,希望是奇丽无比的诗,希望是晨曦,希望是彩虹……希望是如此美丽,但是,希望绝不是空想和幻想,绝不是空中楼阁,绝不是镜花水月。希望的价值在于,她可以成为具有实践性的美好愿景,成为可以通过努力实现的理想和目标,成为真正使人前行、推动组织前进的强大动力。因此,希望需要规划。美好的希望人人都有,但能够为希望插上理性的翅膀,为希望装上科学的车轮,这才是迈向成功的关键。让我们记住这句话:希望在于理性之中。

一、规划希望,国家民族对发展前途的科学描述

梦想和希望,无处不在。小至一个家庭、一个人,大至一个国家、一个民族,无不闪烁着希望的光辉。特别是对于一个国家和民族来讲,希望永远是血脉绵延的动力,是文化传承的薪火,更是走向文明、走向进步的航灯和路标。

传承着希望的中华文明史

中华民族是一个富有理想情怀的民族。五千年来，无数中华儿女怀揣着对未来社会的美好希望，在这片古老的土地上辛勤耕耘。纵观华夏文明五千年历史长河，关于国家和社会发展的蓝图和梦想终无断绝，贯穿其中。华夏文明也因而生生不息、绵延至今。早在距今两千多年的先秦时期，人们就这样描绘出了心中的"理想国"。

大道之行也，天下为公。选贤与能，讲信修睦。故人不独亲其亲，不独子其子，使老有所终，壮有所用，幼有所长，矜、寡、孤、独、废疾者皆有所养，男有分，女有归。货恶其弃于地也，不必藏于己；力恶其不出于身也，不必为己。是故谋闭而不兴，盗窃乱贼而不作，故外户而不闭。是谓大同。

——《礼记·礼运》

大同世界，这就是古代中国朴素思维形态下的最高社会理想。她不是纯理念化的，而是具体化的，包含了全民公有的社会制度、选贤与能的选拔制度、讲信修睦的社会关系、各得其所的社会保障以及人人为公的社会道德。大同世界作为一种社会理想，可谓是思之深刻而又虑之长远，已经十分接近于我们今天的社会主义，在今天看来也依然是那么的美妙和动人。如果说，大同世界的理想代表着儒家正统的中心思想，贯穿中国古代社会始终，那么东晋的陶渊明则以文学的笔触为我们描绘出这样一个理想的国度和社会：

土地平旷，屋舍俨然。有良田美池桑竹之属，阡陌交通，鸡犬相闻。其中往来种作，男女衣着，悉如外人；黄发垂髫，并怡然

第三章 规划希望：用理性操控未来

自乐。

——陶渊明 《桃花源记》

陶渊明以他充分的想象力，建造了他理想中的一个社会。那里风光如画，生活着悠然自得的人们，避开了争斗、厮杀的世界。他们生活中没有君主贪官，没有苛捐杂税，人们和睦相处，按时作息，顺从自然，自给自足。"世外桃源"也因此而成为无数有识之士毕生寻求的乐土，成为理想社会的一个代名词。

进入近代社会以来，随着西方新思潮的涌入，中国社会开始了新一轮探索国家发展道路的浪潮，并形成了以太平天国的农业社会主义空想、康有为资产阶级维新派的大同社会主义空想和孙中山资产阶级革命派的民生主义空想为代表的新思想，反映了中国人民对封建专制制度的憎恨和对幸福生活的向往。

知病即药，破除其界，解其缠缚。超然飞度，摩天戾渊，浩然自在，悠然至乐，太平大同，长生永觉。吾救苦之道，即在破除九界而已。第一曰：去国界，合大地也；第二曰：去级界，平民族也；第三曰：去种界，同人类也；第四曰：去形界，保独立也；第五曰：去家界，为天民也；第六曰：去产界，公生业也；第七曰：去乱界，治太平也；第八曰：去类界，爱众生也；第九曰：去苦界，至极乐也。

——康有为 《大同书·甲部》

吾人今日欲改造新国家，当实行三民主义。何谓三民主义？即民族、民权、民生主义是也。民族主义，即世界人类各族平等，一种族绝不能为他种族所压制。……民权主义，即人人平等，同一

084

族，绝不能以少数人压多数人。人人有天赋之人权，不能以君主而奴隶臣民也。民生主义，即贫富均等，不能以富者压制贫者是也。

——孙中山《实行三民主义改造新国家》

然诚如毛主席所言，"写了《大同书》……没有也不可能找到一条到达大同的路"。无论是康有为还是孙中山，他们的那些流于空想的梦幻，由于脱离了中国实际和缺乏现实的科学性，最终不可避免地走向了破灭。梦想终究只是梦想，缺乏科学的规划，便不能指引中华民族走上真正希望的康庄大道。

引领着希望的中国共产党

1921 年，中国共产党宣告成立。作为一个完全新型的无产阶级政党，我们党从建党一开始就旗帜鲜明地把社会主义和共产主义规定为自己的奋斗目标。在此后 90 年的奋斗中，我们党始终坚持着一个理想，高扬着一面旗帜——党的最高纲领：实现共产主义。我们党把实现共产主义作为最终奋斗目标，决不是自己头脑里的主观臆造，而是把马克思主义与中国实际相结合得出的科学结论。资本主义必然灭亡，共产主义必然实现，这是不以人们的意志为转移的客观规律。共产主义作为一种崭新的社会制度，是人类社会发展的必然，是人类历史上最美好、最进步、最合理的社会制度。按照马克思主义理论，在未来的共产主义社会里，社会生产力高度发达，物质财富极大丰富；社会成员共同占有全部生产资料；实行"各尽所能，按需分配"的原则；彻底消灭了阶级差别和重大的社会差别；全体社会成员具有高度的共产主义觉悟和道德品质。为了这样的奋斗目标，我们党所从事的事业就是人类历史最伟大、最壮丽的事业。

我们党的纲领的科学性在于，实现了最高纲领和基本纲领的辩证统一。在实现共产主义这一最高纲领的统帅下，我们党在各个历史时期又制定了不同的基本纲领，更加具体地指导中国革命和建设的实践。在革命的紧要关头、在建设的转折时期，我们党准确把握形势，制定出党的基本纲领，指引着革命和建设的前进方向。这体现了我们党对中国发展前途的理性探索，体现了我们党对宏伟事业的精细规划，永远闪烁着真理的光芒。

在革命、建设和改革的各个历史阶段中，我们党既有每个阶段的基本纲领即最低纲领，也有确定长远奋斗目标的最高纲领。我们是最低纲领与最高纲领的统一论者。

——江泽民

针对我们国家将长期处于社会主义初级阶段的现实国情，我们党制定了社会主义初级阶段的基本路线、方针和政策。

党的十一届三中全会以后，我国经济建设的战略部署大体分三步走。第一步，实现国民生产总值比 1980 年翻一番，解决人民的温饱问题。这个任务已基本实现。第二步，到本世纪末，使国民生产总值再增长一倍，人民生活达到小康水平。第三步，到本世纪中叶，人均国内生产总值达到中等发达国家水平，人民生活比较富裕，基本实现现代化。

——党的十三大报告

展望下世纪，我们的目标是，第一个十年实现国民生产总值比二〇〇〇年翻一番，使人民的小康生活更加宽裕，形成比较完善的社会主义市场经济体制；再经过十年的努力，到建党一百年时，使国民经济更加发展，各项制度更加完善；到世纪中叶建国一百年时，基本实现现代化，建成富强民主文明的社会主义国家。

——党的十五大报告

到二〇二〇年全面建设小康社会目标实现之时，我们这个历史悠久的文明古国和发展中社会主义大国，将成为工业化基本实现、综合国力显著增强、国内市场总体规模位居世界前列的国家，成为人民富裕程度普遍提高、生活质量明显改善、生态环境良好的国家，成为人民享有更加充分民主权利、具有更高文明素质和精神追求的国家，成为各方面制度更加完善、社会更加充满活力而又安定团结的国家，成为对外更加开放、更加具有亲和力、为人类文明作出更大贡献的国家。

——党的十七大报告

开启发展新航程的"十二五"规划

进入新世纪以来，我们党团结带领全国各族人民，紧紧抓住发展这个党执政兴国的第一要务，贯彻落实党的理论和路线方针政策，沉着应对国内外环境的复杂变化和重大风险挑战，充分发挥我国社会主义制度的政治优势，充分发挥市场在资源配置中的基础性作用，使我们国家的面貌发生新的历史性变化，谱写了中国特色社会主义事业新篇章。当前，是我们全面建设小康社会的关键时期，也是深化改革开放、加快转变经济发展方式的攻坚时期。2010 年

10月18日中国共产党第十七届中央委员会第五次全体会议通过的《中共中央关于制定国民经济和社会发展第十二个五年规划的建议》，正是在新的国内外形势下，为继续抓住和用好我国发展的重要战略机遇期、促进经济长期平稳较快发展，为夺取全面建设小康社会新胜利和推进中国特色社会主义伟大事业而做出的重大部署和全盘谋划，也是未来五年内我们国家各项建设事业的纲领和指针。

制定"十二五"规划，必须高举中国特色社会主义伟大旗帜，以邓小平理论和"三个代表"重要思想为指导，深入贯彻落实科学发展观，适应国内外新形势新变化，顺应各族人民过上更好生活的新期待，以科学发展为主题，以加快转变经济发展方式为主线，深化改革开放，保障和改善民生，巩固和扩大应对国际金融危机冲击的成果，促进经济长期平稳较快发展和社会和谐稳定，为全面建成小康社会打下具有决定性意义的基础。

"十二五"规划要具有战略性、前瞻性、指导性，与应对国际金融危机冲击重大部署紧密衔接，与到二〇二〇年实现全面建设小康社会奋斗目标紧密衔接。综合考虑未来发展趋势和条件，今后五年经济社会发展的主要目标是：

——经济平稳较快发展。价格总水平基本稳定，就业持续增加，国际收支趋向基本平衡，经济增长质量和效益明显提高。

——经济结构战略性调整取得重大进展。居民消费率上升，服务业比重和城镇化水平提高，城乡区域发展的协调性增强。经济增长的科技含量提高，单位国内生产总值能源消耗和二氧化碳排放大

幅下降，主要污染物排放总量显著减少，生态环境质量明显改善。

——城乡居民收入普遍较快增加。努力实现居民收入增长和经济发展同步、劳动报酬增长和劳动生产率提高同步，低收入者收入明显增加，中等收入群体持续扩大，贫困人口显著减少，人民生活质量和水平不断提高。

——社会建设明显加强。覆盖城乡居民的基本公共服务体系逐步完善，全民受教育程度稳步提升，全民族思想道德素质、科学文化素质和健康素质不断提高。社会主义民主法制更加健全，人民权益得到切实保障。文化事业和文化产业加快发展。社会管理制度趋于完善，社会更加和谐稳定。

——改革开放不断深化。财税金融、要素价格、垄断行业等重要领域和关键环节改革取得明显进展，政府职能加快转变，政府公信力和行政效率进一步提高。对外开放广度和深度不断拓展，互利共赢开放格局进一步形成。

——《中共中央关于制定国民经济和社会发展第十二个五年规划的建议》

二、规划希望，公司企业对发展前景的准确定位

人总是要有点追求的，一个企业也是如此。一个人如果没有追求与理想，那他的一生极有可能是碌碌无为的；一个企业如果没有追求和理想，那它将永远原地踏步、停滞不前，最终在竞争日益激烈的市场中被淘汰出局。有一种能在企业发展过程中始终保持不变

的强大动力，那就是企业的愿景，包括对企业使命和核心价值观的准确定位。现代企业管理方法有一种就叫做愿景激励，以美好的企业愿景给大家以激励，树立信心，凝聚力量，使大家能够风雨同舟，战胜困难，推动企业不断前行。

企业不能没有愿景，针对未来五年新能源、电动汽车、节能环保等战略性新兴产业迅速崛起的新格局，把公司定位于坚强智能电网的建设运营企业，定位于规划引领和传输接纳新能源的电网平台，定位于助推电动汽车新动力的主营服务商，定位于以"四个服务"为宗旨保障电力可靠供应的央企公司，展示了公司对未来市场的准确把握。但企业的愿景绝不是企业家头脑发热的产物，绝不是一厢情愿的主观想象和拉大旗作虎皮般的自欺欺人。它必须是根据企业的客观实际打造的，必须是对企业发展进行理性规划的结果。那些能够持续成功的公司，都保持着稳定不变的核心价值观和核心目的，尽管他们的经营战略和实践活动总是不断地适应着变化着的外部世界。因此，一个良好的愿景规划包括三个主要部分：企业使命、核心价值观和生动的未来前景。企业应当对保留什么样的核心价值和发展什么样的未来前景作出准确的定位。

升华自我价值

任何企业都有其存在的价值。企业的自我价值怎么体现、怎么实现？只有明确了企业使命，才能感悟自我价值，才能在自我价值的实现过程中不断求索。人心中的使命不同，决定了不同的命运。作为一个企业，只有正确定位自己的使命，才能走得更快更远。企

业使命是指企业在社会经济发展中所应担当的角色和责任，是企业存在的目的和理由，是企业生产经营的形象定位，同时也是企业终极意义的目标。企业使命的确定既是企业对自我价值的升华和肯定，也是企业持续进取实现愿景目标的动力和信念。

1894年接掌《纽约时报》并由此创造了该报辉煌的阿道夫·奥科斯，经常讲给他的下属一个关于"三个石匠"的故事：中世纪的一个行吟诗人在路上先后遇到了三个石匠。他分别问他们："嘿，干什么呢？"第一个说："在凿石头呢。"第二个说："我在雕刻一块基石。"第三个回答令人振奋："我在建造一座大教堂！"在同一工地上，干同一项工作，但由于他们心中的使命不一样，却带来了不同的人生命运：第一个，把工作看作是为了养家糊口，故后来还是一个教堂维护工；第二个，把工作看作是一门技艺，他则成为教堂的管理者；只有第三个，把工作看作是一个伟大事业，最后成为一个著名的建筑家。

电力企业是国家能源战略布局的重要组成部分和能源产业链的重要环节，在中国能源的优化配置中扮演着重要角色。充分发挥电网功能，保障更安全、更经济、更清洁、可持续的电力供应，促使发展更加健康、社会更加和谐、生活更加美好，是电力企业所肩负的神圣使命。国家电网公司围绕"奉献清洁能源，建设和谐社会"的使命，把"四个服务"作为企业的根本宗旨。一是服务党和国家工作大局。公司作为关系国家能源安全、国民经济命脉的国有重要骨干企业，承担着确保国有资产保值增值，增强国家经济实力和产业竞争力的重要责任。公司坚持局部利益服从全局利益，把维护党和国家的利益作为检验工作成效和企业业绩的根本标准；二是服务电力客户。公司作为经营范围遍及全国 26 个省（自治区、直辖市），供电人口超过 10 亿的供电企业，承担着为电力客户提供安全、可靠、清洁的电力供应和优质服务的基本职责。公司坚持服务至上，以客户为中心，不断深化优质服务，持续为客户创造价值；三是服务发电企业。公司作为电力行业中落实国家能源政策、联系发电企业和客户、发挥桥梁作用的经营性企业，承担着开放透明、依法经营的责任。公司遵循电力工业发展规律，科学规划建设电网，严格执行"公开、公平、公正"调度，与合作伙伴共同创造广阔发展空间；四是服务经济社会发展。公司作为国家能源战略的实施主体之一，承担着优化能源资源配置，满足经济社会快速增长对电力需求的责任。公司坚持经济责任与社会责任相统一，保障电力安全可靠供应，服务清洁能源开发，推进节能降耗，保护生态环境，履行社会责任，服务社会主义和谐社会建设。"四个服务"的企业宗旨体现了国家电网的神圣使命，是公司政治责任、经济责任和社会责任的统一，是公司一切工作的出发点和落脚点。

长期以来，山西省电力公司始终坚持把国家发展和人民幸福作为自己的最高宗旨，把保障国家能源安全、提供电力普遍服务、光明千家万户作为自己的责任和使命。"十二五"期间，国家电网公司"一强三优"现代公司发展目标的提出和山西省转型跨越发展战略的确定，为山西省电力公司赋予了新的使命。

以建设统一坚强智能电网为方向，紧紧围绕加快建设以特高压为骨干网架，各级电网协调发展的坚强电网，促进公司在优化配置能源资源、推动产业转型升级、转变经济发展方式、落实节能减排政策等方面施展作为，发挥作用，作出贡献，实现电网和公司发展与山西经济社会、资源环境和人文环境的和谐共进，通过积极履行公司政治责任、经济责任、社会责任，服务三晋人民，扮靓国家电网的品牌形象。

树立企业信仰

所谓信仰，是指人们对某种宗教、思想、主张的极度信服和尊崇，并将其作为自己的精神寄托和行动指南，在精神上它表现为对某种境界的推崇和向往，在行动上则表现为一定的态度和准则。企业信仰是企业这个组织的信仰，是得到企业员工和整体认同，作为企业整体和员工行动的榜样和指南，并为之奋斗的东西。它是企业组织和企业员工共同持有的一种核心价值观。核心价值观是企业独有的不可替代的价值观，是企业最基本和最持久的信仰，是不随时间而改变的企业精神。正如强生公司的首席执行官拉尔夫·拉森所言："体现在我们经营宗旨中的核心价值观可能是竞争优势，但这并不是我们拥有它的原因。我们之所以拥有它，是因为它界定了我们的支持和主张，即便当他成为竞争劣势时，我们也会坚守它。"核心价值观不是从外部学来的，而是企业内部长期积累起来的东西，它已融入企业的肌体和血液，融入企业经营管理的每一个细节。同时，核心价值观也是企业所有员工的共识，只有在员工对企业的价值观高度认同并信奉时，才会形成高度的企业凝聚力，自觉地为企业的发展目标而奋斗。詹姆斯·C.科林斯和杰瑞·波拉斯在其广受好评的《基业长青》一书中写道："能长久享受成功的公司一定拥有能够不断地适应世界变化的核心价值观和经营实务。"

知识链接

核心价值观简单来说就是某一社会群体判断社会事务时依据的是非标准、遵循的行为准则。现阶段，社会主义核心价值观集中体现在社会主义核心价值体系上。企业核心价值观通常是指企业必须拥有的终极信念，是企业哲学中起主导性的重要组成部分，它是解决企业在发展中如何处理内外矛盾的一系列准则，如企业对市场、对客户、对员工等的看法或态度，它影响与表明企业的立场。

世界著名企业核心价值观：

——渣打银行的核心价值观是"勇气、责任、国际化、创造力和信任感"。

——恒生银行的核心价值观是"服务至上，客户第一，视员工为本行最重要的资产，取诸社会，用诸社会"。

——荷兰商业银行的核心价值观是"正直、专业化、负责、团队精神"。

——东京三菱银行的核心价值观是"以信任和可靠为基本原则，提供广泛的金融服务，为国内及海外客户带来繁荣昌盛，继续创造社会和经济价值"。

近年来，山西电力公司认真贯彻国家电网公司的要求，把"诚信、责任、创新、奉献"作为核心价值观，并进行了卓有成效的践行。公司视人才为第一资源，切实维护员工的根本利益，充分尊重员工的价值和愿望，保证了员工和企业的共同发展；公司通过建立完善规范有序、公正合理、和谐稳定的新型劳动关系，充分调动员工的积极性、主动性和创造性，赢得了员工对企业的忠诚；公司将社会责任理念融入公司发展战略之中，坚持服务社会的社会责任目标。公司领导层自觉用履行社会责任的眼光来关注大局，省公司4.6万名员工用主动承担社会责任的意识来理解付出，把社会责任理念落实到了每项工作、每个岗位和每位员工。

在2008年抗冰保电，驰援南方的大会战中，山西电网人用行动书写了社会责任和奉献社会的深刻内涵。省电力公司第一时间致信"两湖"（湖南、湖北）电力公司，主动提出驰援灾区的要求。省电力公司从全省11个地市分公司97个县支公司，火速调集了200多台变压器和3000多根水泥电杆，从全省各地运往太原火车站，体现了山西电网人履行社会责任的迅速行动和高度的执行力和凝聚力。36天时间里，1927名驰援南方四省的山西电网人爬冰卧雪圆满完成了湖南、贵州、广西、福建四省抗冰保电任务。

"以人为本，忠诚企业，奉献社会"的价值观已经成为山西电力公司全体员工共同的信念、素质和自觉行动，"忠诚企业，奉献社会"的行动也已经成为公司上下自觉履行社会责任的一道亮丽的风景。

规定发展目标

每个企业都有自己的发展目标。企业的愿景就是企业的长期目标，它具有前瞻性、想象力、震撼力、清晰度。运创科技公司的创办人兼董事长张若玫是这样看待企业愿景的，"没有愿景，就没有灵魂。为了赚钱而赚钱，就不会赚钱。为了追求理想，就要不断地学习，向前走，就会成长。人没理想是很痛苦的事。企业也像人一样，先要有一个理想等着你。"企业愿景作为企业的理想，它必须是未来的目标，是企业向往实现的未来景象，回答的是"企业在未来将成为什么样的企业"。伟大的公司一定是长跑冠军的公司、做长线的公司、经营未来的公司、做百年老店的公司；它必须是清晰的、简单而又生动的，它必须是震撼人心而又形象鲜明、引人入胜的具体明确的描述。如索尼的"娱乐全人类"，联邦快递的"使命必达"，迪斯尼的"生产快乐"，盛大的"网上迪斯尼"，长江商学院的"中国CEO的'西点军校'"，等等，都是人们耳熟能详的"目标远景"。愿景是生命的旗帜、是心灵的亮色、是希望的呈现、是命运的召唤，它能使你热血沸腾、热泪盈眶。

马丁·路德·金在"我的梦想"的演讲中，就描绘了一个未来的美国社会愿景：一个"不再由皮肤的颜色，而是通过他们的品格修养来加评判"的自由的、平等的、受尊重的、兄弟情谊的美好世界一定会到来。这是一个美国黑人孩子的美国梦，它伟大、生动而震撼人心，马丁·路德·金的演讲也因此被人们永记。

国家电网公司秉承"努力超越，追求卓越"的企业精神，把

"建设世界一流电网，建设国际一流企业"作为自己的理想和目标。建设世界一流电网，就是从我国国情、能源资源状况和电网发展规律的实际出发，坚持以科学发展观为指导，坚持自主创新，赶超世界先进水平，充分利用先进的技术和设备，按照统一规划、统一标准、统一建设的原则，建设以特高压电网为骨干网架、各级电网协调发展、具有信息化、自动化、互动化特征的坚强智能电网；建设国际一流企业，就是坚持以国际先进水平为导向，以同业对标为手段，推进集团化运作、集约化发展、精益化管理、标准化建设，把公司建设成为具有科学发展理念、持续创新活力、优秀企业文化、强烈社会责任感和国际一流竞争力的现代企业。

2004年11月，国家电网公司刘振亚总经理在公司系统主要负责人会议上明确指出，要以建设"一强三优"（电网坚强、资产优良、服务优质、业绩优秀）的现代国家电网公司为目标，在今后一段时期，要从发展、改革、管理、服务、党建和精神文明建设等五个方面入手，扎实迈进。建设成为电网坚强、资产优良、服务优质、业绩优秀的现代公司，是国家电网公司的战略目标。"一强三优"是对"建设世界一流电网，建设国际一流企业"的具体描述。电网坚强是发展的基础，资产优良反映发展的能力，服务优质展现发展的形象，业绩优秀体现发展的成果。

三、规划希望，企业员工对发展命运的主动操控

员工是企业发展的基石。特别是在知识经济时代，在越来越严

峻的竞争压力面前，能拥有一支与企业同呼吸、共命运的员工团队，是企业在竞争中始终保持优势和获得胜利的最重要的核心竞争力。与此同时，每个员工都期望成功，每个个体都在按照自我价值最大化的原则规划自己的职业生涯。员工个体对未来的规划不仅关系到其自身的发展，也直接关系到企业发展的前途和命运。只有把员工自我价值的实现和企业的发展紧密地联系起来，建立起企业关爱员工、员工热爱企业的良好关系，才能最终实现企业和员工的"双赢"。

知识链接

知识经济，亦称智能经济，是指建立在知识和信息的生产、分配和使用基础上的经济。它是和农业经济、工业经济相对应的一个概念。（1）这里的以知识为基础，是相对于现行的"以物质为基础的经济"而言的。现行的工业经济和农业经济，虽然也离不开知识，但总的说来，经济的增长取决于能源、原材料和劳动力，是以物质为基础的。（2）知识经济是人类知识，特别是科学技术方面的知识，积累到一定程度，以及知识在经济发展中的作用，增加到一定阶段的历史产物。同时又是新的信息革命导致知识共享以高效率产生新知识时代的产物。

忠诚你的职业

当代社会是一个张扬自我的社会，自我价值的实现是每个人的

首要目标。要求员工放弃对自我利益和价值的追求而完全投身于公司的事业和利益追求是不现实的。对任何一家企业的员工来说，有很多因素影响着他对企业的感受，决定着他对工作、对企业的忠诚与否，重要的因素如报酬、发展机会、工作环境、公司前景、同事关系，等等，但最重要的还是员工对公司事业价值与追求的是否认同,是否敬畏自己的职责，是否忠诚于自己的职业。"道不同不相为谋"，员工只有在认同公司价值的基础上才可能忠诚于公司，只有将公司的追求与自我价值的实现结合起来，才能自觉地为共同愿景而奋斗。

首先要认同你的企业和职业的价值。无论你所服务的公司属于工业、商业、服务业还是其他任何哪个行业，无论你的职业是生产、销售还是服务，它对社会和经济发展必然具有一定的贡献，这就是它存在的价值。认同公司和你所从事的职业的社会价值，是每个忠诚于公司的员工所必须做到的。

一位水电企业的普通职工，在一次演讲中这样来评价他的企业和职业："有一种职业，它情系万家灯火，给黑夜带去光明；有一种职业，它方便四方百姓，关乎国计民生，它就是我为之自豪、为之奋斗的水电事业！""我的岗位平凡，但我从事的事业不平凡，既然选择了水电，就要把自己的理想、信念、青春、才智毫不保留地奉献给这庄严的事业。"

这就是我所说的对公司和职业价值的认同：你要意识到，你的公司所从事的事业和你所选择的职业是一项崇高的、有价值的事业，是一项值得你付出血汗、青春、智慧而为之奋斗的事业。然后，你才可能从本职工作做起，为公司的事业而尽心尽力。正如公司总经理张建坤所指出的，"电网企业作为肩负保障国家能源安全、提供电力普遍服务、光明千家万户的责任央企，公司的利益事关国家发展和人民幸福，事关公司发展和员工幸福，为公司利益而奋斗是光荣的事业。它是一种凝聚人力推动发展、赢得人心支持发展、统一目标协同发展的巨大力量。"作为电力企业的职工，我们有理由为我们的企业和职业感到无比自豪。

要认同企业的理念和追求。每个现代企业都有自己的理念和追求，这种理念和追求是企业发展的内在动力，也是企业文化的核心内涵。你不仅要认同公司事业本身的价值，而且要接纳公司的"品质"——理念和追求。

3721的总裁周鸿祎曾经说过："每次新员工进公司时，我都给他们讲，一个公司很重要的一点就是认同理念。不知你有没有看过《长征》，如果一个投资家要准备投资国民党和小米加步枪的共产党，你说会选择谁？共产党为什么能取得胜利，关键是其精神理念。对企业而言，认同感就是一种强大的凝聚力，让大家可以朝一处使力。我会直截了当地对他们讲，大家到3721来，如果不认同公司的理念，还不如趁早离开。"

事实上，公司员工只有先认同公司的理念和追求，产生一种对公司事业的强烈的使命感、自豪感和责任感，进而才能自觉维护公司利益。当你选择工作时，你实际上是在选择一整套价值观，在选择处理人际关系的方式和生活方式。在一个有着高工资、好待遇、响亮的名声、豪华的大厦的企业里工作固然很诱人，但是如果你不能够认同企业的价值追求，那么这个工作的种种迷人之处很快就会变得毫无意义。

你在为自己工作

有人这样形容现代社会里企业与员工的关系：当你踏入职场，选择一个企业并成为它的员工的时候，就意味着你踏上了一条航船，无论你的职务是船长还是水手，都从此与这艘船的命运紧紧联系在了一起，无论是面对风暴、礁石、海浪还是险滩，你都无从逃避。事实上，每个人都有自己的理想和抱负，有自己的人生目标和精神追求。因此，每个员工首先是一个追求自我发展和自我价值实现的生命个体，然后才是有着不同社会分工和工作岗位的职业人。但是，现实情况是，并不是所有的人都能够拥有自己的企业或者成为自由职业者，大多数人仍然就职于各种各样的企业，从事各种各样的工作。因此，对于大多数作为企业员工的人来说，既要认识到他们才是企业最有价值的人和推动企业发展的动力源泉，同时也要认识到企业就是实现人生价值的舞台。离开了企业这个发挥才能、实现自我价值的载体，哪怕再优秀的人也无从施展抱负。

小王大学毕业后进入一家企业工作。他来到这家企业不到一个月，就已经习惯了这里的工作环境，而且还引起了大家的注意，因为他总是上班来得最早，下班走得最晚的人。有人对他这样的表现很不理解，产生了一些误解，甚至还有人背地里说他的坏话，说他

第三章 规划希望：用理性操控未来

是为了获得表扬才那么干的，坚持不了几天的。时间一天天过去，小王一如既往地认真工作。他终于研究出一项更加节能的生产工序，也因此被评为模范员工，企业领导对他大加赞赏，并号召全厂职工向他学习。一些员工还是不明白小王凭借什么动力毫无怨言地为企业贡献自己的全部精力。小王回答他们说："这很简单，我是在为自己工作。"

我们到底是为谁工作呢？这是一个非常简单但非常值得沉思的问题。在很多人看来，我是我，企业是企业，我为企业工作，企业付我薪水，这是天经地义的事情，企业的兴衰成败和我无关。这无疑是一种消极甚至可悲的想法，抱有这种想法的人很难在工作中做出什么成绩，也注定将一生碌碌无为。相反，那些能够扎根于企业、将自我价值的实现和企业发展前途紧紧捆绑在一起的人，才称得上是优秀的员工。对此，微软首席执行官鲍尔默有句名言："重要的职位、优厚的待遇以及崇高的荣誉，只会给予那些超越合格、达到优秀、让公司放心的员工。"

张涛本科毕业后分配到一个研究所，这个研究所的大部分人都具有博士或硕士学历，张涛感到压力很大。工作一段时间后，张涛发现所里的大部分人都不敬业，不是混日子就是搞自己的"第三产业"。张涛反其道而行之，一头扎进工作中，从早到晚埋头苦干，业务水平突飞猛进，不久就成了所里的业务骨干，终于得到了所长的重用。不久，张涛被提拔为副所长。老所长年事已高，所长的位置也在等着张涛。

把企业的事业当成自己的事业，把自己当成企业的主人，你就会对工作充满激情，浑身是劲，在你面前也就没有克服不了的问题和困难。这种积极的心态，会把你聪明才智的发挥推向极致。可想而知，你必定会做出突出的业绩。相反，如果你不把自己当主人，始终把自己摆在从属、雇佣的位置，在消极的心态下就会在不经意中失去发挥才干的机会，失去实现自我价值的契机。

与企业相携而行

对于现代企业中的广大员工来说,公司不仅仅是一个经济型组织，同时也是一个有助于实现自我不断提高和进步的学习型组织。员工的进步和企业的进步如此紧密地联系在一起，以至于任何企业的创新、变革和发展都是源于员工的不断学习和进步。所谓逆水行舟，不进则退。为适应严峻的市场形势，每个公司都把培训员工、提高员工素质摆在了一个更突出的地位。对于员工个人来说，在目前竞争日益激烈的职场中，要使自己能够不被淘汰，使自己在公司发光发热，不断发展，就只有利用好公司提供给你的这个学习和进步的台阶，不断提高自身素质，把自我的发展与公司的发展紧密联系起来。

英特尔公司非常注重挖掘员工的学习潜能，正如该公司一位高层领导所说，"重点在于一个人学习的速度，而非他以往的经验"，英特尔公司经常以有形的形式来鼓励员工以创新的方式思考问题，并时刻准备晋升那些善于学习的员工。

而对员工来说，工作的机会本身就是一个很好的学习机会。当你刚刚走出学校进入职场时，可能你所有的才华还只停留在学校学来的书本知识上，这无论是对于公司的发展还是你个人价值的实现都显得过于肤浅，正是你的岗位给了你这样的机会。通过一点一滴的积累和磨炼，把知识逐步转化为工作的能力，随着工作的深入，不断接受和吸纳新的知识，在工作中得到不断的提高，最终你将成长为一名业务精通、技能出众的优秀员工。

在发达国家，员工培训被认为是企业最有价值的可增值投资，据美国教育机构统计，企业每投入 1 美元用于培训，便会有 3 美元的产出。因此，现代企业应格外重视员工的培训，将相应的培训制度，作为企业制度的重要组成部分。作为公司员工，你是否应该珍惜这样的机会呢?

时刻牢记企业利益

时刻把企业的利益放在第一位，是每一位优秀员工的行为准则。作为一名员工，应当时刻意识到，工作是你除家庭生活之外的社会生活的主要部分，企业是你除家庭之外的主要归属组织。因此，要努力做到像热爱家庭一样热爱你的企业，像维护家庭一样维护企业的利益。因为，在很大程度上，维护企业的利益就是维护你个人的利益。

张建坤总经理 2009 年在系统党政主要负责人会议上的讲话中，对于企业利益和员工利益有这样一段生动的表述：维护公司的利益就是保证国有资产保值增值，促进公司内质外形持续提升，实现全体员工最大福祉。公司利益说到底就是员工利益，这是我们每一位员工神圣的职责和共同的追求。维护公司的利益，目的是为了增强公司实力，根本上是为了实现员工的利益。公司实力壮大的过程，就是我们理想变为现实、个人利益得到实现的过程。维护好公司的利益，公司的发展就有了坚实的基础，就能在市场中具有更大的发言权，赢得更好的发展环境；维护好公司利益，员工的利益就有了根本保障，员工就有了更好的归属感、荣誉感、凝聚力，就能在成才立业中具有更强劲的动力。

张建坤总经理的讲话清晰地阐述了企业利益和员工利益的关系。但有时，企业和员工的利益也会发生矛盾和冲突。这个时候，作为一名员工，要能正确认识"小"和"大"的关系，正确处理眼前利益和长远利益的关系。和员工个人利益相比较，企业利益是"大"，从长远来看，只有企业发达了，才会有员工个人的发达。在这种情况下强调把维护企业利益放在第一位，事实上是在维护员工将来的更大利益。

四、用心用智，用超越的想象力去规划希望

人类因梦想而伟大，个体因希望而成长。回溯几百年前的中国古人，飞翔上天是一种看似不可实现的梦想，但当杨利伟坐着"神五"环游地球的时候，你却会不得不感叹如果没有持之以恒的梦想，今日世界将会怎样？当亨利·福特在 100 年前说他的愿景是"使每一个人都拥有一辆汽车时"，当时人们可能会认为他是一个疯子，但在今天的美国社会，他的梦想已经完全实现。

伟大的希望成就伟大的企业

人的生命是短暂而有限的，只有以高不可攀的目标来激发人的无限潜能，人们才能将有限的生命创造出无限的价值。企业也需要梦想，有梦想才有希望。希望的价值在于她可以成为具有实践性的美好愿景，成为可以通过努力实现的理想和目标，成为真正使人前行的强大动力。因此，希望需要规划。规划就是把希望点燃成一个耀眼的火炬，照亮企业前进的方向，激励企业上下奋发前行。规划就是把希望绘制成一幅壮丽的长卷，勾画企业清晰的未来，指引企业上下勇往直前。

人们在定义企业愿景的时候，常常用到一个词——震撼性。企业的未来目标必须是具有震撼性的，也只有具有震撼性的目标和希望才能是真正打动人心的，使人热血沸腾，热泪盈眶。震撼性从何处而来？从它的宏伟和远大中来。一个胆大包天的想法，一个极富挑战性的愿望，它开始可能只存在于企业家的脑海里，根植于企业家的心中，或者源于企业家的灵感，或者源于长久的思考，但当它一经宣告并绘制成企业发展的蓝图时，就不再仅仅属于企业家个人，而从此将属于整个企业与全体员工，成为企业全体的共同理想。

具有远见卓识的企业常常利用大胆的使命——我们称之为BHAG（宏伟—Big、惊险—Hairy、大胆—Audacious、目标—Goal的缩写）——作为促进发展的有力手段。所有的企业都有目标，但在拥有什么样的目标上存在差异：有的企业仅仅是有一个目标而

已；有的公司则愿意面对重大、令人胆怯的挑战——就像是攀登珠穆朗玛峰。真正的 BHAG 应该是清楚明确而且引人入胜的，是有形的、激动人心的、相当有针对性的。它有着明确的终点线，人们能够知道什么时候自己达到了目标。它因此成为一个共同努力的目标，成为团队精神的催化剂。BHAG 引起了人们的极大兴趣——它打动并吸引着有抱负的企业家和有梦想的员工。

的确，生动的未来前景中应该有一点"气吞山河"的因素。正如国家电网公司把"建设世界一流电网，建设国际一流企业"作为自己的宏伟目标，言语虽然简要，目标却已经明确，内涵更加让人震撼，已经不需要把这个目标转换成冗长的使命宣言，每个人都已经很容易理解它，并且被它所吸引。

展开想象的翅膀描绘未来

想象力是人在已有形象的基础上，在头脑中创造出新形象的能力。比如当你说起汽车，我马上就想象出各种各样的汽车形象来就是这个道理。因此，想象一般是在掌握一定的知识面的基础上完成的。想象力是在你头脑中创造一个念头或思想画面的能力。想象力是人类创新的源泉。想象力的魅力在于他可以将你带入一个虚拟世界，实现现实生活中不可能实现的梦想。想象力的作用就是他可以使你享受快乐，享受惊奇，享受自由，享受现实生活中少有的感受。

美国未来学家托夫勒曾经指出，"今天比以往任何时候都更需要幻想、梦想和预言，即对潜在的明天的想象"，"一些世界上最大、最铁石心肠、曾经是现实主义的化身的公司今天却雇佣相信直觉的未来学家、科幻作家和幻想家作顾问"。企业蓝图规划中有一个很重要的组成部分——生动的未来前景。在一个宏伟的、大胆的目标下，应该有一个关于"实现目标后将会是什么样子"的生动描述。也就是说，用一种形象鲜明、引人入胜和具体明确的描述，把我们要实现的目标从文字"翻译"成图画，使企业发展的未来变得清晰。唯将理想化宏图，方有英雄共聚义。当这种影像化的目标和理想深深地刻画进企业员工的脑海，就会产生振奋人心的力量。

亨利·福特用生动形象的描述给"使用汽车大众化"这一目标赋予了生命："我要为大众生产一种汽车……他的价格如此之低，不会有人因为薪水不高而无法拥有它，人们可以和家人一起在上帝赐予的广阔无垠的大自然里陶醉于快乐的时光中……当我实现它时，每个人都能买得起它，每个人都将拥有它。马会从我们的马路上消失，汽车理所当然地取代了它……（我将会）给众多的人提供就业的机会，而且报酬不薄。"

宏伟的发展蓝图来自何处？来自于超越的想象力。想象力是人类运用储存在大脑中的信息进行综合分析、推断和设想的思维能力。正如爱因斯坦所言，"想象力比知识更重要，因为知识是有限的，而想象力概括着世界的一切，推动着进步，并且是知识进化的源泉"。规划希望，就像画家一样在白纸上倾心绘制最美好的理想图画，专注而凝神，任意驰骋，淋漓尽致，才能成就一幅绝佳的图卷。展开想象的翅膀描绘未来，企业的未来得以真切而清晰，充满梦想，鼓舞人心。

装上科学的驱动规划未来

一个成功的人一定是一个具有远见卓识的人，而绝不是一个整天充满幻想的人。对于企业来说也是如此。只有把希望和梦想演绎成科学的蓝图规划，让规划承载希望，承载梦想，才是点燃梦想和希望的真谛。正如公司张建坤总经理指出的那样，"规划希望的核心在科学，在于以科学思想为指导，以自然和谐为标准"。

事实上正是如此，规划的作用恰恰在于把企业的使命、理想和希望变成一种具有可行性的发展战略，既要考虑到企业的过去和现在，又要考虑到企业的优势和短板；既要考虑到企业发展的内部条件，又要考虑到企业发展的外部环境；既要设定明确、长远的目标，又要明确实现目标的重点和任务。可行性——这是规划的核心价值，可能也是把希望变成现实的唯一途径。规划或许离现实很遥远，但只要有现实与规划目标之间的轨迹，规划也就离我们每天每时的工作不遥远。规划或许是企业的质变，但我们每天的工作却是推动质变的量变。正如电影本来是一幅一幅拍在电影胶片上，电影胶片快速播放，电影上人动作就连贯了，我们看不出之间有痕迹；量变到了一定程度，自然也就引起了质的变化。

"规划引领，协调发展"是公司长期坚持的一项重要工作原则。张建坤总经理指出，要切实做好"十二五"电网发展规划编制工作。按照国家电网公司特高压电网"十二五"发展总体规划，修订完善《山西省电网"十二五"发展规划》。时代要求，事业需要，踏上新征程，我们首先应该用心用智、用超越的想象力去规划希望。有梦想就有希望，希望是成功的内因，是行动的动力。我们应抓住山西作为国家资源型经济转型综合配套改革试验区的机遇，深化能源电力需求研究。积极争取政策支持，将特高压电网规划和山西电网发展规划融入全省"十二五"经济社会发展的总体规划。

第四章

规划希望之目标：员工与企业共同成长

员工作为企业整体的有机组成部分，是促进企业实现经营目标的动力和源泉；企业作为员工安身立命的载体，是员工施展才华、幸福发展的平台。员工与企业的关系好比绿叶与根的关系，绿叶为根遮风挡雨，根为绿叶提供养分，只有两者共生共荣，树木才能长得枝繁叶茂。同样，员工与企业只有和谐发展、共同进步，企业才会健康成长、硕果累累。一个人成长的道路不是孤立的，与它周围的环境息息相关，而一名企业员工的成长道路更与所在企业密不可分，随着企业的不断壮大而茁壮成长。一个企业成功的原因也不是单一的，既有装备、技术、管理的因素，也与其员工的精神状态、业务水平密切相关。所以说，员工与企业是互相依存的关系，谁也离不开谁，员工离开了企业，失去了生存和发展的依托；企业离开了员工，就不能成其为企业，发展也无从谈起。

一、员工，创造财富的财富

企业是由广大员工组成的一个大家庭，企业的一切财富创造于员工之手。企业发展靠什么？只能依靠员工理解并服务于企业的发展目标，忠诚企业、勤奋工作。与此同时，作为一名企业员工，一定要明白，企业发展与个体发展密切相关，任何时候，都要一丝不苟地做好自己的工作。工作不仅是为了维持生计，员工从工作中可以培养能力，学到经验，每一份工作都可以让员工学到不同的知识，收获成功的快乐。员工要实现不断成长，就要把个人和企业的命运紧密联系在一起，把热爱企业的满腔热情落实到日常实际工作中来，用乐观向上、求实奉献的工作精神与企业共谋发展。要忠诚于企业，把企业的利益放在个人利益之上；关爱企业，学会感恩，感谢企业给予自己的每一个机会。每位员工若能以节约一滴水、节省一度电、做好每一项工作的实际行动来回报企业，那就是为企业创造财富，也是为员工自己创造幸福。

员工是升值资源的资源

人是社会生产力中最积极、最活跃的因素，是创造价值的源泉，是创造财富的财富。社会财富是人类劳动创造的，企业利润是由员工劳动创造的。企业一切成就的取得，离不开全体员工的辛勤耕耘。很多专家在谈到"海尔的成功经验"时，都认为海尔的成功主要在于对员工的重视与肯定，在于承认员工是企业价值的直接创造者，在于对员工的管理上能够更加完善，从而激发了员工的工作积极性和主动性。海尔首席执行官张瑞敏先生曾经深情地对记者说："在海尔，最让我感动的是：很多普普通通在平凡工作岗位上的员工，能够用心去做自己的工作。一些生产线上普通的工人为了

提高生产效率，搞一个技术改革，自己回家拿出钱用自己的业余时间去做。如果每个人都能够用心去创造，去发明，去把自己的工作做好，把自己的工作再提高一步，不管什么困难我们都能克服！"山西省电力公司张建坤总经理在公司党政主要负责人会议上的讲话中同样指出："员工是创造财富的财富。公司是由广大员工组成的大家庭，公司的一切财富创造于员工之手。"

59 岁的杨蛇虎，是隰县供电支公司目前最年长的线路工。36 年的线路工作中，他不知翻越了多少座山，磨破了多少双鞋。因多年积劳成疾，在"户户通电"工程完工不久后，他便被医院诊断为双侧髋关节股骨头坏死。虽然现在走路不像以前那么轻快了，但他和他的 20 几个徒弟却仍在为点亮隰县的每一盏灯而坚守着。2006 年，他负责全县"户户通电"工程线路勘测设计，并进行施工监督，因成绩突出被国家电网公司表彰为"户户通电工程先进个人"。说起几年前的那些日子，他难掩内心的兴奋，激动与感动让他久久不能平静。

"由于工程时间紧、任务重，当时我们每天早上 4 点就出发勘测地形，晚上再加班画统一的线路图，仅用 10 天时间就把所有村庄走了一遍。山里交通不便，要运送施工材料非常难。34 台变压器、600 余根电线杆是人拉肩扛才送进去的。这么多年了，那些没通电的村是我的心病啊。"说话间他哽咽了。

"通电后的这几年，我每到那些村里巡线，老百姓还惦记着我，金碑银碑不如老百姓的口碑，我这一辈子真是值了。"老杨感慨地说。

山西省电力公司有许许多多像老杨这样的普普通通、可敬可爱的员工，他们或处于偏僻的乡村，或生活在繁华的城市，或活跃在基础建设的前沿，或工作在后勤保障的后方，几乎都在平凡的岗位上坚守，没有什么惊天动地的故事，也可能没有举世瞩目的业绩，但却始终默默无闻地工作着，悄无声息地为企业奉献自我，一点一滴地服务社会。他们单个人创造的价值也许并不突出，但正是千千万万个像老杨一样的普通员工，一起为企业、为社会创造着巨大的财富，他们当之无愧是企业价值的真正缔造者。因此，作为企业管理者，就要学会欣赏每一位员工，放大员工的优点，在工作中少些指责、多些补位；就要懂得去了解每一位员工的所思所想所欲，在生活中逐步满足他们的要求，为他们搭建更好的舞台，让每位员工都能够各得其所，最充分地发挥他们的优势，为企业创造更多的财富。

人才是企业发展的第一资源

人力资本是公司生存与发展的第一资本，人的潜力的发掘是公司迅速成长的关键。21 世纪什么最宝贵？人才。可以说，人才的重要性已经成为时代的共识、企业的共识，人才已经成为市场主体保持竞争力的关键因素。

1923 年，在美国发生了这样一件事。美国的福特公司有一台马达坏了，公司所有的工程技术人员都未能修好。后来公司请来了一位流落到美国受雇于一家小工厂、名叫思坦因曼思的德国工程技术人员来修。他在电机旁躺了三天，听了三天，要了一架梯子，一会爬上去，一会爬下来,最后在马达的一个部位用粉笔划了一道线,写了几个字"这儿的线圈多了16圈"。把这16圈线圈一拿,电机马上运转正常。

亨利·福特对这个人非常欣赏,就邀请他来福特公司工作，但思坦因曼思却说："我现在的公司对我很好，我不能见利忘义。"福特马上说："我把你供职的公司买下来，你就可以来工作了。"福特说到做到,把整个公司买了下来。思坦因曼思非常感动,为福特公司的汽车引擎发展解决了不少难题。

福特为了得到一个人才不惜买下一个公司，充分表明人才的重要性是不言而喻的。当今社会，企业核心竞争力越来越表现为对作为第一资本的人才的培育、拥有和运用能力。人才是推动企业健康快速发展的关键力量，无论从宏观角度，还是从微观角度来看，人才是企业发展的决定性因素。因此，只有拥有了充足的人才，企业才能实现跨越式的发展。

对于山西省电力公司来说，要实现"三思三晋"中"三晋"的战略发展目标，就必须充分重视人才，发挥人才的能动性与创造力。总经理张建坤在讲话中强调，"人才是建设统一坚强智能电网、增强公司实力的重要支撑。建设统一坚强智能电网，迫切需要加快人才培养。我们一定要把人才建设摆在十分重要的位置，建立有利于员工健康成长和员工能力发挥的工作平台和环境，努力打造具有卓越执行力和创造力的人才队伍"。加强人才队伍建设本身就是山西省电力公司"三晋"战略目标中的应有之义，也充分体现了公司对人才重要性的充分认识。

知识链接

"三思三晋"是山西省电力公司在贯彻落实国家电网公司的战略部署和总体要求的背景下提出的工作方式和发展战略。"三思"重在启迪思维理念，提升发展动力。"三晋"是贯彻落实国家电网公司战略部署的载体，重在以晋级、晋段、晋升"三步走"目标激励员工、感召员工，让目标成为员工与企业共同发展的方向，成为凝聚人心、汇聚力量的统一信念和使命。

员工的成长是企业发展的基石

员工是企业价值的创造者，员工的成长意味着其能力、素质的提高，经验、技能的增长，意味着由普通员工向高级人才的转化，意味着企业人才储备力量的不断增强，也就意味着企业创造财富能力的提升，发展创新能力的增长。

陈佩琳，山西省电力公司副总工程师、调度中心主任，山西省十大杰出女职工。20余年的电网调度一线运行管理经历和多岗位的历练，使她从一名平凡岗位上的普通员工成长为山西电网调度的"领头燕"。多年从事调度工作加上自身的刻苦钻研，使她对调度五大专业有比较深入的了解和掌控，许多资深专业人员都叹服她对专业理论深度和广度的把握。以2007年"2·28"雨雪冰冻灾害为例，

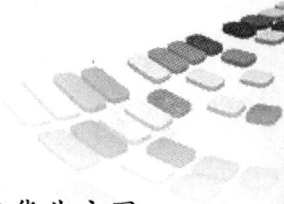

当时山西电网"北电南送"主通道两条 500 千伏侯北线与华北主网连接，山西中南部电网与华北电网随时可能解列，大面积停电事故一触即发。在陈佩琳冷静、果断的指挥下，全体调度人员不分昼夜，计算了 30 多种运行方式，滚动编制了 20 多项电网运行控制预案，下达调度指令 100 余条，无一差错。

特高压落户的政策出台后，陈佩琳敏锐地认识到，必须不断完善和研发新的电网调度运行和管理手段，才能适应新的特大电网安全运行要求。在她主持和带领下，两年间，"山西电力应急指挥中心"建成并投入运行，实现山西电网信息全面化、构架标准化、联动快速化、预警模型化、展示多样化、决策智能化、预案数字化、培训实战化、演练合成化等多种功能，为电网的事前预防、事中处置、事后总结评估提供了强大的技术平台；"山西电网安全协调预控系统"建成并投入运行，实现山西电网调度运行辅助决策、安全控制等预定目标，实现了电网运行安全控制由事后转向事前预防；她主持研究并建设了 8 个调度技术支持系统，为提高驾驭大电网能力提供了强大的技术支撑。

同时她先后主持开展的多项技术研究和创新发明，解决了大量的电网运行管理疑难问题。"山西电网 220 千伏变压器保护配置及功能优化研究"、"山西电网黑启动方案研究"、"山西电网接入特高压电网的运行协调及控制策略研究"、"保护及故障信息管理系统应用研究"等 20 余项获得了华北和省科技创新一、二等奖，其中"三维协调的新一代电网能量管理系统关键技术主示范工程"获

117

教育部科技成果奖。

陈佩琳说："山西电网的安全稳定运行，与在工作中成长起来的能打硬仗的队伍是分不开的。"

从平凡岗位上成长起来的陈佩琳，在工作研究、实践中磨炼了自己，她在电网调度运行管理手段和技术应用方面的创新，为企业创造了巨大的经济效益和社会效益，增强了企业的市场竞争能力和社会美誉度。像陈佩琳一样的大量成长起来的员工，增强了企业活力，成为企业快速发展不可缺少的中坚力量。

二、企业，创造环境的环境

企业是员工自我价值实现的主要平台，为员工成长成才创造了良好的环境。付出总有回报，在企业发展壮大的同时，每位员工生活质量的改善和能力素质的提高，就是企业对员工不懈努力的最大回报。

企业是员工利益实现的平台

企业是从事经济活动的经济实体，其目标是追求利润；员工是有血有肉有需求的人类个体，其目标是提高生活质量。在社会主义现代化建设的历史新时期，企业一方面可以通过自身的健康发展，为整个经济社会带来繁荣稳定；另一方面企业的存在会给劳动者提供更多的就业机会，使员工有更多的选择、提高和发展，员工也可以随着企业的发展而不断提高自身的收入，员工与企业的关系已经成为共生共赢的关系。企业要通过与员工共赢来激发他们工作的积极性，这就要求在企业发展壮大的过程中，要高度关注员工的生产生活条件，重视员工利益的实现；员工也要通过与企业共赢来稳步提高收入，这也要求员工要有大局意识、奉献意识，责任意识，兢兢业业地做好每一份工作。

2010 年春节过后，长三角、珠三角很多地方都出现了招工难，有的地方甚至出现了"用工荒"，然而走进一个个劳动力市场，人们往往又会发现有许多民工正徘徊着找不到工作。"两会"期间，人力资源和社会保障部副部长杨志明做客央视财经频道《两会锐观察》时给出的答案是：中国的用工格局总体上还是供大于求，部分地区出现"用工荒"的根子还出在民工待遇差的问题上。

长三角、珠三角地区是我国经济较为发达的地区，这些地区的企业具有较强的吸纳就业的能力。然而，近几年却产生了"用工荒"问题，其原因是多方面的。其中一个不容忽视的原因就是，企业在对待员工的过程中，只顾一味地降低企业生产成本，忽视了员工自身的物质利益。许多中西部的民工更倾向于就近就业，而不再去东部沿海了。为什么？主要就是中西部生活成本低，生活成本低能相应的增加民工的收入。反过来也说明，去东部沿海打工，民工生活成本太高，待遇又跟不上，所以才改变了选择方向。只有从根本上改变民工工资待遇偏低、劳动条件过差、缴的社会保险过少的状况，才能从根本上解决"用工荒"问题。

农民工之所以离开土地，远离家乡，来到相对发达的城市，成为企业的一员。目的很简单，就是为了增加收入，改善生活水平。因为这些企业能够为他们带来更多的物质利益，也是他们获取生活来源的重要保障。获取物质利益是员工与企业共同发展的应有之义，一旦企业忽视了员工的物质回报，也就失去了对员工的吸引力。所以，企业要为员工提供较好的生产、生活条件（包括薪酬），员工则通过自己的努力工作，付出体力、智力回报企业。二者的良性互动，才能使"企业靠员工发展、员工靠企业生存"相得益彰。

企业是员工成长的"伙伴"

企业不仅为员工提供基本的物质生活来源，也是员工成长与发展的良师益友，在企业发展壮大的同时，要营造有利于发挥员工才能的工作环境。

为了使员工能与企业共同成长，在沃尔玛，公司员工不被称为员工，而被称为"伙伴"。这一做法具体体现在三个互为补充的计划上：利润分享计划、雇员购股计划和损耗奖励计划。1971年，沃尔玛实施了一项由全体员工参与的利润分享计划：每个在沃尔玛工作两年以上，并且每年工作1000小时以上的员工，都有资格分享公司当年的利润。此计划使员工的热情空前高涨，也大大激发了员工工作的主动性与创造性。之后，沃尔玛又推出了雇员购股计划，让员工通过工资扣除的方式，以低于市值15%的价格购买股票。这样，员工利益与公司利益休戚相关，实现了真正意义上的"合伙"。沃尔玛公司还推行了许多奖金计划，最为成功的就是损耗奖励计划。如果某家商店能够将损耗维持在公司的既定目标之内，该店每个员工均可获得奖金，最多可达200美元。这一计划很好地体现了合伙原则，也大大降低了公司的损耗率，节约了经营开支。

沃尔玛在公司与员工的共同发展上，真正做到了公司是员工的"伙伴"，同时员工也摆脱了被企业雇用的感觉，以"伙伴"的身份对待企业，在实现自身价值的同时，也为企业节约了成本，带来了财富的增长。为了提升员工的成长空间，国家电网公司确立了"十一五"期间人才培养的总体目标，并积极为员工发展创造条件，大力实施五年2万新技师培养计划、创新型高精尖科技人才培养计划、紧缺人才培养计划、特高压电网专项人才培养计划、西部电力企业优秀青年人才培养计划、学习型班组建设计划、农电工素质能力提升计划以及"1551人才培养计划"。通过这些计划的实施，既达到了人才培养的目标，也使企业与员工真正建立起了"伙伴"关系，进一步加强了员工对企业的深厚情感。

知识链接

"1551人才培养计划"是国家电网公司"十一五"期间实施的人才培养计划之一。目的是要在国家电网公司层面培养选拔100名优秀经营人才、500名优秀管理人才、500名优秀技术人才和1000名优秀技能人才。对进入"1551"人才培养工程的优秀人才，公司将给予专门津贴，设立国家电网公司优秀人才津贴。

山西省电力公司在注重公司发展的同时，也使公司员工自身不断获得进步。公司珍惜每一位员工，把帮助员工"实现人生价值"作为培养人、关心人、凝聚人的根本目的。与此同时，广大员工在自身成长的过程中对企业心存感激。在一次员工大会上，一名公司员工的发言代表了全体职工的心声："我从毕业到今年初，近15年，一直在我们公司工作，是公司培养了我，给我提供了发展的平台与成长的空间，我的实践经验、工作能力和做人的方式大部分都是公司给予我的。我处理和解决问题的方法，是15年如一日，认真处理工作中的每一个问题，认真汲取工作中的经验和教训，珍惜公司给予我的每一次机会，把自己的一点微薄、浮浅的知识与工作中的实际问题结合起来，力求找出解决问题的答案，为公司的发展尽自己的绵薄之力。感谢企业和领导在我成长过程中给予的关心与帮助，我会一如既往地尽自己的最大努力回报公司。"

施展才华，施展抱负，是每个员工梦寐以求的愿望。企业满足了员工自我实现的需要，为员工的前途着想，为他们的成功提供了舞台和机会，为员工的脱颖而出提供了必要条件，让员工有成就感和归属感，从而对企业怀有深厚的感情。正如公司总经理张建坤在谈到员工发展时指出："我们要以公司与员工同发展、共进步为愿景，致力于创建和谐企业，就要学会尊重每一位员工，包容员工的个性，包容积极中的偏差，包容创新中的失败，营造有利于发挥员工才能的工作环境，让想干事的人有机会，能干事的人有舞台，干成事的人有地位。"

企业发展为员工插上希望的翅膀

企业发展靠员工，同时员工个人价值的实现有赖于企业提供广阔的舞台。只有不断增强企业实力，才能进一步拓展员工发展的空间。企业实力壮大的过程，就是员工理想变为现实、个人利益得以实现的过程。企业要为员工创造最佳的发展环境和发展空间，鼓励和帮助员工不断改革和创新、奖励挑战并实现自我超越，以激发员工热情并最终达到与企业共同发展的目的。同时，员工要珍视企业提供的发展机遇，忠诚于企业，为维护企业利益，促进企业的繁荣发展尽职尽责。

海尔前身——青岛电冰箱总厂，1984 年，亏空达 147 万元，年销售收入仅 348 万元。守着一个烂摊子的 600 名职工，吃饭问题几乎无法解决，人心涣散，根本谈不上个人价值的实现。然而，时至今日，在张瑞敏带领的全体员工共同努力下，海尔已经发展成为全球员工总数超 6 万人的大规模的跨国企业集团，"海尔"品牌已成为具有全球影响力的世界品牌。据青岛海尔公布的 2010 年年报显示，报告期内实现营业收入 605.88 亿元，同比增长 35.57%，实现净利润 20.34 亿元，同比增长 47.07%，洗衣机和电冰箱业务营业收入为 115.35 亿元、228.11 亿元，分别是美的电器的 1.18 倍和 2.29 倍。

目前的海尔正在探索打造"人单合一"的企业双赢文化。"人"，就是企业员工；"单"，就是企业具体到员工身上有第一竞争力的目标。而最后追求的结果是：企业与员工的双赢，员工在创造社会价值和为客户创造价值的同时，也能实现自我价值。海尔首席执行官张瑞敏说："每个企业的 CEO 的成功，并不在于这个企业为社会制造了多少产品，而是在于制造了多少 CEO，在于是否打造了一个让每位员工都能实现自身价值的平台，让企业实现永续经营！"

企业发展了，财富增加了，员工就能得到更为丰厚的回报与奖励；企业发展了，实力增强了，员工的希望就有了更为宽广的实现平台。因为，企业的发展最终是为了员工的发展，只有企业利益最大化才能实现员工利益最大化。所以，作为员工，要时刻把公司的发展放在心头，把维护公司利益作为自己神圣的职责。山西省电力公司，肩负着保障全省能源安全、提供电力普遍服务、光明千家万户的责任，公司的发展事关我省发展和人民幸福，事关公司全体员工的幸福发展，为公司的发展而努力也就是为自己的发展而努力，为公司的利益而奋斗也就是为自己的利益而奋斗。正如公司总经理张建坤指出："在工作中只要坚持了公司利益，就能够增强我们工作的魄力，增强我们对外交往的底气，提升我们服务社会发展的能力，激发我们勇于成功的豪气。"

三、共同的希望催生共同的责任

企业是由每一个员工组成的，大家有着共同的目标和利益，企业的存亡与发展事关每个员工的切身利益。责任是汇集企业资源、推动企业进步的力量之源，也是一个人事业与人生不断向上的内在动力。具有责任感的企业才可以在社会竞争中独占鳌头，具有责任感的员工才可以在岗位对标中脱颖而出。因此，每一个员工都肩负着企业兴衰成败的责任。这种责任是不可推卸的，无论你的职位高还是低。唯有每个人都担当起自己的责任，才能保证企业顺利、健康地发展。

在一所大医院的手术室里，一位年轻护士第一次担任责任护士。"大夫，你取出了11块纱布。"她对外科大夫说，"我们用的是12块。"

"我已经取出来了。"医生断言道："我们现在就开始缝合伤口。"

"不行。"护士抗议说，"我们用了12块。"

"由我负责好了！"外科大夫严厉地说，"缝合。"

"你不能这样做！"护士激动地喊道，"你要为病人负责！"

大夫微微一笑，举起他的手，让护士看了看第12块纱布。"你是一位合格的护士。"他说道。

在一些员工看来，只有那些有权力的人才有责任，而自己只是一名普通的下属，没有什么责任可言，一旦出现错误，有权力的人理应承担责任。有这样想法的员工实在为数不少。试想，如果大夫不是在考验护士，确实是因为自己的疏忽少取出了一块纱布，在大夫武断的决定下，如果这位护士没有很强的责任心，屈从于大夫的威严，那么会有什么样的后果呢？又会给医院造成什么样的危害呢？

责任是员工成长的必要条件

钢铁大王卡内基曾经说过："有两种人绝不会成大器，一种是非得别人要他做，否则绝不主动做事的人；另一种人则是即使别人要他做，也做不好事情的人。那些不需要别人催促，就会主动去做应做的事，而且不会半途而废的人必将成功，这种人懂得要求自己多付出一点点，而且做得比别人预期的更多。"

在火车上，一位孕妇临盆，列车员发出通知，紧急寻找妇产科医生。这时，一位妇女站出来，说自己是妇产科护士。女列车长赶紧将她带进用床单隔开的病房。毛巾、热水、剪刀、钳子什么都到位了，只等最关键时刻的到来。产妇由于难产而非常痛苦地尖叫着。那位自称妇产科护士的女子非常着急，将列车长拉到产房外，告诉列车长她虽然是妇产科护士，但由于一次医疗事故，已被医院开除。今天这个产妇情况不好，人命关天，她自知没有能力处理，建议立即送往医院抢救。

列车行驶在京广线上，距最近的一站还要行驶一个多小时。列车长郑重地对她说："你虽然只是护士，但在这趟列车上，你就是医生，你就是专家，我们相信你。"

列车长的话感动了护士，她准备了一下，走进产房前又问："如果万不得已，是保小孩还是保大人？"

"我们相信你。"

护士明白了。她坚定地走进产房。列车长安慰产妇，说现在正由一名专家在给她助产，请产妇安静下来好好配合。

出乎意料，那名护士单独完成了她有生以来最为成功的手术，婴儿的啼哭声宣告了母子平安。

因为责任，因为信任，她终于战胜了自我，完成了使命。一名被医院开除的护士，在责任心的驱使下，完成了她自己从来没有单独完成过的手术。她的这一行为，不仅宣告了母子的平安，也使自己摆脱了自卑的困扰，找回了自己的信心和尊严。

一名企业员工，要想更快地成长起来，就一定离不开对责任的担当。责任是员工成长的催化剂，一旦你以强烈的责任感专注于某一项工作，你全部的身心就会投入其中，你可能会忘记自己身处的环境，也可能忘记自己的地位和身份，排除了影响你工作的所有杂念，这时唯一在你心中的就是完成工作的责任。而当你忘我地工作时，自卑、胆怯早已悄然离你而去，你战胜了自己，你的潜能得到了发挥，在无形中，你已经得到了磨炼。是责任让你有了敢于承担的勇气，是责任让你成长为一名更加优秀的员工。

企业需要有责任心的员工

华为技术有限公司总裁在《致新员工书》中指出："没有责任心，不善于合作，不能集体奋斗的人，等于丧失了在华为进步的机会。因为公司是以贡献定报酬的，凭责任定待遇的。"对于一个发展中的企业来说，最需要的就是一批时刻为企业着想、负有责任感的员工。优秀的员工是企业的财富，有责任心的员工更是企业的"防火墙"。

有一个人到一家大公司应聘，经过交谈，老板觉得并不十分满意。因此，很客气地跟那人道别。那个人从椅子上站起来的时候，手指不小心被椅子上冒出的钉子划了一下。那人顺手拿起老板桌子上的镇纸，把跳出来的钉子砸进去。就在这一刻，老板突然改变了

127

主意，他留下了这人。事后，这位老板说："我知道在业务上他也许未必适合公司，但他的责任心的确令我欣赏，我相信把公司交给这样的人我会很放心。"

企业需要有才能的员工，但更需要有责任心的员工。如果说，一个把安排的事情办好了的员工是一个合格的员工，一个在完成任务时能发挥主观能动性的员工是一个优秀员工，那么，一个不用安排工作、积极发现事情、尽力找事情做的员工就是一名有责任心的员工。有责任心的员工会时时刻刻从企业的角度着想，当企业面临困境时，他会主动想办法、出主意，不计个人得失，与企业共渡难关；当企业处于发展的顺境时，他会在与企业分享成功的喜悦时，居安思危，为企业谋求更大的发展。

在海尔集团，所有电器的每个部件，就算一根门封条、一颗螺丝钉、一块玻璃都有人负责。

有一天，冰箱组装车间组装完毕后，发现地上多了一颗螺丝钉，当时还没有下班，工人们将已经组装好的100多台冰箱拆开，一一检查，不放过每个细节，直到深夜才检查完毕。检查后发现每台冰箱都没有少螺丝钉，是库房保管员出库时多数了一颗造成的。

当有人问："就因为一颗螺丝钉，值得这样做吗？"工人们说："没人逼我们这么做，作为企业的主人，我们有责任！"

海尔之所以能取得今天令人瞩目的成绩，与每一名员工对产品负责任的态度是分不开的，与每一名员工对企业的责任心是分不开的。

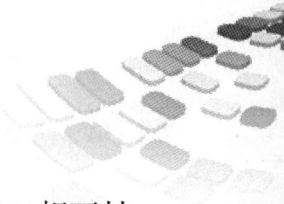

有责任心的员工，对工作中存在的问题不是互相推诿、相互扯皮，而是以认真负责的态度去寻找问题，发现问题，解决问题。他们从来没有把自己当作被雇用的对象，而是以企为家，把产品的质量看得比自己的生命还重要，他们以企业的荣誉为自己的荣誉，视企业的困难为自己的困难，他们才是企业真正的主人，是企业最需要的人。

勇于担当，视责任为荣誉

责任是汇集企业资源、推动企业进步的力量之源，也是一个人事业与人生不断向上的内在动力。具有责任感的企业才可以在社会竞争中独占鳌头，具有责任感的员工才可以在岗位对标中脱颖而出。各级领导干部作为员工的带头人、主心骨，必须把责任心作为个人品格与能力的承载，在电网和公司提速发展、保障安全和队伍稳定等工作中勇于担当、恪尽责任；必须率先垂范，用心用智激发员工的责任感，分解责任，传递责任，打造责任团队，带领员工在晋级发展中大有作为。

责任体现价值。责任是一种美德与品质，也是一种精神与荣誉，体现着人的尊严与价值。电网企业作为关系国计民生、涉及千家万户的基础性行业，承载着为广大人民群众送去光明、送去温暖的责任；有着维护电力安全、助力经济发展不可替代的价值。公司赋予各位领导干部的岗位职责，交与每位员工的各项任务，是公司对大家的尊重和信任，为大家施展才能、创造价值提供了平台和机会。每一名员工都要对自己肩负的职责树立崇高的使命感，珍惜自己的岗位，在岗位上建功立业，实现生命的价值。尤其是各级领导干部处于公司的重要岗位、负有重大责任、起着关键作用，更要勇于担当自己的责任，尽心尽责尽力为公司做事，为员工谋利，充分展示和体现作为领导的自身价值。

责任成就荣誉。责任是每个人必须具备的优良品质，没有了责任，也就等于没有了灵魂，人生就会陷入虚无与失重。我们熟悉的劳模、身边的先进，一个基本的共同点就是有强烈的事业心和责任感，正是因为他们内心有一种责任高于生命的信念，他们在工作中才会默默担当，尽心履责，从而塑造了高尚的精神，获得了崇高的荣誉。当前，公司正处于建设坚强智能电网、加快体制机制变革的关键时期，既面临很多迫切需要解决的历史遗留问题，又面临发展中不断凸现的新问题和新矛盾，既是对领导干部责任心的检验，又是提升能力赢取荣誉的机遇。大家只有主动担当起事业发展的历史使命，直面困难、挑战自我，不回避问题、不躲闪责任、不畏惧矛盾，敢于在利益矛盾冲突中坚守立场，胸怀坦荡，倾尽心力，坚定地维护公司利益，才能为自己赢得荣誉。

责任助人成长。有责任感的人，对工作就会多一份用心，对问题就会多一些研究，做事情就会多一点主动，正是因为这一点点的"多"，使他们抓住了更多锻炼自己的机会。天道酬勤，机会总是垂青那些更加勤奋的人，所以他们就会通过工作脱颖而出，他们就会成长进步得更快。在干事中提升才干，在锻炼中成长成才，是最直接、最有效的通往成功的道路。像国家电网公司刘振亚总经理说的那样，我们允许干事有失误，但绝不允许腐败，更不允许不干事，不干事就是浪费资源，就是对公司、对员工不负责任，就是最大的"犯罪"。一些领导干部遇到问题躲着走，碰到困难靠边站，实际上就是逃避责任，不愿意承担责任，但同时又要求进步，这是不现实也不公平的。躲避责任常常是为了回避矛盾，避免自己受到伤害，但任何事情都是有得有失，避开了麻烦，同时也失去了赢的希望。一个人要求进步上进，就不要怕担当责任，责任是我们前进的台阶，履行好每一个责任才能攀登前行。

善于合作，凭责任求共赢

在经济全球化和社会分工越来越细的趋势下，任何企业都不可能完全孤立地开展生产经营活动，每个人也不可能依靠一己之力完成工作任务。只有学会对外合作、共享资源、抗击风险，学会对内协作、学人之长、补己之短，才能实现优势互补、风险同担、利益共享，形成推动企业发展的强大合力。面对公司改革、发展、稳定的繁重任务，我们必须以责任为基，加强与社会方方面面的互动联系，强化公司内部的协同运作，最大限度地发挥各个方面的积极作用，在合作中寻求发展，在互利中实现共赢。

选好合作伙伴是合作的基础。事业的成功离不开合适的伙伴，选择好合作伙伴，可以让企业如虎添翼，跨越发展，增强抵御风险的能力。要认真总结多种经营活动中选择合作伙伴的教训，警醒我们应该如何选择合适的合作伙伴，看清哪些可以作为我们的合作方。一般而言，不能选择过度弱小的合作伙伴，软弱的合作者难以给予及时和有力的帮助；也要尽量避免选择实力远超自己的合作伙伴，不平衡的力量极易损害公司的利益；更不能选择诚信度不高的合作伙伴，品行低劣的合作方会让合作陷入困境。因此，在任何一个项目合作前，务必对合作伙伴进行全方位的调查研究，科学评估合作伙伴的责任感、信誉度、经营能力、资金实力等情况，特别是要翔实了解对方合作的动机和诚信，才能最大限度地避免投资风险和隐患。个人交友也是合作的一个方面，朋友有高下之分，交往有损益之别，好的朋友会相互帮助、共同进步，坏的朋友只会相互利用、一同堕落。因此，领导干部在选择朋友时要抱着十分审慎的态度，抱着互助提高、推动工作的目的，善交益友、乐交诤友、不交损友，这是我们正确处理人际关系、保持清正廉洁的重要基础。辅业单位要把结交朋友提升到事关公司巩固和开拓市场的高度来对待，广交新朋友，培育友情，巩固老朋友，增进友谊；要始终不忘同根同脉的"电力情"，携手互助，共同发展。

责任共担是合作的基本条件。选择合作，就相当于供出自己拥有的全部。合作的双方只有心往一处想，劲往一处使，同舟共济，才能抵达成功的彼岸。责任共担，就是要尽其所能，就是要资源互补，就是要竭尽全力。对于合作的各方而言，都要拿出合作的诚意，营造良好的合作环境，勇敢地承担各自的责任，维护双方共同的利益，才能筑牢合作的基础，实现合作的目标。对于公司内部而言，每个员工都是公司的一个分子，个人的工作都是整体工作中的一个局部，充分发挥每名员工第一责任人的作用，是提高协作效率、形成公司合力的基础。当你对一件事情说没有责任时，不应是表明与此事无关，而是已经尽到了自己的全部责任，对这件事问心无愧。只有大家都尽到了自己应尽的责任，才能凝聚起每个人的才智和优势，形成和谐执行、合作共事、做事成事的巨大合力。

合作共赢是合作的根本准则。合作就是对双方都要有利，损人利己的人和事都不可能长久。为别人创造价值，才能为自己赢得机会，有利于别人才有利于自己。为客户提供完善周到的服务，为合作方创造价值，为社会承担责任，重塑与各利益相关方融洽相处、相生相依、和合共赢的新型关系，最终都是为我们自己创造良好的发展环境。在各种合作中，要正确处理企业利益与社会利益、局部利益与整体利益、眼前利益与长远利益的关系，以发展的、全面的观点看待得失，才能赢得更多的信任和支持，积累更多的无形资产，获得未来发展的机会，形成义利相生、生生不息的健康可持续发展局面。

成于执著，靠责任立社会

企业是社会的一员，是推动经济社会发展的重要力量，肩负的责任十分重大。尤其是电网公司作为央企的排头兵，在得到社会广泛赞誉的同时，也被赋予了更多的责任。持之以恒地履行责任，圆满兑现对社会和员工做出的承诺，既是时代赋予公司的使命和价值取向，也是实现公司发展战略的基础和依据。我们必须执著于履行社会责任、壮大公司实力、扩大员工福祉，对于符合国家利益、公司利益、员工利益的事，咬定目标，锲而不舍，全力投入，尽责到底。

133

作为国有央企要尽社会责任，服务人民利益，就是国家责任。央企是国家也是人民的企业，电力是基础也是公共的事业，因此，国家和人民首先看重的是我们的社会责任。当我们奉献社会的时候，人民才会承认我们；当我们抗冰抢险冲在最前面的时候，我们就展现了一个央企长子的风范，成为百姓心中最可爱的人；当我们户户通电到大山深处的时候，我们就代表着党送去了光明和温暖。在关键时候，我们都要把公众利益、社会责任看得重一些，这是公司的宗旨决定的。在任何时候，我们都要突出安全的责任，确保特高压和大电网的安全稳定运行，保障全社会的电力可靠供应，这是公司最根本的责任。在处理一些矛盾和利益冲突时，我们都要牢记社会责任，服从服务大局，从讲政治的高度做好决策，坚持"四个服务"宗旨，树立诚信履责的责任央企形象。

作为企业要有利润，维护公司利益，就是企业责任。公司是我们共同的一个家，我们要爱家、护家、建家。有了一个好的家，我们才有一份好工作，只有把公司建设好，才会有个人殷实的利益。只要是符合公司利益的事情，就要坚定地做好，执著地做成。要下决心解决好公司历史遗留的难题，与时俱进地引入新的理念和方法，解放思想，放弃恩怨、放开纠结、放胆去做，充分发挥公司的力量，变对立为协商，变无用为资源，变无利为多赢。要用心谋划公司未来发展的大事，激发员工的智慧，为公司的可持续发展献计献策，充分利用国家把发展特高压纳入"十二五"规划纲要的契机，加快建设以特高压为骨干电网的坚强智能电网，以电网的智能化引领生活的现代化。要加大新业务的开拓力度，在新能源、电动汽车、节能环保等战略性新兴产业中抢占未来市场。要脚踏实地去工作，将长远规划细化为阶段性目标，以科学的目标引领工作，积极行动，务求实效。要坚持依法从严治企，杜绝任何损害公司利益和形象的行为。

作为国家电网人要做好本职工作，履行好岗位职责，就是个人责任。员工是公司生存和发展的根本，要维护公司利益，服务人民利益，集中于一点就是做好本职工作，履行好岗位责任，处理和解决好自身和身边的事。要落实责任、履职必成，不能仅靠一时一事，而是要持之以恒、一以贯之。要为干事干成事的人搭建更大的舞台，赋予更大的责任，形成正确的用人导向，激励广大员工树立"没有执著就没有执行，没有执著就不会有成功"的理念，立足岗位职责，在平凡的岗位上创造非凡的奇迹；鼓励广大员工培育精益求精、追求卓越的精神，不满足于一般性的常规工作和对问题的一知半解、粗浅分析，争当专家、行家和业务带头人。特别是在当前电网技术水平和信息化水平极大提升，使工作在大为减少的新形势下，无论是管理岗位还是技术技能岗位，都要善于抓住每一次锻炼自己的机会，把每一项工作都当作珍贵的经历，深度分析管理指标和技术指标的点滴异常，使专业管理更深、更细、更精，在履行岗位职责中提升个人专业素质，推动专业管理在同业对标中晋级、晋段、晋升。

在我国处于社会转型、体制转轨和人们思想观念转变的特定时期，渴望幸福、追求幸福已成为人民群众的强烈呼声和共同愿望。公司在七届一次职代会暨 2011 年工作会议上，确立了把以人为本作为一切工作的出发点和落脚点，迈上"规划希望、和谐执行、幸福发展"的科学道路。幸福发展既是公司发展的使命，也是全民的共识、时代的潮流。共识已经形成，落实责任是关键，是难点。面对经济社会发展对电网提出的新要求、公司改革发展面临的新任务、广大员工对幸福生活的新期盼，我们要高举责任的大旗，融汇员工智慧与公司力量，完成好时代赋予的改革重任，建设运营好坚强智能电网，服务好新能源发展，承担起帮扶困难企业的责任，不断扩大员工的福祉，将责任进行到底。

认真完成任务是责任心的最佳体现

在《把信送给加西亚》这本世界畅销书中，作者哈伯德叙述了这样一个故事：美西战争爆发时，美国总统必须立即与古巴的起义军首领加西亚取得联系。加西亚在古巴广阔的山脉里，没有人确切地知道他在哪里，也没有任何邮件或电报能够送到他手上。于是总统把罗文找来，交给他一封写给加西亚的信。罗文接过信之后，没有问任何问题，就带着使命出发了。最终在历尽千难万险之后出色地完成了任务。

哈伯德在书中写道："年轻人所需要的不只是学习书本知识，也不只是聆听他人的种种指导，而是更需要一种敬业精神，对上级的托付立即采取行动，全心全意去完成任务——'把信送给加西亚'。"责任心与使命感紧密相连，使命感是一种促使人们采取行动，实现自我理想和信仰的心理状态，是决定人们行为取向和行为能力的关键因素。富有使命感的员工，一心扑在工作上，没有他人的督促，也能出色地完成任务。这本书之所以畅销，是因为罗文用自己的事迹诠释了责任与使命的含义：认真完成任务是责任心的最佳体现，是他的责任心感动了全世界人民。

从 1969 年 12 月参加工作至今，从头发墨黑、精神抖擞的小伙子到头顶微秃、迈向花甲的老师傅，任喜俊已经在变电运行岗位工作了 40 多个年头。

由于他几十年丰富的变电运行经验和遇事喜欢琢磨的性格，静乐供电支公司所属的所有变电站，甚至一些用户变电站，有了什么"疑难杂症"都是请老任出马，而每次结果也是"马到成功"。

整天和设备打交道，最重要的是保证安全。在运行岗位 40 年，任喜俊没出过一点纰漏，不仅自己安全，也要让身边人安全。站里的几个年轻人都说："任师傅平时很好说话，但一涉及安全的事情，他可是铁面无私，不留一点余地。"每次站里有停送电工作，任喜俊不管是不是自己当班，总要全程介入，从工作票、操作票的准备，到安全、组织、技术措施的布置，再到具体的停电操作，每个环节他都要操心。

为了增强站内人员的安全意识，任喜俊想了不少"招儿"，在主控室增加"全家福"照片作安全温馨提示，在设备区显眼处设立"你对违章讲人情，事故对你不留情"等提示牌……在他的影响下，大家安全意识逐步提高，该站自 2002 年 9 月投产以来，未发生过任何事故，先后被评为分公司、省公司"安全生产先进班组"。

40 年如一日，在运行岗位没出过一点纰漏，没发生过一起事故，这是对责任的最好诠释。作为企业员工，最大的责任就是做好自己的本职工作，对企业、对上级交办的任务能够发挥主观能动性，带着强烈的责任心和使命感，认认真真地去完成。温斯顿·丘吉尔曾说："伟大的代价就是责任。"他的这句名言一次又一次被那些为着人类的幸福而奋斗的人们所证实。是的，对一个员工而言，只有在工作中时刻牢记自己的责任并勇于承担责任，才能成为企业最值得信赖的人。

共同的责任守护共赢的希望

企业是由员工组成的大家庭，在这个家庭中，每个成员都有着自己的理想和诉求。每个人都希望自己能够有更多的机会、更大的成长空间。而作为企业有责任为员工提供环境，在企业发展规划中体现员工的希望和要求。

一位跨国公司总裁到位于中国的下属企业视察，到厂后径直去了职工食堂，从食堂出来后又去了职工宿舍，最后才去看生产现场，许多人大惑不解。事后大家才知道，如果对食堂、宿舍的情况不满意，总裁就不会去生产现场，因为在他看来，一个企业如果食堂和宿舍管理得不好，就不可能生产出好产品，这个厂长只有下课的份。

这个故事让我想起了《左传》中的《曹刿论战》，那位说"肉食者鄙，未能远谋"的曹刿进宫廷拜见庄公，问庄公："您靠什么跟齐国打仗?"庄公说:"衣食这类使人生活安定的东西,我不能独自占有,一定拿来分给别人。"曹刿答道:"这种小恩小惠不能遍及百姓,老百姓是不会听从您的。"庄公说:"祭祀用的牛羊、玉帛之类,我从来不敢虚报数目,一定要做到诚实可信。"曹刿答道:"这点小信用难以让神信服,神是不会保佑您的。"庄公说:"大大小小的案件,虽然不能一一细察,但一定要处理得合情合理。"曹刿答道:"这是对人民尽本职的事,可以凭借这一条件去打仗。"

曹刿和庄公说的三个问题,没有一个是与军事有关的,说的都是政治和民生的事。在曹刿看来,只有把国内的政治管理好,把老百姓的生活安排好,争取到人民的支持,这场战争才有希望。治理国家如此,对于企业是同样的道理。作为一个企业,有责任关心员工的生活,关心员工理想的实现。企业只有为员工尽到了责任,员工才会为企业的发展尽职尽责。当然,作为一名员工,有责任服务服从于企业发展目标,在每一份工作中都顺应企业发展规划,处处从企业的大局考虑,即使这份工作不是自己理想中的工作。

几年前,美国著名心理学博士艾尔森对世界 100 名各个领域中的杰出人士做了问卷调查,结果让他十分惊讶。其中 61 名杰出人士承认,他们所从事的职业,并不是他们内心最喜欢做的,至少不是他们心目中最理想的。这些杰出人士竟然在自己并非喜欢的领域里取得了那样辉煌的成绩,除了聪颖和勤奋之外,究竟靠的是什么呢?

　　带着这样的疑问，艾尔森博士又走访了多位商界英才。其中纽约证券公司的金领丽人苏珊的经历，为他寻找满意的答案提供了有益的启示。苏珊从小非常喜欢音乐，但她阴差阳错地考进了大学的工商管理系。尽管不喜欢这一专业，可还是学得格外刻苦，每学期各科成绩均是优异。毕业时被保送到美国麻省理工学院，攻读当时许多学生可望而不可即的 MBA，后来，她又以优异的成绩拿到了经济管理专业的博士学位。如今她已是美国证券业界的风云人物。当艾尔森博士问她："既然你不喜欢你的专业，为何你学得那么棒？既然不喜欢眼下的工作，为何你又做得那么优秀？"

　　苏珊的眼里闪着自信，十分明确地回答："因为我在那个位置上，那里有我应尽的职责，我必须认真对待。""不管喜欢不喜欢，那都是我自己必须面对的，都没有理由草草应付，都必须尽心尽力，尽职尽责，那不仅是对工作负责，也是对自己负责。有责任感可以创造奇迹。"

　　艾尔森在以后的继续走访中，许多成功人士之所以能出类拔萃的反思中，得出与苏珊的思考大致相同结论。

　　对杰出人士的调查表明，无论现在从事什么样的职业，处在什么样的职位，接受过什么样的教育，这些都不能决定一个人是否可以在工作中取得辉煌业绩。真正决定事业能否成功的最关键因素就是责任心，是责任心守护了员工与企业共同发展的希望与目标，使企业与员工实现了共赢。事实证明，只要有对事业高度的责任心，即使在自己并非最喜欢和最理想的工作岗位上，也可以取得骄人的成绩。

现实中，一些人由于某种原因进入了自己并不喜欢的领域，从事了并不十分理想的工作，一时又无法更改。于是整天只知道抱怨、哀叹，无心工作，甚至于在工作中出现这样或那样的差错，一旦领导追问，总是推卸责任："这是他们的错"，"这件事与我无关"。在他们千方百计摆脱责任的同时，他们却失去了取得成功的两样最重要的东西：一是勇于负责的精神，二是发现问题的机会。责任心是一个人在工作中有所成就的最基本前提，没有了责任心，成功就无法得到保证。

阿尔伯特·哈伯德曾说过："所有成功者的标志都是他们对自己所说所做的一切负全部责任。"作为一名企业员工，无论身处什么样的岗位，都必须把工作当作一种不可推卸的责任担在肩头，时刻以强烈的责任感去对待领导交办的每一项任务，在其位谋其职，全身心地投入其中，日积月累，就一定能在为企业创造价值的同时，为自身的发展赢得更为广阔的空间。

四、整合希望，规划未来

企业的未来就是员工的未来，员工的希望就是企业的希望，企业的发展需要不断凝聚员工的希望，需要不断提升员工的希望，使之与企业的发展目标相适应，最终实现企业与员工的共同成长，让企业带领员工承载着美好的希望走向辉煌的未来。

凝聚希望，培育企业发展的优秀文化

企业的凝聚力，不仅来自企业优厚的物质待遇，更来源于企业成长的美好前景，员工为了发展与梦想工作，只有把企业发展的美好愿景与员工个人的希望凝聚在一起，让企业与员工为着共同的理想去奋斗，才能实现企业与员工的双赢。优秀的企业文化，就是要立足于广大员工的普遍需求，把员工与企业的共同希望，提炼整合在一起，形成企业上下共同认可的文化制度与文化氛围。

为了响应国家电网公司部署，形成优秀的企业文化，从2009年9月开始，山西省电力公司认真、系统地组织开展了企业文化主题实践活动。大力宣传企业文化"四统一"（统一的价值观、统一的发展目标、统一的品牌战略、统一的管理标准）的重要意义、总体目标、基本要求和活动安排，做到了墙上有理念、橱窗有图片、网站有页面，在全体员工中强化"一个国家电网"的观念，树立"我是国家电网人"的意识，为企业文化"四统一"主题实践活动的顺利开展营造了浓厚氛围，创造了良好环境。

山西省电力公司按照国家电网公司要求，把加快建设优秀企业文化，作为凝聚公司全体员工智慧和力量、进一步提升公司核心竞争力的重要内容。提出要营造和谐执行文化，全过程强化执行力，明确要求要将强化责任意识、推动和谐执行作为实践企业文化"四统一"的有效载体、方式和途径。和谐执行文化，一方面，就是在公司内部要营造出一种高度和谐包容、沟通融洽、理解尊重、政令畅通的协同氛围，形成一种以执行为责、以责任为荣、以共荣为赢、激励创新争先的环境。另一方面，就是在公司外部建立起与政府部门、发电企业、广大客户等社会各界以及资源、环境协调互动的关系，实现共赢基础上的和谐发展。公司总经理张建坤在"实施集团化，强化执行力，全力推动公司晋级发展上台阶"的讲话中明确提出，要加快培育优秀企业文化。融合"三晋"发展战略，以全员提升责任意识、强化和谐执行力为有效载体，创新企业文化建设，修订企业文化建设三年规划，建立健全企业文化管理体制和工作机制。以弘扬"诚信、责任、创新、奉献"核心价值观为主线，广泛开展企业文化实践活动，实施企业文化精品工程、落地工程和评价工程，建立先进典型库，大力培育和广泛宣传先进典型和事迹，建立创意创新提案库，激发广大干部员工爱企业、思事业、谋发展的动力，推进统一优秀企业文化建设。

提升希望，促进企业"三晋"战略目标的实现

"三思三晋"是山西省电力公司面向未来发展提出的工作方式和战略目标。公司总经理张建坤指出："三思三晋,就是立足于山西实际，站在时代潮头，面向未来憧憬，全方位思考山西公司的发展。'三晋'是山西的别称，三晋大地就是我们成就伟业的舞台。"

这一战略目标包括三个步骤：第一步晋级目标：即在 2010 年到 2012 年 3 年里，以标准化建设夯实管理基础，以"SG186 工程"深化应用夯实信息化基础，以建设坚强电网夯实智能电网基础。公司初步建成信息化企业，主要指标进入国家电网公司同业对标先进行列。

第二步晋段目标，即在 2012 年到 2015 年 3 年里，全面建成坚强的山西电网，为山西经济发展服务，公司实现"两个转变"和

"四化"（自动化、集控化、信息化和标准化）目标，主要指标在国家电网公司同业对标中名列前茅，山西电网建成国内一流电网和系统一流企业。

第三步晋升目标，即在 2015 年到 2020 年 5 年里，全力夯实智能电网的基础，全面提升公司实力，在国家电网公司成为国际一流企业中，山西电网发挥主力作用和承担重要角色。

"三晋"战略目标，凝聚着全体员工的希望，实现这一目标，需要将全体员工的"希望"提升到与战略目标相一致的高度，需要全体员工"心往一处用，劲往一处使"，上下同心，形成合力，把公司的发展与山西经济的发展紧密结合在一起。正如总经理张建坤在谈到"三晋"战略目标时指出，公司的发展，要确立正确的思路，谋划科学的措施，必须融合于山西的发展，服务于山西的大局，以建设统一坚强智能电网为方向，紧紧围绕省委、省政府建设新基地、新山西的发展战略，加快建设以特高压为骨干网架，各级电网协调发展的坚强电网，促进公司在优化配置能源资源、推动产业转型升级、转变经济发展方式、落实节能减排政策等方面施展作为，发挥作用，作出贡献，实现电网和公司发展与山西经济社会、资源环境和人文环境的和谐共进，通过积极履行公司政治责任、经济责任、社会责任，服务三晋人民，扮靓国家电网的品牌形象。

"SG186工程"是国家电网公司在全公司系统实施的一种信息化工程。"SG186"工程，就是按照企业级信息系统建设思路，在全公司构筑纵向贯通、横向集成的一体化企业级信息集成平台；建设财务资金、营销管理、安全生产、协同办公、人力资源、物资管理、项目管理、综合管理八大业务应用；健全完善安全防护体系、标准规范体系、管理调控体系、评价考核体系、技术研究体系、人才队伍体系六个保障体系。

承载希望，开创企业幸福发展新篇章

幸福是什么？温家宝总理指出："幸福就是要让人民生活得舒心、安心、放心，对未来有信心。"幸福，并非仅仅指对安逸生活的追求，而是指对一种广义的心理健康和满足的主观感受的追求，包括精神和思想领域享受的追求。

发展为了什么？法国总统尼古拉·萨科齐曾说过："首要的政治问题是我们希望在何种发展模式、何种社会和文明模式下生活，我们希望把何种发展模式、何种社会和文明模式留给我们的孩子？"发展的目的不明确，发展的方向与民众的共同期望存在偏差，那么发展的快车只会带我们远离目的地，进而言之，快车的 GDP 引擎动力越是强劲，那么，我们离目标也将愈发遥远。所以，我们经济社会的发展、企业的发展必须要有正确的目标，那就是要让人们过上幸福美

满的生活。幸福是发展的最终目标,也是检验发展的最终标准。

在发展的过程中,人民群众包括企业员工理应享有看得见、摸得着、感受得到的实实在在的生活状态,并随着企业实力的不断提升,幸福感得以切实增进。只有这样,我们的发展才有意义,也只有这样,我们的发展才能真正得到广大人民群众和企业员工的支持。因此,企业在发展的过程中,要坚持"以人为本",不能以牺牲人们的幸福为代价来谈发展,要注意发展过程中人们的感受,不能以发展速度为理由,让企业员工和广大人民群众反映强烈的突出矛盾和问题长期积累。张建坤总经理在谈到幸福发展时指出,"幸福发展不是鼓励人们贪图享受,而是倡导在帮助别人、奉献社会、创造价值中感受幸福,在推动公司科学发展的伟大进程中享受幸福。幸福发展是要让创业、做事、成就事业的人,在勤干、实干、苦干的奉献中,得到更多的承认、尊重和爱戴,让好人体会幸福、一生幸福。"

当然,幸福是分层级的,不同的时代,不同的文化,不同的人,都会有不同的幸福观。幸福发展要求建立与企业发展相适应的幸福文化。因此,企业要帮助员工树立先进的世界观、人生观、价值观,弘扬科学精神,注重人文关怀,加强心理疏导,引导员工在帮助他人中提升自己的业绩,在付出爱心中收获工作快乐,在感恩和回馈社会中播撒幸福,以发展促进合作、实现共赢、快乐工作,让员工承载着美好的希望与企业共同走出一条幸福发展之路!

第五章

规划希望之根本：长远性、战略性、全局性

规划是对长远目标进行的一种带有全局性的、科学性的、战略性的谋划与考虑，在某种意义上，规划本身就是一种战略，是企业在较长时间内的行动纲领。规划希望的本质就是要对希望进行整合与管理，使希望更具有科学性、可操作性和可实现性，是对希望进行的一种战略性的考量、创新性的思考。既然如此，那么，企业规划究竟要为企业解决什么问题呢？可以简单地归结为三个大问题，就是：企业要做什么？企业能做什么？企业怎么做？规划希望关注的是企业长远的持续发展，注重的是企业发展模式、发展战略的不断创新，解决的是企业根本性和全局性的问题。只有制订出科学的发展规划，才能凝聚员工希望共同奋斗，最终实现企业与员工共同进步、共同发展的目的。规划希望之根本目的就是要使广大职工干部统一思想形成奋发向前的不竭动力，使每一位员工紧紧围绕公司的战略目标和中心工作，从维护公司经济效益、增强公司信誉、提高公司形象出发，思考问题、处置事务、对外交往，都要有代表公司责任、维护公司利益的义务，这是公司各级领导干部和广大员工

开展工作的出发点和落脚点。

一、规划希望要着眼长远

企业规划关心的是企业长期、稳定的发展，要应对的是将要发生的问题，要面对的是未知的变数。"今天的努力是为明天的收获。"规划希望正是要以企业的可持续发展为立足点，着眼于长期生存和长远发展的思考，确立愿景目标，并谋划实现愿景目标的宏观管理的措施与对策。这就要求规划必须着眼长远。人无远虑，必有近忧。领导人不关心企业未来发展可能遇到的情况和问题，只知道"火烧眉毛顾眼前"，就等于拿企业的发展开玩笑。因此，在制订规划时首先应该注重长远性。长远性，是指规划要体现、服从组织长远发展的愿景和目标，不能局限于眼前利益和近期现状。组织所处环境的变化是绝对的，不变是相对的。规划的价值就是通过对环境变化的预测分析来帮助组织预先采取应对措施，减少未来不利变化的影响，实现组织的平稳有序发展。由于人们对环境变化的认识是有局限的，一般时间越久远分析预测的难度就越大，时间期限过短则又无法发挥规划的预先指导作用，因而如何恰当把握长远性是规划希望的一个难点。

立足现实

现实是发展的基础，是经验的累积，是规划的起点。规划我们的希望，首先要明确我们处于什么状态、有什么优势需要继承和发扬、存在什么制约发展的问题需要克服。我们在现实中经常会遇到

这样一些人，他们终日渴望自己一夜成名、一夜暴富，但却从来不思考自己具备什么条件，也不知道自己有什么弱点需要克服，更不思考自己到底需要什么，仅仅是做凭空的幻想，最终只能陷在白日做梦的泥淖中不能自拔。我们也常常看到这样一些企业，从来没有认真掂量过自己在行业中的地位，没有认真思考自身在企业经营管理方面有什么缺陷和不足，产品和生产流程存在什么缺陷需要改进，热衷于在规划中提一些空洞的口号、提一些不切实际的指标，最终使得规划只能成为一纸空文，导致"规划规划，全是鬼话；规划规划，墙上挂挂"。

立足现实首先要追溯企业发展历史，认清企业从"哪里来"。毛泽东主席曾经说"错误和挫折教训了我们，使我们变得更加聪明起来"；他还指出："如果不把党的历史搞清楚，不把党在历史上所走的路搞清楚，便不能把事情办得更好。"知道了从哪里来，就会更清楚地知道到哪里去。到哪里去，就是对前途、对未来的展望和预判。有人甚至说，能看见多远的过去，就能看见多远的未来。此话虽然有些极端，意思倒还鲜明。不善于从总结历史中认识和把握社会发展的规律，就不会拥有顺应时代、把握未来的历史自觉；有了对历史经验和规律的研究与把握，可以更清楚地知道前进的方向和道路，就有可能开辟事业的新境界和光明前景。正是在这个意义上，俄国思想家赫尔岑认为："充分地理解过去，我们可以弄清楚现状；深刻认识过去的意义，我们可以揭示未来的意义；向后看，就是向前进。"通向未来的路不是陡然出现的，往往藏伏在已经走过的路当中。对于不甚明了的未来方向，适当地向后看并不是多余的，更不是倒退。向后看是为了向前看，为了向前看需要向后看，而且向后看也不是光停留在对过去的知其然上，还要知其所以然，这样才能知道哪条路可以比较好地通向光明美好的未来。

任何企业发展的要素诸如产业类型、经营策略、品牌建设、营销手段、员工素质等都源自于企业的发展历程，创制企业发展规划首先要追溯企业的发展历程，从中梳理出企业的成功积淀，筛选出助力企业获得成功的关键成功要素，继而总结归纳出企业必须坚持的原则和策略，对"企业凭什么走到现在"作出明确回答；从过去的发展历程中探寻失败教训，深入分析阻碍企业快速健康发展的短板和制约，继而总结出企业必须摒弃和修正的错误和问题，对"什么是影响企业发展的问题"有清醒的认识。

立足现实必须要关注企业发展现状，搞清楚企业现在"在哪里"，弄明白企业所处的方位。古人说，"辩方位而正则"。可见，正确判断自身方位，对于人们决定何去何从具有特别的重要性。我们常常说要看菜吃饭、量体裁衣，也常常说要"在什么山上唱什么歌，卖什么吆喝什么"。朴素的语言其实表明了一个深刻的道理：只有搞清楚你的现状，了解你处于什么方位，才能对"你应该朝哪里努力"作出正确的回答。企业"在哪里"，就是一个企业在社会历史发展过程中所处的客观状况。今天强调科学判断企业所处的方位，就是为了搞清楚企业面对的环境和所肩负的任务，认清我们企业站在什么位置。

科学判断企业现状是制订发展规划的重要前提。"一切划时代的体系的真正的内容都是由于产生这些体系的那个时期的需要而形成起来的。"一个真正的具有执行意义的企业规划都是由于产生这些规划的企业需要而形成的。规划希望不仅要从企业发展历程中溯源，更要立足于当前。企业当前的经营管理现状、整体思维模式及行为模式都应该是提炼企业规划需要关注的重点，要通过对企业现状的全面系统剖析，为"究竟还缺少什么"找寻答案，为"究竟应该发展什么"找寻方向。

　　1957年11月18日，毛泽东于莫斯科在各国共产党、工人党代表会议上提出：中国要在15年左右的时间内，在钢铁和主要工业产品的产量方面赶上英国。12月2日，刘少奇在中华全国总工会第八次全国代表会议上代表党中央正式宣布："在十五年后，苏联的工农业在主要产品的产量方面赶上或者超过美国，我们应当争取在同一时期间，在钢铁和其他重要工业产品的产量方面赶上或者超过英国。"1958年元旦，《人民日报》的"元旦社论"向全国人民发出号召："我们要在十五年左右的时间内，在钢铁和其他重工业产品的产量方面赶上和超过英国，在这以后，还要进一步发展生产力，准备要用二十年到三十年的时间，在经济上赶上并且超过美国。""大跃进"运动在建设上追求大规模，提出了名目繁多的全党全民"大办"、"特办"的口号，例如，全党全民大炼钢铁，大办铁路，大办万头猪场，大办万鸡山。在这样的目标和口号下，基本建设投资急剧膨胀，三年间，基建投资总额高达1006亿元，比

"一五"计划时期基本建设总投资几乎高出一倍。积累率突然猛增，三年间平均每年积累率高达 39.1%。由于硬要完成那些不切实际的高指标，必然导致瞎指挥盛行，浮夸风泛滥，广大群众生活遇到了严重的困难。

无论在革命战争年代还是在社会主义建设时期，我们曾经发生过的许多挫折和失误，都同在历史方位问题上的认识偏差和错误密切相关,也就是说都是在对自己处于什么位置的判断上出现了失误。也正是在对这些挫折和失误进行科学总结的基础上，我们党更加深切地懂得了科学判断自身历史方位的极端重要性。治企如同治国，搞清楚企业"哪里来"、"在哪里"，是保证企业的全部工作既不割断历史、又不迷失方向，既不落后于时代、又不超越阶段的关键。《易经》中有句名言：凡益之道，与时偕行。对于一个企业来说，对历史的把握越自觉、对现状的判断越科学，它的前进目标就会越明确，应对措施就会越切实。

着眼未来

规划希望的着眼点是企业的发展未来，就是要弄清企业要"到哪里去"。企业发展不是一成不变的，规划企业希望更应该关注企业发展的未来。只有充分对企业的过去、现状及未来有了清晰深刻的解读，才有可能把握企业发展的核心脉络，从而总结提炼出真正切合企业实际的科学规划。是规划的长远性，决定了投资的科学性；是规划的长远性，决定了目标的正确性；是规划的长远性，决定了企业发展的前途和命运。

面对日趋激烈的市场竞争环境，面对复杂多变的国内外局势，企业不但要重视短期发展问题，也要重视长期发展问题，不仅要重视"从哪里来"、"现在在哪里"，更要重视如发展目标问题、发展步骤问题、产品与技术创新问题、品牌与信誉问题、人力资源建设问题、企业文化问题等等"向哪里去"的问题。只有全面谋划并妥善解决这些长远问题，才能让企业在未来的竞争中立于不败之地。通过对企业的外部经营环境的变化、企业自身经营策略的调整、企业员工及外部客户对企业的期望、战略的执行与落实对企业当前的启示与指引等一系列问题的思考和预期，归纳出企业全面走向未来的"关键驱动要素"，以明确"企业究竟还需要些什么"。

第二次世界大战结束后，战胜国决定成立一个处理世界事务的组织——联合国。可是在什么地方建立这个组织总部，一时间颇费思量。地点应当选在一座繁华城市，可是在任何一座繁华城市购买建立庞大楼宇的土地都是需要很大一笔资金的。就在各国首脑们商量来商量去的时候，洛克菲勒家族听说了这件事，他们立刻出资870万美元在纽约买下一块地皮，在人们的惊诧中无条件地捐赠给联合国。他们在买下捐赠给联合国的那块地皮时也买下了与这块地皮毗邻的全部地皮。等到联合国大楼建起来后四周的地皮价格立即飞涨起来。

现在没有人能够计算出洛克菲勒家族凭借毗邻联合国的地皮获得了多少个870万美元。这就是先见之明，这就是过人之处，这就是立足当时、谋划长远的战略眼光，这就是以未来的发展趋势为指向，所进行的包括企业战略研究和战略管理在内的企业发展规划的魅力所在。

解放思想具有先导性，思想上的裹脚布解不开，现实中的裹脚布更解不开，思想的大门打不开，发展的大门也打不开。着眼未来必须做到观念思新，必须做到学习求变。观念是行动的前提，是创新的前奏。观念思新是规划希望的应有之义。只有坚持观念思新，才能用更宽广开放的视野审视我们的工作，与时俱进，开拓创新；才能用更理性辩证的思维，认识过去，超越现在；才能用更敏锐精准的眼光看待形势变化，引领未来方向，做到了这一点，才能体现规划的前瞻性。国家电网公司党组着眼于保障能源安全、优化能源结构、推动节能减排、促进低碳经济发展，提出了建设统一坚强智能电网的战略任务。对于山西省电力公司而言，建设智能电网的任务是一项全面创新的开拓性工程，没有经验可以借鉴，没有模式可以照搬。观念思新就是要立足山西省情和公司实际，瞄准智能电网发展趋势，以集团化运作和人财物集约化管理为着力点，通过战略思考、系统思考、换位思考等思维方法，推动理念创意、管理出新和科技创新。只有通过持续学习不断推进观念思新，才能谋求新的更高层次的发展。只有观念思新，才能创意思进；只有观念思新，才能前瞻性地制定电网发展、公司发展和专业发展远景规划，科学描绘发展蓝图，为新的发展备足动力。

在公司发展处于这样一个关键时期，公司员工比以往任何时候都更需要有勇于变革、敢于打破常规、敢于观念思新的精神。如果

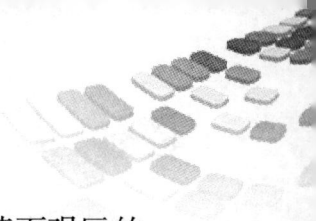

我们广大员工没有这种意识和能力，就难以完成这一光荣而艰巨的历史重任。观念思新要坚持学习求变。学习无处不在，学习为了超越。我们每一位员工要主动适应时代发展和公司变革，经常不断地抓紧学习、坚持不懈地终身学习，学习智能电网的新技术，掌握经营管理的新方法，了解系统内外的好经验，不断增强把握电网和公司的发展规律、提升创新发展的能力。学习要重在学思想，求变要重在变观念，只有这样才能顺应社会的发展潮流，紧随行业发展的步伐，增强工作的预见性，才能保证规划希望的长远性。

统筹兼顾

所谓统筹兼顾，就是把握全局、科学筹划、兼顾各方、兼顾长远。统筹兼顾体现了企业全面发展的要求，是企业系统协调发展的要求，更是实现可持续发展的要求。对于我们公司而言，统筹兼顾体现在发展规划中，就是要把电网发展规划、公司发展规划、专业发展规划以及员工职业发展规划等统筹兼顾起来。

统筹兼顾体现在企业规划中，就是要把现在和未来、把长期战略与具体任务统一起来。规划就是在白纸上倾心绘制最美好的理想图画。这张图画既要承继历史的光辉，又要开拓未来的希望，既要有宏观的部署布置，又要有具体的细节描述。规划希望必须立足于现在，把现在作为企业未来发展的基础，一切从基础出发，一切从现状出发。规划希望更要注重长远，放眼未来。规划不同于任务，任务常常是具体的、局部的、短期的，规划则是根本的、全局的、长远的。但是两者又不是完全割裂的，正是一个又一个的短期计

155

划、眼前任务组合成了未来的规划，因此要用规划指导计划，用计划安排任务，用任务实现规划。

统筹兼顾体现在企业规划中，就是要把企业发展与社会需要、企业定位与行业发展统一起来。企业不是在真空中生存和发展的，而是与整个社会、各个行业都有非常紧密的联系。国家的宏观经济政策，社会发展的需要，都对企业的生产经营产生直接的影响，所以企业在制订规划时，必须把企业发展与国家、社会的需求结合起来。任何企业都是属于某一行业的，而任何一个行业在当前都是充满竞争与合作的，垄断性经营已经非常少见。这就导致行业内的任何风吹草动都与企业的发展息息相关。作为一个企业，只有深入洞察行业的发展趋势是什么、最新的技术标准是什么，最新的经营管理方式是什么等这些基本的问题，并把这些信息贯彻在规划当中，才能让企业不断与时俱进。企业的规模定位应由社会需要确定，公司的机构流程应由效率低耗认定，企业的发展模式应由行业趋势规定。企业要通过对国际、国内的政治、经济、文化及行业等经营环境的深入分析，结合自身资源，站在系统管理高度，对企业的远景发展轨迹进行全面的规划。

统筹兼顾体现在企业规划中，就是要把员工发展与企业发展、员工需求与企业需求统一起来。员工与公司之间的关系是什么？有人说是利益关系，员工给公司工作，公司给员工发薪水；有人说是合作关系，员工给公司创造利润，公司给员工提供福利；有人说是共赢关系，员工给公司创造价值，公司给员工创造未来。但是，优秀的企业一定会认识到：员工虽然是给公司打工，却是在为公司而工作，任何一个企业，如果员工们能够把它当成是自己的家，那么，便是推动企业发展、实现企业目标的动力源泉之所在。因此从本质上说没有员工的充分发展就不可能有企业的快速提升；同样，没有企业的发展，也就没有员工生活的改善。

韩国的优秀企业大都以"人才第一"为基点，通过建立企业内部的研修院或利用产业教育机构培育了大量优秀的人才，现在韩国主要的企业集团都已采用了科学的人力资源管理制度；一些专业性比较强的大企业和中小企业为了拥有自己的专业技术人才，还建立了相应的人才储备系统，或是从销售额中提取一定的比例持续进行教育投资。此外，韩国的优势企业还普遍重视员工的海外研修工作，以促进员工的自我开发。

三星集团的创始人李秉哲会长生前就信奉"疑则不用，用则不疑"的信条，主张对三星的员工实行"国内最高待遇"。为此，三星公司采用了公开招聘录用制度，新员工一旦被公司录用就要接受三星公司彻底的培训，目的是使之成为"三星之星"，以实现公司成为超一流企业的目标。三星公司在"企业即人"的创业精神指引下，彻底贯彻了"能力主义"、"适才适用"、"赏罚分明"等原则。为了挖掘企业员工的潜在能力，除了总公司建立有三星集团综合研修院外，各分公司分别建立了自己的研修院，并通过海外研修等形式对员工进行有效的教育培训。LG 集团则通过建立"社长评价委员会"、"人事咨询委员会"、"人才开发委员会"等机构，对高级管理人员进行系统的培育。

因此，企业在制订规划时，一定要树立"公司的成长与员工的发展直接相关"的信念，坚持企业的发展应由员工的积极性、主动性确定，员工的工作生活环境应由健康和谐的原则确定，积极培育劳资共同体意识和劳资和解气氛，从而使企业的经营活动能够在稳定的劳资关系中顺利地进行。要把员工引进、招聘、培养、福利等作为规划希望的重要组成部分，用光明的前途作为团结凝聚员工的吸引力。

把握主动

市场经济条件下的企业必然处在一种竞争的环境之中。虽然说，在当前法制成熟的条件下，企业之间的竞争已经不再是"灭了别人的灯让自己更亮"类型的恶性竞争。但市场竞争依然是严酷的，不能经受市场考验的企业必然要走向失败。这一点决定了企业规划在考虑长远时，不仅要立足自身来分析和考虑规划，而且要保证在与同行的竞争中把握主动权，在规划中突出主动性，超前把握行业竞争主动权。

齐国周边有鲁国和梁国，齐桓公想吞并鲁国和梁国。管仲说："不用起兵，有了主动权就可以不战而屈人之兵。"管仲给齐桓公出了个主意："大王，请你把过去的衣服都换掉，从今天起就只穿由鲁国和梁国产的绢做的衣服，而且你送礼物也要送鲁国和梁国产的绢，要求后宫的嫔妃、大臣也穿鲁国和梁国的绢制衣服，同时要求外国使节到你这儿拜见你，也要穿鲁国和梁国的绢制衣服。"于是齐桓公带头穿鲁国和梁国的绢制衣服，齐国人都穿。鲁国和梁国的绢价格暴涨。管仲跟鲁国和梁国贩绢的小贩说，"你们尽管大量地贩，贩来一车三百金，贩来十车三千金！"小贩们拼命地把绢往齐国运。管仲派人到鲁国和梁国视察一下，卧底回来说："路上摩肩接踵，尘土飞扬，荫翳蔽日，运送绢匹的车辆和商贩挤满了整个马路，鲁国和梁国的国君颁下命令，所有的老百姓不允许种粮，全部改种桑树养蚕。"

机会来了！管仲颁下将令，所有齐国的关口停止让拉绢的车进来，一匹绢也不允许进入齐国，同时规定齐国的粮食一粒也不准运进鲁国和梁国，齐国的粮价调低到鲁国和梁国粮价的1/10，鲁国和梁国的老百姓只要带着家眷工具到齐国来就给粮吃。这下坏了！鲁国和梁国的国君为了多挣钱，全部的耕地已经改种了桑树养了蚕，国家没粮食了。鲁国和梁国没有粮草，也没有积蓄，老百姓为了活命，带着自己的牛，带着自己的老婆孩子都往齐国跑，鲁国和梁国的老百姓9/10跑到齐国了，鲁国和梁国国君一看大势已去，就全部投降了齐国。

牢牢把握每一步行动的主动权就是管仲制胜的要诀。管仲的谋划可谓长远，长远的谋划要求步步为营，环环紧扣，每一步都占尽先机，牵着对方的鼻子走。这就是规划的超前性，也就是规划的主动性。在任何一个行业中，处于产业发展前沿的、掌控着产业发展的话语权的企业，其主动权的掌控保证了长远规划的实现，保证了长远目标的实现，保证了企业永远处于产业链条的高端，赚取着最为丰厚的利润。在企业制订规划时必须要体现这种主动性，就要通过深入研究企业所处行业的国内外发展趋势，以引领行业发展趋势作为企业规划的重点内容，通过规划制定并付诸实施，牢牢占据行业发展的制高点。

二、规划希望要注重战略

战略是相对于战术而言的，强调战略性就是着重于对宏观目标、方向的把握，而强调战术则是注重对微观的、具体的操作方法的运用。任何宏观、长远的规划针对的都是战略性问题，而不是具体性问题。著名管理大师迈克尔·波特曾经说过："世界上有三类企业：不知道发生了什么的企业；看着事情发生的企业；使事情发生的企业。"那么，怎样才能做一个使事情发生的企业呢？——制定企业发展战略，即企业规划。怎样才能制定出科学的企业规划呢？有人强调执行，有人强调细节，但这些说法都只从特定的角度说明了问题的一个方面。在"执行"与"细节"之上，有一个更重要的东西在决定着企业的命运与前途，那就是战略性规划。美国人马克·麦克内利挖掘我国《孙子兵法》的战略智慧，写了一本名叫《经理人的六项战略修炼》的著作，被微软、IBM 等企业广泛推崇，其中译本的封面有一句话令人警醒："忽视战略，仅关注战术和执行，就会给企业带来灾难。"

"战略"是企业生存之道

树叶长在树枝上，树枝长在树杈上，树杈长在树干上，树干长

160

在树根上。如果说树叶上的问题是战术问题，那么树根上的问题往往就是战略性问题。在一个企业，树叶性的问题有成千上万，树杈性的问题有成百上千，树根性的问题虽然不多，但非常重要。要是树根烂了，任凭你怎么摆弄，树叶也不会再绿。对于一个企业而言，如果战略性问题解决不好，那么即使再发动员工努力奋斗也不会收到成效。而这个"战略"问题正是企业规划要解决的问题。也只有将"战略性"体现在企业的发展规划中，其可持续发展问题才能迎刃而解。管理之父彼得·德鲁克的一句话说得很经典："每当你看到一个伟大的企业，必定有人作出过远大的决策。"他讲的也是战略规划。

知识链接

根据美国学者弗雷德·R.戴维著的《战略管理》一书，"战略管理"可以被定义为：制定、实施和评价使组织能够达到其目标的，跨功能与决策的艺术与科学。战略管理致力于对市场营销、财务会计、生产作业、研究与开发及计算机信息系统进行综合的管理，以实现企业的成功。1938年，美国学者巴纳德在《经理的职能》一书中提出"战略"这一构思。1965年，著名学者安索夫提出"产品/市场战略"模型，使得"战略"一词得到广泛应用。自此以后，战略思想开始运用于商业领域，并与达尔文"物竞天择"的生物进化思想共同成为战略管理学科的两大思想源流。

海尔集团是重视规划、关注"战略"的一个成功典范。在中国工业经济发展初期的 1984 年，海尔就提出了品牌战略思想，1992 年提出多元化发展战略，1998 年提出国际化发展战略，2002 年提出深化国际化战略，这些战略的提出和实施彰显了企业管理者系统战略管理的博宏与高远，同时也使海尔集团在发展的道路上越走越好。此外，今天我们一提到阿里巴巴，就想到了为中小企业服务的战略平台，一提到格力就想到空调，一提到麦当劳就想到餐饮，一提到比亚迪就想到节能轿车，一提到联想就想到电脑，一提到万科就想到地产，一提到腾讯就想到 QQ，一提到华为就想到通讯设备，一提到波司登就想到羽绒服。这些企业符号与其所在的市场形成了紧密的关联，甚至成为它所在行业的标志和代名词，他们在消费市场具有绝对的话语权和影响力。这也正是企业进行战略定位和战略规划的结果和例证。

当然，目前有不少企业犯了战略性错误，干着一些本末倒置的事情，而更可怕的错误是许多企业家们根本不知道自己所犯的错误是因为忽略了"战略性"问题所致，而一直在细枝末节上找原因。实践证明，一个企业的成功往往是战略管理的成功。如果战略规划有问题，单纯靠改善内部运营效率，往往业绩提升的效果有限。企业规划要站得高，才能看得远。没有战略规划的企业可以"火"一时，但"活"不了一世。

环境是战略立论之基

企业战略规划是具有总体性和长远性的谋划与方略。具体地

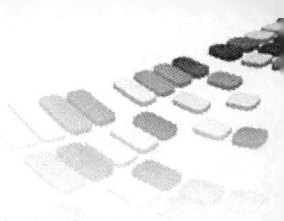

讲，是企业决策者为了使企业在未来激烈竞争的环境中求得生存和发展而绘制的一张蓝图。其实质是实现外部环境、企业实力和规划目标三者之间的动态平衡。目标的确立和校对是必须的，而且只有正视环境因素才能定位好目标，从而抓住根本性的战略问题。

某天，一位哲学家漫步于田野中，发现水田当中新插的秧苗竟排列如此整齐，犹如用尺量过一样。他不禁好奇地问田中的老农，是如何办到的。老农正忙着插秧，头也不抬，要他自己插插看。哲学家卷起裤管，喜滋滋地插完一排秧苗，结果竟是参差不齐，惨不忍睹。老农告诉他，在弯腰插秧时，眼光要盯住一样东西。哲学家照做，不料这次所插好的秧苗，竟成了一道弯曲的弧线。

老农问他："你是否盯住了一样东西？""是啊，我盯住了那边吃草的水牛，那可是一个大目标啊！""水牛边走边吃草，而你插的秧苗也跟着移动，你想这个弧形是怎么来的？"哲学家恍然大悟，这次，他选定了远处的一棵大树，果然插出来的秧苗非常的直。老农并不比哲学家有智慧，但他懂得比照正确的目标做事。无论你现在哪里？重要的是你将要向何处去。找到特定环境中校对的镜子，适时调节，才能掌控一切和完成你所想做的事情。

企业规划就是要根据企业所处的具体环境对未来行动确定正确的目标，规划者不仅要把握企业前进的大方向，更要对企业的生存环境有足够的认知。如果作为目标的东西没把握好，就会出现"所插好的秧苗，竟成了一道弯曲的弧线"，而目标的确定离不开当时当地的环境或形势。

鉴于此，企业应该从以下几方面入手：一是认清形势。企业规划首先是对形势的适应。企业家要对自身的实力、行业的形势、社会的形势有一个全面、清晰的认识。企业有哪些优点？有哪些缺陷？行业是怎样的竞争态势？社会为企业提供了哪些有利的条件？存在哪些障碍？企业要想生存、发展需要具备怎样的基本条件？对于这些与企业发展相关的问题，企业一定要做到心中有数。真正做到认清形势，不是一件容易的事情，需要企业家静下心来认真思考，多听不同意见，做到集思广益。切忌被一时的成功冲昏头脑，丧失对形势的理性判断；更不能因为一时的挫折，全部否定自己，丧失对事业的信心。二是顺应趋势。明确行业、社会的发展趋势需要极高的商业敏感和洞察力。没有长久的商业历练，很难洞悉行业的本质、准确把握行业发展的规律和趋势。很多企业还没有发展起来，就走向失败，一个重要的原因就是因为没有很好地把握行业发展的态势，顺应行业发展的趋势。势比人强，环境决定命运。对企业而言，最重要的"势"是行业发展的趋势。顺应了趋势，企业可能会被市场巨大的内在力量推着向前走，企业就会事半功倍。逆趋势而动，可能日子一时过得也不错，但迟早会栽跟头，甚至是大跟头。往往当企业感觉风向不对的时候，为时已晚。明确趋势需要善于学习新知识、新事物；善于观察客户、技术、行业、社会的新变化；善于思考变化背后的原因和变化的发展趋势；善于洞察那些蛛丝马迹式的微小变化。能够做到这一点，取决于企业家的学习能力和悟性，更取决于企业家能否全身心地投入到事业中。三是把握时

机。企业规划的制定需要系统、严谨、细致。但是规划的执行却不能僵化，也不可能完全做到按照事先的计划来行动。同样的行动，相同的投入，会因为行动时机的不同，产生截然不同的结果。因此，必须对环境有清晰的认知，才能确立明确的目标，在规划中体现战略性。

站在发展的新起点，要把握发展的战略性问题就必须认真思考发展的时机，识别时机是最大的智慧，是企业抢占发展制高点的关键。公司要密切关注政策取向和经济走向，善于在复杂局面中谋划布局，在严峻挑战中抓住机遇。因此，公司必须要把山西的事业、公司的发展和岗位的贡献作为思考的出发点，通过思考过去、总结经验，思考现在、创新变革，思考未来、凝聚力量，在思危、思成、思新上深思考、下工夫、做文章，不断开创公司发展的新境界。

当今时代正处在大变革大调整的新时期，经济、科技和信息化为重点的综合实力竞争出现新态势，思想文化交流交锋交融呈现新特点。在山西省委、省政府致力于"再造一个新山西"，深入推进产业结构调整，推动煤矿整合重组，加快电力行业改造升级，积极推进新基地新山西建设的同时，也为电力公司构筑了大有作为的新平台。立足于这样的时代背景，山西省电力公司面临着思想观念、体制机制、管理模式等带来的巨大挑战，也面临着发挥优势，做强做大，实现跨越发展的重要战略机遇。能否抓住机遇、乘势而上，能否战胜挑战、破解难题，关键是对公司历史进程中需要传承和改革的方面能否有正确的分析和科学的判断，对公司未来发展中不断出现的新情况新问题能否有清醒的认识和准确的把握。这些都是公司应该解决的最具战略性的问题。这就要求企业要科学定位公司的发展目标，真抓实干、求真务实、扎扎实实地推进公司的各项工作，保证公司始终在科学发展的道路上迈步前行。这其中，首先需要做的就是以改革创新的精神去思考，明确未来发展的思路，成为全员贯彻落实的思想，集中到一点就是要规划下一步公司发展战略。只有加快思想观念的转变，创新发展理念，制定科学有效切实可行的发展规划，凝聚全员智慧，群策群力，为公司的未来描绘美好的图景，才能使公司始终沿着正确的方向开拓进取；才能以共同的价值理念统一目标和方向，统一思想和行动，凝聚人心推动公司持续健康发展；才能加快建设善于推动科学发展、服务和谐发展的高素质干部队伍，为深化"两个转变"取得成效提供坚强保障。

三、规划希望要着眼全局

规划希望解决的是战略问题而非战术问题，是宏观问题而非枝节问题，所以必须着眼全局。所谓全局性，是指规划要从组织整体角度、外部全局立场出发，不为自身、局部或者个体情况所干扰。全局性要求我们以不同于常规状况下的视角来认识组织外部环境、分析内部矛盾问题。由于全局是由局部、个体所构成的，比较而言"全局"只是一个抽象的概念，局部和个体的影响更为直观、实在。因此，恰当地把握全局性就成为规划希望的难点。

企业发展面临很多整体性问题，如对环境重大变化的反应问题，对资源的开发、利用与整合问题，对生产要素和经营活动的平衡问题，对各种基本关系的理顺问题。谋划好整体性、全局性问题是企业发展的重要条件，是规划具有科学性、可操作性的重要保障。

了解局部

全局与局部是反映客观事物的整体与其组成部分之间相互关系的一对哲学范畴。全局指事物的整体及其发展的全过程，局部指构成事物整体的各个部分、各个方面及其发展的各个阶段。全局与局部的关系是辩证统一的。全局由各个局部组成，全局不能脱离局部而独立存在。但全局不是局部的简单相加，而是由各个局部构成的有机统一体，有着客观的内在联系。离开了局部就无所谓全局。全局高于局部，统帅局部，具有不同于局部的更高层次和属性，对事物的发展起着主要的、决定的作用。局部隶属于全局，是全局统一体中的一个部分、一个阶段。离开了全局，局部也就失去了其作为全局的一部分的意义。局部从属于全局，服从于全局。一般来讲，局部起的作用是次要的、非决定性的，仅仅对事物的发展起促进或阻碍的作用。由于各个局部所处的地位和作用不同，它们对全局的影响有大有小。在一定的条件下，某个局部可能成为全局发展的主要环节，对全局的发展变化起主要的、决定性的作用。全局与局部的区分是相对的。在一定场合和条件下的局部，在另一场合和条件下则可能成为全局，反之亦然。在实践中，要正确处理全局与局部的关系，不仅要学会从全局的角度认识问题、解决问题，反对只顾局部利益的本位主义、小团体主义思想。也要充分认识到局部对全局的影响，抓住对全局有决定意义的局部，做到既要有所侧重，又要统筹兼顾，促进全局的发展。任何只见全局不见局部，或者只见局部不见全局的观点，都是片面的。

有一个人背疼就跑到美国的医院问背痛怎么办？医生说当然要做一个手术才能解决问题，所有的美国医生说都必须要做手术。这个人想既然要做手术我就回北京做吧，于是他就回到北京。

北京的医生说那好吧，你给我走走看，到底是什么毛病。医生说这个人你并不是背有什么毛病，而是腿有毛病，腿一长一短，实际上因为腿一长一短造成背上压力增加背才会疼痛。医生说我不给你做手术，只需给你换双鞋，把腿短的那只脚穿了一只底厚一点的鞋，六个月以后去医生那，背痛消失了。实际上他的病并不仅仅是一个孤立的背部的毛病，因而在校正腿部毛病以后整个人就没有问题了。

企业是一个由若干相互联系、相互作用的局部构成的整体。局部有局部性的问题，整体有整体性的问题，整体性问题不是局部性问题之和，与局部性问题具有本质的区别。但把握全局必须从局部入手，注重局部之间的联系。借鉴这个故事，我们可以理解，众多企业表现出来的问题往往不是一个孤立的个体的战术问题，往往是整体上的、根本上的战略问题。只有在规划中正视局部之间的联系，才能把握好企业发展的方向；相反，如果不注重各个局部之间的联系，"头痛医头，脚痛医脚"，就抓不住要害，问题就无法得到解决。

此外，需要企业特别注意的是，对于一个各大部门都习惯了各自为政的企业来说，由最高管理层直接领导的战略规划，其实施本身就是一项挑战。因为这看起来似乎跟哪个部门都无关，是"别人的工作"。各部门如果在实施中孤立地按照其技术重点来执行战略规划，那么规划本身也将很容易演变为新的孤岛。同样，无视局部和个体的规划也将面临风险，要让组织上上下下都看到，公司的高管对战略规划的实施全力以赴，这一点很重要。虽然听起来似乎很容易理解，但当一个企业充斥各自为政的文化时，你就不能想当然了。员工将从高管团队的一举一动中审视战略规划的重要性。

胸怀全局

有句话说得好，"老板抓战略，员工管策略。如果两者乱，原地打圈圈"。企业的市场战略、产品战略是公司发展运行的大纲，企业领导者应把战略问题牢牢抓在手上，广泛了解市场，利用公司市场分析的结果，同时通过全面的沟通、内部的讨论形成公司的产品战略及市场战略，沟通应包括与客户的沟通、与领导的沟通、经过充分论证，从而形成公司产品战略及市场策略。

鲁迅先生曾说过："那种咀嚼着身边的小小悲欢，而且就看这小悲欢为全世界的人毫不足取。"大凡有远见卓识者都很善于从全局观察和处理问题。胸有全局的作用和意义在于，可以使领导者审时度势，科学揣度、利用形势，身处特定的时机与环境时具体问题具体对待，不生搬硬套经验或原来的做法。一些企业的领导者"明足有察秋毫之末而不见舆薪"，只见树木、不见森林，只注重细节而不重视宏观。在实际工作中，人们总是各有分工，专注于本职工作以及个人利益，这不足为奇。而领导者如果也是如此，什么亏也不愿吃，什么利都想得，搞本位主义，结果就不能不令人担忧。比如，自己去听推销技巧的课程，之后是他的时间就消耗在与销售员交流上了：怎样打电话？如何初访？甚至应收款催收技术。于是他的员工就养成了同样的习惯：这个客户这样子，怎么办？现在情况是这样子，怎么办？有的老板为财务部画了全套报表格式，有的老板为改进质量检测的流程在生产部待了十天，有的老板每次都要拖着一身病体自己陪大客户喝酒，原因是市场部的人不会讲话，他不放心……这些老板以此为乐，又深以为苦。细节固然重要，但对于公司一把手来说，在有限的精力范围内，最重要的是增强根本问题意识。不能只注意把决定的事情办好，更要注意决定本身是否有问题；不要只忙于摆脱困境，更要用心去铲除困难产生的根源。毕竟，每个人的角色不同，其相应的权利义务关系必然有异。在其位谋其政，说的正是这个道理。

汉代刘向在《说苑》中讲了一个著名的故事："园中有树，其上有蝉，蝉高居悲鸣饮露，不知螳螂在其后也；螳螂委身曲附欲取蝉，而不知黄雀在其旁也；黄雀延颈欲啄螳螂，而不知弹丸在其下也；此三者务欲得其前利而不顾其后之有患也。"这就是大家熟知的"螳螂捕蝉，黄雀在后"的故事，它形象地比喻了，凡事如若不全面权衡，环顾周遭，就很容易像螳螂与黄雀那样，虽可能有得，但反而有更大危险。这个故事启示我们要用全局、连续、联系的眼

光来看问题，任何事物的产生与变化，总是由一定的原因所引起的，而这种引起一定结果(客观事物)的原因，又总是由另外一种原因所引起的。事物之间的这种因果关系，具有前后相继性。而这种前后的相继性，当事者往往看不出来，只有能掌控全局而又身处局外的领导者才能把握得住。

领导者要在工作中总揽全局，防止和克服片面性。要围绕整体目标，进行系统思维、全局控制。要周全、冷静地考虑与把握，实现"眼中形势胸中策，缓步徐行静不哗"。否则，就容易混乱与糊涂，很难做到清醒与全面。身为领导者，特别是高层领导者，看问题如果片面、孤立，结果很容易顾此失彼，挂一漏万，甚至从一个极端走向另一个极端，影响其他问题的解决，乃至把整个事业毁于一旦。领导者如无全局观，无论处于有利还是不利情况，都有可能陷于被动，或因一时有利就沾沾自喜、盲目乐观、忘乎所以，正如故事中的螳螂、黄雀；或因暂时不利就悲观绝望，万事皆休，死去活来。

努力提高驾驭全局的能力是领导者必须具备的素质。做到这一点，除了谨记目标、练就战略思维、谋划策略的一些共同要求以外，还要善于进行系统思维。所谓系统思维，是指把工作对象作为一个多方面联系、多要素构成的动态体系来看待，思维网络包括时间、空间、人力、物力等，这是一个有多个指向、多个起点、多个评估坐标的系统。系统思维，顾名思义，就是心中有一个系统，有全局。领导者善于进行系统思维，实际上就是要使自己的思想符合

171

客观实际，做到眼观六路，耳听八方，视野开阔，思虑周密。遇到问题要从对立统一的角度去看，既要看到某一部分、某一方面，又要看到其他部分、其他方面。既要看到现象，又要看到本质；既要看到部分，更要看到整体。在任何问题上都关心全局，维护全局，服从全局。

在第一次世界大战结束后，法国为了防御德国进攻，在法德边界构筑了著名的"马其诺防线"。它由法军统帅马其诺、乔治等提议修筑，历时9年，全长750公里，耗用水泥200万吨，钢铁15万吨，当时被称为世界上最大的军事工程之一。同时，在这条防线上还配备了良好武器装备的军队，所有人都认为它"固若金汤"。唯独戴高乐将军指出此乃消极防御，不足以为屏障，但是没有引起当权者注意。果然，第二次世界大战一爆发，希特勒军队绕过这道防线，另辟蹊径，从比利时的阿登山区进入法国，一举攻占巴黎，这道坚固的要塞不攻自破。马其诺防线没有发挥预想效果，法军领导人一味自鸣得意，只知道"消极防御"，不知"条条大路通罗马"，被希特勒钻了空子。

坚持系统思维的反面就是一维式思想、点状思维与片面思维。领导者的思维如果呈线型，只朝一个方向，既不会拐弯也不会扩散辐射，局限于某一点、某一面，就难免出现决策失误。"马其诺防线"的故事就是一个不注重把握全局、最终带来失败的例子。领导者只有具备了把握中心、控制全局、使整体组织沿着既定目标前进的能力，才能保证在规划中体现全局性。

第六章

规划希望之基础：科学性、可行性、权威性

规划是企业发展的指导，是个人发展的方向。但是很多企业在制订发展规划时，容易出现三种问题。第一，规划不完整。比如，缺少对企业内外部环境的整体认识，容易出现发展规划方向不符合行业发展情况和企业实际情况的问题，导致企业发展规划犯了方向性错误。第二，目标不切实际。这是企业制订规划时常犯的一种错误，没有综合考虑企业的人力、物力、财力情况，导致制订的规划只能是空中楼阁，遥不可及。第三，规划缺少细分。企业的生产、销售、财务、市场等职能部门彼此独立，按照各自职能独自运作，没有确立各职能部门的年度工作目标及其相应的工作内容。

一个好的规划可以指导企业健康发展，一个好的规划可以让个人快速成长。那么什么样的规划才是一个好的规划呢？一个好的规划必须具备三个基本要素，那就是科学性、可行性和权威性。对于一个企业而言，规划的科学性要求规划的制订必须以科学理论为指导，符合企业发展规律的要求；规划的可行性要求企业规划必须目标定位准确、实现路径清晰，既要立足实际，充分考虑企业当前发

展中存在的问题，又要兼顾未来，充分考虑企业将来的发展空间，使规划具有可操作性；规划的权威性要求规划本身要成为全体企业员工共同遵守的行为规范，在规划推进的过程中，要求企业上下都能够不折不扣地执行，不能朝令夕改。规划的科学性是可行性的前提和基础，可行性是科学性的必然要求和必备条件；只有同时具备科学性和可行性才能使规划具有权威性；而规划的权威性又是可行性的重要保障和支撑，只有具备科学性和权威性的规划才能够得到企业员工的自觉遵从、坚定执行。因而，规划的科学性、可行性与权威性是紧密联系的、对立统一的。要使企业规划真正落到实处，对企业发展具有指导性意义，那么规划就必须满足科学、可行、权威这三个要求。

一、科学性，规划希望的核心

规划希望，就是要使希望具有实现的可能。这就要求规划首先必须具有科学性。只有科学的规划，才能够凝聚人心，形成合力，为企业、为员工指明正确的发展方向。科学性是规划希望的基础，也是规划希望的核心，是实现规划的最基本的前提。

具备世界眼光

知己知彼才能百战百胜。只有在世界眼光指导下制订出来的发展规划，才能引领企业占领发展制高点。人类在面对未来的时候，都不免会表现出浪漫情怀，如希冀尽善尽美、旦夕而成，倘若这种情怀诉诸规划的制订，使得规划的制订更多地基于某种观念、理想而不是现实的考虑，那么这种规划虽然反映了良好的愿望，但因为其实施条件的缺乏，可能会使规划目标落空。对于战略规划，大家或多或少都有崇高或英雄情结，总觉得规划应该不同凡响，否则，怎么能称得上是战略性的规划呢？其实规划不一定是豪言壮语，但却一定是在把握现状、预测未来的基础上作出的。制订一个具有较强可行性的规划，必须对世界正在发生什么和将要发生什么有非常明确的了解，这就决定了规划制订者要有世界眼光。所谓世界眼光，就是要具备宽阔的视野，能准确把握行业发展的现状，深刻预测行业发展的未来。

Yahoo 只是 Internet 上搜索不同层次的索引工具。它不过把所有站点重新排列，并把它们归于不同层次的目录上。但是就是这样一个只有 49 人的公司，凭借 260 万份普通股，却造就了两位亿万富翁。Yahoo的成功证明，眼光等于 50% 的成功。

长期以来，互联网络聚积了大量有用的文献和软件，然而，令人遗憾的是，这些财富虽然丰富，但却没人管理，散布在全球各地。以往，你为了寻找一套软件，可能得先查美国的主机，再看看日本的，说不定还要绕道欧洲，用户要想找出和某一项目有关的文件、档案可能要花上大半天。仿佛一位进入宝山的年轻人，望着不远处满布四周、闪闪发亮的宝石，却不知如何拾取。对于新手而言，那些把资料集中在一处的网络搜索站台则是他们的救星，这些搜索站台让他们不至于迷失在 Internet 内的信息汪洋大海之中。

Yahoo的眼光便在于此。Yahoo 正像一幅寻宝图，人们只要告诉

175

它想要什么，它就会自动指出前进的方向。"任何人都可以在网上建立自己感兴趣的专用数据库，但有多少人知道它的存在？我们所做的，就是为人们提供一把进入这些神奇世界的钥匙"，Yahoo 的创始人，以这种通俗的语言来形容他们所做的卓有成效的工作。

一些专家不无夸张地说："Internet 有朝一日将改变整个世界，但若没有 Yahoo，恐怕连门还摸不着呢。"

无论是成功的企业，还是成功的个人，其背后都是由于他们以世界眼光和战略思维准确地把握了世界发展的趋势，把握了行业发展的趋势，站在了时代发展的潮头。因此，我们要明确的是，企业总是在市场竞争中生存，人总是在社会中生活，尤其是随着经济全球化、信息化技术的深入发展，世界与中国已经紧密地联系在一起，企业开始在全球范围内同步竞争，在这样的历史条件下，任何美好的愿望都必须有理性的分析作为基础，否则只能是镜花水月。

顺应科学规律

科学性的首要特征就是要使规划的设计符合客观规律的要求。规律是客观存在的，是不以人的意志为转移的。企业发展规划的制订只能以客观规律为基础，才符合科学性的要求，才是有价值的规划。对于企业规划而言，科学性要求企业对发展进程中需要传承和改革的方面进行正确的分析和准确的判断，对企业未来发展中不断出现的新情况、新问题有清醒的认识和全面的把握。因而科学性要求企业规划者要学会思考、用心思考、勤于思考，理清思路、明晰思路、创新思路，瞄准企业发展目标，真抓实干、求真务实、扎扎实实、正确地做事，这样才能保证企业始终在科学发展的道路上向前迈进。

山东小鸭集团属于典型的国有企业，改革开放的春风为小鸭带来了发展契机。十几年的努力，小鸭已成长为中国最大的专业化滚筒洗衣机生产基地，与海尔、小天鹅、荣事达组成洗衣机行业的"四大家族"。"小鸭"品牌也从名不见经传一跃成为中国最著名的家电品牌之一。1999年，小鸭电器股份有限公司9000万A股在深交所成功上市发行。小鸭在资本市场上迈出的这一步，似乎预示着小鸭的腾飞即将翻开新的篇章。

然而，上市后的小鸭，由于发展规划缺乏科学性，发生了我们不愿意看到的一幕：小鸭利用所募资金开始了大规模的扩张与购并。从洗衣机到热水器、冰柜、空调、灶具，从家用电器到ERP、电子商务、纳米材料，小鸭的视野越来越广阔，开始大范围的多元化，一度投入数亿元巨资并购非相关资产，大量现金固化，多年难以消化。结果在市场严重供大于求的情况下，小鸭电器背上了盲目快速多元化的沉重包袱，终于被压成了病小鸭。多元化没有为小鸭带来预想中的规模效益和品牌拉动，一大堆烂摊子正等着小鸭去收拾。

也就是从此时开始，小鸭电器业绩下滑，终于在2001年走上了亏损的道路。2004年初，在连续三年亏损以后，山东小鸭集团宣布将其上市公司小鸭电器所有股权转让给济南的一家企业，正式卖壳退市。在股市上跌跌撞撞了4年之后，小鸭成为首家告别股市的家电企业。继近年爱多、乐华、高路华等跌倒之后，又一颗家电明星陨落了。

小鸭退市的原因不得不引起我们的深思：表面上看来，小鸭跌倒的直接原因，是由于其不顾实际情况、盲目实施多元化的发展战略而导致的。但只要我们稍加追问，多元化的发展战略为什么会导致失败呢？为什么许多企业正是由于实施了多元化的发展战略才增强了综合实力，扩大了发展的空间呢？就会发现，事实上，小鸭出现这样的问题，并非多元化战略的问题，更主要是因为小鸭的中长期发展规划出了问题。小鸭的发展战略、发展规划缺乏对自身发展实际的充分认识，违背了企业成长规律，因而缺乏科学性，这才是造成小鸭折翅的根本原因。正如人不能"一口吃成个胖子"，企业的成长是一个相对漫长的过程，企业的发展必须符合其自身的成长规律。在不具备条件的情况下，盲目扩张，盲目发展，只能是拔苗助长、事倍而功半。

正如张建坤总经理在 2010 年工作会议上指出的，"科学发展必须顺应规律。我们顺应规律，就能减少彷徨、争论、内耗，高效率地进步发展。我们顺应智能电网发展的规律，主动开展智能化研究与试点，就能在满足新型能源接入和智能用电不断提高的要求中占得优势。我们顺应和把握安全生产规律，就能在电网大建设快发展中，关爱员工生命与健康，提高工程质量和生产效率。我们顺应集团化运作的规律，积极参与资源的重组优化，就能为困难企业争取更多的生存空间，为优势企业争取更大的发展平台"。近年来，山西省电力公司以科学发展观指导观念思新，以超前的思路前瞻性地规划发展，推动了公司的科学发展。公司准确把握电网和公司的发展方向和未来趋势，找准观念思新的着力点，集中精力做具有未来意义的工作，不重走别人走过的弯路，不重犯别人犯过的错误。公司将发展的优势和战略目标相互融合，统筹公司内外资源，统筹公司与员工、公司与社会的各方面关系，消除"人有我有"的大而全思维定式，求强不求大，求优不求全，用发展的、开放的、全面的观点谋划新思路，探索新途径，破解新难题，赢得新发展。

知识链接

　　早在2009年，山西省电力公司就创造性地提出了建设统一坚强智能电网的发展战略目标，并逐步明确了建设统一坚强智能电网的阶段性目标：2010年前，完成发展规划的制订，开展关键技术设备研发和试点工作；到2015年，在关键技术和设备上实现重大突破和广泛应用；到2020年，全面建成统一坚强智能电网，使电网的资源配置能力、安全水平、运行效率，以及电网与电源、用户之间的互动性显著提高。

　　公司提出的建设统一坚强智能电网的发展战略目标，符合电力企业发展的规律性要求，是科学的发展规划。首先，建设统一坚强智能电网是电力发展规律的深化。一直以来，国家电网公司把建设坚强电网、推动电力工业发展、服务经济社会作为公司工作的出发点和落脚点，深刻把握电力发展规律，系统研究我国能源资源状况和发展格局，加快建设以特高压为骨干网架、各级电网协调发展的坚强电网，保障了电力供应，促进了电力工业发展。当前，经济社会发展出现新的特征，中国能源战略面临重要转型，电力产业结构加快调整，因此需要省公司进一步准确把握电力发展规律。

其次，建设统一坚强智能电网是电网科学发展的方向。电网的科学发展，其目的是实现安全、经济、清洁、高效、可持续的电力供应，要求公司不仅需要建设坚强的网架，而且需要通过技术创新，提高电网技术含量，提升能源效率，节约资源，保护环境。国家电网公司一直高度重视科技对电网的推动作用，实施"一流四大"（建设一流人才队伍、实施大科研、创造大成果、培育大产业、实现大推广）科技发展战略和信息化建设，广泛应用新技术、新设备、新工艺，在特高压、数字化输电线路、绿色电网等方面取得了一大批居世界领先地位的创新成果，为进一步提升电网发展水平奠定了坚实基础。但也要看到，随着节能减排、市场监管、服务监督进一步加强，发电企业和电力客户对服务品质的更加注重，电网发展面临新的更高的要求。

再次，公司建设统一坚强智能电网战略目标的提出，是追求规划科学性的重要体现。建设统一坚强智能电网的过程就是一个认识不断深化，技术不断创新，功能不断完善，持续改进、日趋成熟的过程。建设统一坚强智能电网，对公司的发展战略、组织结构、管理模式、运行机制、支撑体系等都将产生重大而深远的影响，并随之带来公司发展方式的深刻变革。从本质上看，电网发展方式转变是生产力发展的必然要求，是公司发展方式转变的内在动力；公司发展方式转变是生产关系适应生产力发展的必然结果，是电网发展方式转变的根本保证。

自我定位准确

"定位就是如何在预期顾客的头脑里独树一帜。"1969 年，艾尔·里斯和杰克·特劳特在美国《广告时代》和《工业营销》上发表了一系列文章，首次提出"定位"概念。他们认为，面对一个传播过度和产品越来越同质化的时代，要赢得消费者，企业有必要让自己的产品独树一帜，在消费者心中形成独特的地位。"定位要从一个产品开始。那产品可能是一种商品、一项服务、一个机构甚至是一个人，也许就是你自己。但是，定位不是你对产品要做的事。定位是你对预期客户要做的事。换句话说，你要在预期客户的头脑里给产品定位。可以这样理解，定位是让消费者的头脑（或者叫做心智）里有你的企业（产品、品牌、服务）的位置，不过，这个位置不是你插入消费者头脑里的，而是通过把你的企业（产品、品牌、服务）能够给消费者提供的价值与消费者的需求（或者潜在需求）紧密联系起来而得到的。更准确地说，定位是消费者的选择，企业所做的是要去挖掘消费者脑子里的相差定位，然后去契合相关的定位。

在一座繁华城市郊区的新开发路段，一家名叫"闲客来"的百货商店开始营业，可自从开业以来，生意一直非常清淡。于是该"闲客来"想出了许多促销招数，例如，买 300 送 200、买 400 送

400、买 200 送 100，等等。这些促销刚刚开始时效果不错，人头攒动，十分热闹，但是促销一停，就门可罗雀。接着，大家都熟悉了他的促销策略，于是，即使进行促销，其效果也渐渐打起了折扣。

后来，"闲客来"就联合区政府及相关单位搞唱歌大赛，每周一次，持续进行。于是，每当有人唱歌时，商店的门前人就会多起来，但大多数是来看唱歌的，商场里的人流并未有明显增加。没有唱歌比赛时，百货商场门前依旧门可罗雀。

再后来，百货商场又开始了门前促销，将一些品牌的产品堆在商场门口，大写"特价"，希望借此来提升人气，拉动销售，但是商场仍然未见大的起色。更为严重的是，许多商场营业员失去信心，开始离职。最终该百货商场因无客户而关门。

"闲客来"为什么最终会倒闭呢？实质上，问题的关键出在他对产品的定位上。"闲客来"产品定位是该市郊区的"休闲百货"，而该市繁华市区有着多家著名的时尚购物商场，主打产品同样是"休闲百货"，更重要的是这些著名的时尚购物商场的产品知名度和美誉度都已经到了相当高的水平，市民对其百货品牌的认可度也很高。由于现在的购物本身是一种有趣的休闲体验，而不单单是购物。这些著名的时尚购物商场位于繁华的市中心区域，去这些地方购物本身就相当于一种休闲活动。"闲客来"则位于该市郊区，而且又是新开发路段，发展还不成熟，这就使得消费者在购物时，体验不到购物的休闲娱乐性，换句话说，到"闲客来"仅仅是购物，消费者的感觉太单调乏味。再加上由郊区到市区的交通相当方便，

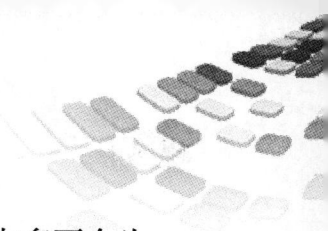

因此，原先喜爱去市中心著名的时尚购物商场的人群，大多不会为了节约一点交通时间，而改变自己的选择。也就是说，"闲客来"的品牌定位是错误的，它并没有找到自己应该抓住的人群，更不适合运用比附的定位方式，将自己定位成郊区的休闲百货，与时尚购物商场的"休闲百货"发生直接竞争。

事实上，现在类似"闲客来"的企业有很多，它们在没有对自身进行准确定位的情况下，就忙着制订不切实际的发展规划，结果不仅后续工作近乎南辕北辙，达不到理想效果，浪费大量人力、物力和财力，而且会对企业未来的发展规划造成负面影响，导致规划目标不明确、规划思路不清晰，规划出现失误等。因此准确定位事关企业发展规划的方向，企业必须找准发展方向，做正确的定位，否则企业的后续工作终将是付诸东流，徒劳无功。

战略规划是通过对资源的配置来达到企业的目标，如果没有明确的方向，也就是没有正确的定位，战略目标往往会沦为一种臆想，在外部环境稳定时，尚看不出来任何问题，一旦外部环境发生大的变化，缺少定位的战略规划往往会因为失去方向而无法判断对与错，使得战略执行不坚定，导致企业走向危机。"定位在先、规划在后"，可以让企业时时检点自己：我的战略规划是否与定位保持一致？如果企业规划偏离了定位，就要纠正，让它保持正确的方向。定位意味着必须有所为、有所不为。为了维护定位，就要放弃一些眼前利益。不要被眼前短期的利益所诱惑，贪大求全意味着对企业资源的分散和浪费。只有抗拒眼前利益的诱惑，有明确的定位，才会做出科学的规划。

科学的规划必须要立足自身，着眼现实，准确定位。对企业来说，既要充分考虑企业本身的主客观条件，又要与企业未来的发展目标相结合，才能做到，准确定位，科学规划。如果在规划之前没有找准企业定位，那么就会导致盲目规划，将企业引入错误的发展轨道。在当今的中国，这样的情形并不少见。为什么众多企业会规划雷同？中国改革开放仅30多年，企业的发展背景相似，发展路径相似，老板的思路相似，因此导致企业的发展战略相似。规划雷同的结果就是大打价格战，陷入恶性竞争，造成企业微利甚至亏损。在这一方面，中国家电行业尤为典型，因而"价格战"几乎成为家电业的代名词。当然，对发生家电业价格战的原因，许多人归之为技术，认为缺乏核心技术是中国家电业产品同质化的罪魁祸首。实际并非如此简单，市场定位不准确、目标定位趋同才是根本原因。

定位的科学性要求注重差异化。差异化重的不是形式而是内容，其核心在于能为消费者提供的价值。事实上，企业在经营过程中的所有环节都有差异化的可能存在。产品内部构成的原料、工艺、品种、口感以及包装、价格、渠道、传播、消费者、服务等诸多方面都是差异化形成的因素。追求差异化的过程中需要警惕"伪差异化"思想。什么样的差异化才算是及格？当你运作一个葡萄酒品牌时，必须明确是男人喝还是女人喝？老年人喝还是年轻人喝？是高档还是中低档，最后确定为中年男性喝的高档葡萄酒，这才算是定位的及格。无论是时代背景、机会运气、战略战术，只能借鉴和学习，无法复制。但成功的企业一定具有属于自己的东西。企业必须选择一套与众不同的策略，才有长久的竞争力。面对未来的竞争，管理的改善与组织的重整固然重要，但唯有与同行策略相异，才能保持竞争优势。

只有定位准确才能科学规划，才能实现企业长远发展。山西省电力公司面对公司内外部环境发生的深刻复杂变化，以开放的视野、世界的眼光，以思考把准定位、找准时机，以战略统领全局、争先发展。公司以超前的思维审视行业的发展，针对未来五年新能源、电动汽车、节能环保等战略性新兴产业迅速崛起的新格局，把公司定位于坚强智能电网的建设运营企业，定位于规划引领和传输接纳新能源的电网平台，定位于助推电动汽车新动力的主营服务商，定位于以"四个服务"为宗旨保障电力可靠供应的央企公司，以正确的方向赢得发展先机。公司密切关注政策取向和经济走向，善于在复杂局面中谋划布局，在严峻挑战中抓住机遇。他们认真思考争先的目标，弘扬"努力超越、追求卓越"的企业精神，围绕希望建设什么样的企业，实事求是地确定争先目标，认真客观地选择优势资源，以优势带动全局，形成争先发展态势。

二、可行性，规划希望的价值所在

可行性指对过程、设计、程序或计划能否在所要求的时间范围内成功完成的确定。规划的目的在于有效的执行，执行是将希望蓝图转化为美好现实的途径。一项规划若要有效地执行，其首要前提是这项规划必须是可行的，即具备实施的现实条件与可能。也就是说，规划本身是可实现的。我们中国也有句老话：大路朝天，各走一边。大路朝天，讲的是条条大道通罗马，远近难易却不同。各走一边，讲的是总有一条道路适合你。对于企业来说，只有选对这"一边"，制订出适合自己的可行的规划才是有意义的。

有这样一则寓言故事：从前，一个大户人家的粮仓里生活着一群老鼠，整日以偷粮食为生，终日过着"滋润"的生活。一日，粮仓的主人发现粮食大量丢失，就特意买了一只猫来看守仓库，老鼠们死伤无数，好日子就到头了。

有一天，那些残存的老鼠终于聚到了一起，就当前的紧急状况召开了一个紧急会议。此次会议的主席由一只足智多谋的老鼠担任，众老鼠纷纷发言，有建议搬家的，有建议拼命的，还有建议求和的。经过热烈的讨论之后，有一只老鼠提议"给猫的脖子上系上一只铃铛"。这样，当这只猫进攻时，铃声就可以报警，大伙儿就可以逃到地下躲藏起来。在会议主席的倡导下，大家很快统一了思想，因为都觉得再没有比这个主张更好的建议了。但很快就产生了一个新的问题，那就是如何把铃铛系上去？有老鼠说："我没那么笨，我肯定不去。"还有老鼠说："我干不了。"到最后，老鼠们竟然全散了，什么也没做成。

给猫的脖子上系上铃铛无疑是一个绝妙的主意，但问题是，谁去系呢？对于一群已经被吓破胆的老鼠来说，这个主意只是个无法实施的美好梦想而已。由此可见，无法执行的规划只能是纸上谈兵。当然，对于企业而言，做好规划只是企业发展的第一步，规划还需要强有力的执行。

规划翔实具体

所谓规划方案要具体，就是说规划方案应该在最大限度上具有可度量性、可表达性和可现实性。规划方案并不完全是抽象的蓝图，并不完全是原则性、模糊性语言，一个完整的具有可操作性的规划方案应该既具备指导性又突出具体性，这就要求规划方案一定要翔实具体。由此，企业的规划既要包括宏观的总的战略意图，也要有具体的支持性战略，既要有抽象的目标愿景，也要有明确的发展指标。宏观的战略意图是企业最高层次的战略。它需要根据企业的目标，选择企业可以竞争的经营领域，合理配置企业经营所必需的资源，使各项经营业务相互支持、相互协调。具体的支持性规划，则是将公司战略所包括的企业目标、发展方向和措施具体化，形成具体的竞争与经营战略。指导性规划只规定某些一般的方针和行动原则，给予行动者较大自由的处置权，它指出重点但不把行动者限定在具体的目标上或特定的行动方案上。具体性规划具有明确规定的目标，不存在模棱两可。比如，企业销售部经理打算使企业销售额在未来 6 个月中增长 15%，他会制定明确的程序、预算方案以及日程进度表，这便是具体性规划。比如，一个增加销售额的具体计划可能规定未来 6 个月内销售额要增加 15%，而指导性规划则可能只规定未来 6 个月内销售额要增加 12%~16%。相对于指

187

导性规划而言，具体性规划虽然更易于执行、考核及控制，但缺少灵活性，它要求的明确性和可预见性条件往往很难满足。

规划方案具体明确，容易让员工理解认同，也容易由相关部门分解完成，更容易考核奖惩。因此，我们在制订规划时候，一切要力求语言清晰、目标明确、内容具体。

深圳浩泰集团成立于 1996 年，由兼并一家国有饲料厂起步，现已成为一家以饲料生产和原材料贸易为主的民营企业集团。2001年底，公司老总姚洁拟订了公司发展规划：在年底前将新增三家现代化饲料生产基地，销售额较前一年将会增长十多个亿。接到计划，市场部负责人马上落实新饲料生产基地的建立，最后分别落户在海南和广西。随即生产系统也马不停蹄地按照预先计划分配各生产基地的产品生产数额。姚浩更是信心十足，带领一批实干者，积极地销售产品。但是到了年底，很多部门都没能按照计划完成指标，公司整体的营业额也未达到预期的效果，再加上新工厂的投资，浩泰集团的投入也比预期增加很多。

问题发生在哪里呢？问题主要出在规划上。浩泰集团的规划第一个问题是目标不切实际，扩大企业生产规模的目标忽略了外部市场环境竞争激烈、客户要求日益个性化等重要因素，割裂了外部环境与规划之间的有机联系。第二个问题是目标缺乏可行性，财务和生产系统的管理人员不具备对建设三家饲料生产基地进行项目可行性分析的能力，企业缺乏对基地建设的建设周期和资金投入科学的评估，因此，出现了年度计划目标脱离企业实际情况的问题。第三个问题是规划的制订缺少对各部门实际资源情况的调研，没有吸取各部门负责人的意见，各部门没有真正理解企业的年度计划，企业年度计划难以细分为部门年度计划。

总之，一个完整的科学的企业发展规划应包括：准确分析企业的内外部环境，确定企业要实现的目标及指导思想，明确总体规划之下的支持性规划。在此基础上，将企业的规划细分，确定各部门、各环节的工作目标。在制订规划的过程中，一定要用明确的语言和数据表明企业处于什么位置、企业将要走向何方、如何才能达到目标，坚决避免语焉不详、意图不明、战略不清，避免出现规划理解困难、难以激发士气、责任不易分解、权责脱节等问题的发生。

组织使命明确

企业是经济组织。任何组织都必须深刻思考一个基本的问题，即我到底是做什么的？我应该致力于发展什么？这也就是组织使命的问题。组织使命是企业规划制订的依据和对规划评估的根据。世界上几乎所有成功的企业都有明确的组织使命。上个世纪 20 年代，美国电话电报公司确定自己的使命为："让每一个美国家庭，每一个美国企业都能安上电话。"在这一使命的激励下，美国电话电报公司在其后的 30 年中取得了巨大的商业成功。

组织使命是一种广泛的意向，体现了组织的根本目的；它既反映外界社会对本组织的要求，又体现组织的创办者或高层领导人的追求和抱负。组织使命的确定主要涉及以下几个方面的问题：一是组织业务活动范围。组织使命的首要内容是确认向社会提供何种服

189

务，承担何种任务，这就是要确定组织的业务活动范围。二是组织宗旨及组织形象。体现了一个组织在社会中扮演的角色，它决定着组织目标及战略规划的制订。明确的组织使命可以指导组织制定目标、战略规划、行动计划并组织实施，可以保证组织内部成员对组织的主要活动取得认识上的一致，能为资源的取得、调配、使用（投入）以及业绩的取得（产出）提供依据及衡量标准。

2011年1月1日，中国房产信息集团联合中国房地产测评中心共同发布《2010年度中国房地产企业住宅销售排行榜》。榜单数据显示，万科以1026亿元创纪录的销售业绩和847万平方米的销售面积，执掌中国房地产行业大佬地位，该数据与万科2009年全年630亿元的销售金额相比，增幅更高达63%。万科成功的秘诀就在于把"住宅建设"作为其组织使命，始终坚持主流住宅建设、快速周转和战略纵深的发展策略，坚持"近90%产品是140平方米以下普通住宅，60平方米住宅比例接近60%"专业化发展道路。万科今天近乎苛刻的专业化道路，恰恰源自当年的"多元化困惑"（是一个前瞻者的困惑而非困境，因为万科当年的多元化并不算失败）。多年以后，万科董事长王石如是说："应该说万科在一个最基本的问题上走了一条很长的弯路，它选了非常多的行业，做了非常多的产品，为各种的消费服务层次去服务，其结果我们慢慢发现它规模做不大。这个矛盾在上世纪80年代、90年代初期并没有显现出来，因为当时各个行业赚什么钱都比较容易。万科当时在深圳被誉为搞多元化的一个成功范例，做什么成什么，像金手指一样。但是即使这样，我内心依然深深地意识到万科有一个最根本的问题没有解决，那就是：做什么？给谁做？这两个目标万科没有确定下来，资源自然就比较分散。那段时间我们在各个行业里摸索，直到1992年底我们才最后确定把住宅作为万科未来的产业来发展。"

明确了企业的组织使命之后，就要在规划中体现组织的发展目标。德鲁克在《管理实践》一书中提出了企业应该明确的八个关键领域的目标：（1）市场方面的目标：应表明本公司希望达到的市场占有率或在竞争中达到的地位；（2）技术改进和发展方面的目标：对改进和发展新产品，提供新型服务内容的认知及措施；（3）提高生产力方面的目标：有效地衡量原材料的利用，最大限度地提高产品的数量和质量；（4）物资和金融资源方面的目标：获得物质和金融资源的渠道及其有效的利用；（5）经济指标方面的目标：用一个或几个经济目标表明希望达到的利润率；（6）人力资源方面的目标：人力资源的获得、培训和发展，管理人员的培养及其个人才能的发挥；（7）职工积极性发挥方面的目标：对职工激励、报酬等措施；（8）社会责任方面的目标：注意公司对社会产生的影响。

山西省电力公司的发展规划，准确把握国内外电力行业的发展趋势，把国家电网公司的发展战略与山西的经济社会发展需求以及公司的自身发展实际紧密结合起来，把公司的政治责任、经济责任、社会责任统一于科学发展的实践之中，把壮大公司实力的奋斗过程融化于实现员工价值的共建共享发展成果之中，不断完善修订

191

知识链接

　　山西省电力公司"十二五"规划指出：今后几年，是加快建设坚强智能电网的关键期、是公司体制机制创新的攻坚期、是把公司全面建成国际化企业的机遇期、是金融和直属产业发展能力的提升期，必须牢牢把握发展的主动权，在建设"一强三优"现代公司的道路上取得新的更大突破。公司要以科学发展观为指导，全面深入贯彻落实科学发展观，关键是要深入推进电网发展方式转变，加快建设以特高压为骨干网架、各级电网协调发展，具有信息化、自动化、互动化特征的坚强智能电网，初步建成世界一流电网;要深入推进公司发展方式转变，以"三集五大"体系建设为重点，建立适应现代公司发展要求的管理体系、运营机制，初步建成国际一流企业;要加强队伍建设、提升企业素质，统筹公司发展、电网发展和员工发展，着力建设坚强的党组织、统一的优秀企业文化和一流的员工队伍，为深化"两个转变"提供坚强保障。

电网规划、公司规划、专业规划和员工职业规划，引领公司选择正确的发展方式，引导员工树立正确的价值理念，促进公司与员工在新的愿景设计中挖掘潜力，持续提升，实现新的发展。公司按照国家电网公司特高压电网"十二五"发展总体规划，抓住山西作为国家资源型经济转型综合配套改革试验区的机遇，深化能源电力需求

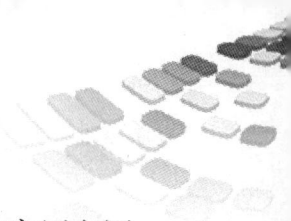

研究，修订完善《山西省电网"十二五"发展规划》，将特高压电网规划和山西电网发展规划融入全省"十二五"经济社会发展总体规划。公司按照山西省"绿色发展、清洁发展、安全发展"的要求，以满足经济社会可持续发展的电力需求为目标，促进特高压电网建设，加快坚强智能电网建设，提高山西电网的外送能力，全面提升电网的资源配置能力、安全水平和经济运行效率，实现电网发展方式的重大转变，保障国家能源安全，支持低碳经济发展，服务我省工业化、城镇化和社会主义新农村建设，为全面建设小康社会提供安全、可靠、清洁、优质的电力保障。

保障措施得力

我们知道，规划总是长期性、远景性的，不可能一蹴而就、一战而成；规划总是全方位、系统性的，需要凝聚各方面的智慧和力量，需要付出长期的努力，由此就要求规划必须以明确的、完备的规划实施作为保障措施，做到责任有主体、投入有渠道、任务有保障、结果有考核。

明确规划实施的共同责任，强化各环节、各部门、员工个体的责任。规划应明确企业规划实施的总负责机构，明确各项支持性规划落实的主体，将规划确定的各项发展目标分解细化，明确各相关部门的责任，作为各部门、各环节的绩效评估考核内容。要强化规划的整体控制作用。规划就是方向，就是框架，是牵头管总的。要做好相关规划的衔接，注重规划的历史承接与思路的承上启下，要在企业总体发展规划的基础上做好其他各个方面的规划，如营销规划、产品规划、人力资源发展规划、员工福利改善规划等。各支持性规划、各部门规划必须服从总的规划，企业发展思路、发展战略必须服务于企业发展规划。要严格规划实施管理，严格规划实施的全程监管。按照全面监管、全程监督的要求，建立全企业统一监管平台，对规划实施情况进行监督检查和评估，并按照规划要求严格问责。要建立规划实施跟踪制度，对规划实施情况进行跟踪调查、随时评价，做到随时修正、全方位督促。

俗话说，兵马未动，粮草先行，说的就是保障问题在战争规划中的重要地位。北洋海军在中日甲午战争中连遭败绩，直至全军覆没，并最终铸成了中国的败局。百余年来，人们从各个方面、各种角度探讨北洋海军的失败原因，而用力最多的研究方向无疑就在海军海战本身，内容包括战略战术、武器装备、官兵素质、战场指挥，等等，其实保障措施的不得力也是北洋海军失败的重要原因。在北洋海军保障体制的设计上，舰队与所有保障单位均无隶属关系，而由北洋大臣李鸿章居高统辖，煤炭补给、弹药供应、装备维修等战争的必须得不到有效保障。在这里，我们仅仅以弹药保障为例。在黄海海战前半个月，总税务司英国人赫德曾在一封信中透露：北洋海军的"克虏伯炮有药无弹，阿姆斯特朗炮有弹无药！汉纳根已受命办理北洋防务催办弹药，天津兵工厂于十日前就已收到他所发的赶造子弹命令，但迄今仍一无举动！他想要凑集够打几个钟头的炮弹，以备作一次海战，在海上拼一下，迄今无法到手。最糟的是恐怕他永远没有到手的希望了！"的确，北洋海军各舰火炮较日本舰队的新式速射炮落后，发射炮弹还需另有规格相同的引信拉火和药袋药桶，如果弹药补给不配套，有弹无药或有药无弹均无法使用。据北洋海军中的外国人回忆，在9月17日的黄海海战中确实出现了弹药不足的问题。美籍帮办"镇远"管带马吉芬说：到海战结束前半小时，"镇远"305毫米口径前主炮的开花弹已全部打光，仅剩25枚钢弹(穿甲弹)，150毫米口径炮的炮弹则全部打完。"定远"的情况也是如此。"再过半小时，我们将一无所有，而听任敌人为所欲为了"。英籍帮办"定远"副管驾戴乐尔也说，当时中国舰队最严重的问题就是缺乏弹药。"镇远"、"定远"是一直坚持战斗到最后的两艘中国军舰，其弹药数量的多寡无疑很有代表性。

山西省电力公司编制的面向未来的"十二五"规划中，专门用了相当的篇幅来明确规划实施的保障措施。规划指出要在"转变发展方式，加快实施'一特四大'战略"，提倡全国一盘棋的观念，以电网规划引导电源规划，抓紧制订国家电网发展规划，加快特高压后续工程建设，实施"一特四大"战略，推动大型电源基地开发，切实调整电力结构、优化电力布局和能源输送方式，实现在全国范围内的能源资源优化配置；"夯实发展基础，制定完善的统一规划标准体系"，高度重视统一坚强智能电网规划标准和规范体系建设。公司统筹组织，在统一坚强智能电网试验研究和试点的基础上，提出智能电网发展所需的管理、技术及标准体系，探寻智能电网建设的标准化模式，结合现有的电力、通信、自动化等相关标

知识链接

标准体系是一定范围内的标准按其内在联系形成的科学的有机整体，是由标准组成的系统。标准体系具有六个特征：

(1) 集合性。标准体系是由两个以上的可以相互区别的单元有机地结合起来完成某一功能的综合体。 (2) 目标性。标准体系是为使标准化对象具备一定的功能和特征而进行的组合，体系内各个标准都是为了一个共同目标。 (3) 可分解性。标准是某一技术水准、管理水平和经验的反映，要随着标准对象的变化、技术或者管理水平的提升都要求制定或修订相关标准，这就要求对标准进行分解，以对标准进行维护，包括修改、修订、废止等操作。 (4) 相关性。标准体系内各单元相互联系又相互作用，相互制约又相互依赖，它们之间任何一个发生变化，其他有关单元都要作相应的调整和改变。 (5) 整体性。构成标准体系的各标准之间相互联系、相互作用、相互约束、相互补充，从而构成一个完整统一体。 (6) 环境适应性。标准体系存在于一定的经济体制和社会政治环境之中，必须适应其周围的经济体制和社会政治环境。

准和规范体系，建立适用于统一坚强智能电网的标准和规范体系，逐步形成通用设计成果，为智能电网的推广应用提供技术基础；"依靠自主创新，研发关键技术设备"，在国家电网公司统一组织和协调下，集国内外优势科研力量，产、学、研相结合，集中对基础性、关键性、支撑性、前瞻性技术课题的攻关。密切跟踪世界智能电网技术发展趋势，积极引进吸收国外先进技术。坚持自主创新，理论研究与应用实践相结合，依托试点工程开展智能电网关键技术和设备研发；"争取政策支持，创造良好发展环境"，积极向有关部门汇报和沟通，力争将坚强智能电网发展规划纳入当地政府重大科技项目计划和能源规划，充分发挥政府的指导和引领作用，积极引导发电企业、电器设备制造商、电力用户改变其发展模式和电能利用模式，在全社会形成合力，共同建设坚强智能电网。积极争取政府在电价机制等方面的政策支持，满足建设和运营智能电网的需要，促进电网自我良性发展。这几个方面的思路和措施为"十二五"规划的深入实施和全面推进提供了坚强保障。

三、权威性，规划实施的重要保证

制订规划为了实施，实施规划需要权威。规划的权威性，也即是指规划"具有使人信服的力量和威望"，规划的内在说服力和外在的强制力能得到普遍的支持与服从。制订规划的目的，就是试图通过规划来规范单位、个人的思想行为。如果规划缺少权威性，从上到下都不遵守，就违背了制订规划的初衷，也失去了制订规划的意义。

保持规划的稳定性

常言道："计划、规划赶不上变化。"此话并不是没有道理，因为确实是形势变化快，若不能以变制变就易陷入被动。客观世界中的任何事物本质上都是处于发展变化之中的，企业的发展状况、发展思路当然也不例外。任何规划都是在特定时空条件下针对一定的现实而制订的，随着时间的推移，客观情况会发生变化，旧的规划目标会在一定程度上实现，新的目标又应运而生。所以，从绝对意义上来说，世界上不存在任何永恒不变的规划，规划的变动是客观必然的。但是，永恒的动并不排斥相对的静，客观事物的变动性并不排斥相对稳定性，规划变动的客观必然性并不意味着规划不应该具有稳定性。

所谓规划的稳定性，简言之，就是指规划在其有效期限内处于一种相对稳定的状态。规划的稳定性不仅意味着在规划的条款中要明确规定它的有效期限，在这个有效期限内，企业应动员各种资源并采取各种手段来维护该规划的权威性并保证其得以有效的执行；而且还意味着非因特殊原因，企业不能对其作重大调整或废弃，即便是企业有必要对规划进行调整或废弃，也应在必要的规划变迁过程中使新规划和旧规划之间保持一定的连续性和继承性。

某半导体设备制造商，年产值2亿多美元。1995年3月，该公司从某软件公司购买了一套在当时算是比较不错的ERP软件，并计划在一年内完成项目实施，取代公司原有的、已经过时的MRP系统及其他管理软件。

为此，该公司专门成立了包括所有高层主管和主要中层主管在内的指导委员会，由公司的执行副总裁具体负责整个项目，并由IT部门技术人员和公司各部门的主要业务骨干组成了多个相关的实施小组。表面上看，该公司 ERP 项目得到了足够的重视：有足够的人力物力，计划了足够的时间。应该说项目能比较容易获得成功，但到了 1995 年 11 月，项目的进展却大大地落后于预定的时间，要在计划的 1996 年 3 月投入使用已经没有可能。

原因出在什么地方呢？该公司提出了一些不切实际的要求和计划，并且实施方法总是在摇摆不定。差不多每个部门都对软件提出了各种各样的修改要求，并得到了项目负责人的肯定。大家都认为，新系统应该具有他们想要的任何功能，所以公司就决定根据各自的需求订制软件，但问题是很少人考虑自己的要求是否合理，以及自己公司的能力和时间上的紧迫性，后来虽然被迫缩小了软件修改范围，但是这些不切实际的要求和计划给项目造成的影响已经难以挽回。这种混乱局面一直持续到 1996 年 8 月，此时，项目仍然没有实质性的进展，投入使用遥遥无期。这时，该公司突然雇了一个新的 IT 部门主任（原 IT 部门主任自己宣布退休）。大家都传言，这个项目要有大的变动，整个项目组人心惶惶。果然，刚进 9 月份，公司就宣布该项目停止，IT 部门的几个中层主管被解雇，这个项目就此无疾而终。

这个故事是典型的关于规划的稳定性的案例。案例中的公司在企业信息化发展规划中摇摆不定，今天是砸锅卖铁也要信息化，明天却畏畏缩缩要收山不干；今天要一步到位，明天却改主意想要分步实施；今天提个要求，明天又要变卦。这种朝三暮四的企业规划注定没有权威性，注定要失败。因此，任何企业规划一旦决定，绝不能轻易改变。否则，朝三暮四、犹豫不决带来的后果只能是巨大的经济损失。

规划的相对稳定性是维护其权威性的前提，也是规划得以有效实施的重要保证。规划实际上可以被视为企业与员工之间的一种契约，这种契约关系一旦通过某种方式确定下来，企业就可以运用一定的手段促使相关的规划执行主体支持它并在它的约束和指导下行事，与此同时也就意味着企业就解决某个规划问题或处理某项规划事务对相关的规划执行主体作出了承诺，或以某种特定的方式作为或不作为的意思表示，使作为受约人的规划执行主体相信企业已经作出了一项承诺。通常，在一个稳定的规划体系中，规划的可靠性有效地增加了个人选择结果的可预见性和可计算性。因此，制度化的规划信誉是人类合作秩序得以不断扩展的基础。而当人们从规划执行的实践中获得规划系统是变动不定的，并且未来是不确定和难以预见的这样一种经验性认知的时候，他们的行为选择就会趋向于谨慎和保守，他们会尽量减少对规划执行过程的资源投入，以避免在随时可能发生的规划变动中陷于被动。因此，只有规划具有良好的稳定性，企业员工才会真诚地支持它、接受它。规划频繁变动、朝令夕改，往往使规划执行主体感到无所适从，长此下去，他们慢慢便会失去对企业及其规划的信赖，从而漠视规划，导致令不行、禁不止，规划的权威严丧失。由此可见，作为一种制度规范，规划的有效执行需要有规划的稳定性作保障。犹如我国经济学家张曙光先生所正确指出的那样，"在人类的社会经济生活中，制度既然是人们的行为准则，人们建立制度是为了减少不确定性，获得一种比较稳定的预期，并据以选择和确定自己的行为，因而就需要有一定的稳定性。如果制度经常变动，我们就不可能建立比较长期的稳定的预期，其行为就会短期化，甚至莫衷一是，机会主义盛行，整个社会就会缺乏秩序而陷于混乱之中。这实际上也就失去了制度存在的基础。不仅如此……制度的稳定性也是制度的作用得以发挥、制度的优劣得以检验的基础和条件，如果制度丧失了稳定性，人们也就不可能对其作出正确的评价和判断，进一步的制度选择也就很难进行。这就决定了任何一种制度安排和制度结构都有其相对的稳定性"，企业规划当然也不例外。

增强员工认同

企业员工是规划执行的主体，没有员工的积极性和主动性就不可能有规划的顺利实施。员工的积极性和主动性则来自于对规划的发自内心的认同。权威就是对权力的一种自愿的服从和支持。人们对权力安排的服从可能有被迫的成分，但是对权威的安排的服从则是出于认同，即是行为主体对某一事物的认可与赞同。因此，维护规划权威性的关键就是要增强员工对规划的认同。也只有在员工对企业规划产生了认同之后，规划才能得以顺利实施。

为了增强员工对规划的认同，首要的一点是通过规划解释和宣传使员工对企业的规划有清楚的认知。认知即认识、知晓和了解。不被认知的规划是不可能被认同的。各种形式的规划宣传可以在较大范围内使员工充分认识到企业规划与他们切身利益之间的紧密联系，使他们自觉自愿地、积极地执行规划。此外，发动企业员工全员参与规划也是增强认同的重要途径。规划虽然主要是企业领导人关注的事情，但并不能忽视企业员工的参与。规划的制订需要集思广益，规划的落实更需要人人参与。员工的积极参与不仅有助于科学的规划，而且对于建立规划的权威性而言也是必不可少的。从一开始，企业就必须确保让会受到战略规划影响的不同部门的人员各就各位。将他们纳入执行团队是一个不错的选择。最后，你还必须及时向他们寻求反馈，以便确保他们能更有效地借助现有成果开展业务，并为下一步规划做好准备。规划希望还必须考虑那些处于"对立面"的群体，如果忽略了他们，企业可能遭受致命打击。如果好好利用他们，可能收获宝贵意见。

在吸纳员工参与公司管理方面，山西省电力公司提出了一系列构想并加以落实。公司组织开展我为公司发展"出一计献一策"活动，凝聚来自数万员工的聪明智慧和创造力、积极性。特别要围绕"三个建设"积极创意创新，加强和改进党的建设，打造先进文化，强化员工队伍建设，实现电网发展、公司发展和员工发展的协调统一。公司倡导"企业以员工为本、员工以企业为家"的理念，尊重员工、欣赏员工，放大优点和长处，包容个性和差异，包容干事创业中的失误和失败，鼓励员工在工作中创新、在创新中突破，形成人人创优、拔尖、争第一的昂扬向上的风气。

全面忠实执行

规划的权威性体现在实施阶段就是要求员工能够忠实地遵守规

划的要求，全面执行规划中的各项任务。在实践中存在一种极端的倾向，我们把它称为"规划无政府主义"，就是鼓励主管们只要不妨碍员工们的创业热情和创新激情就行了。根据这个观点，"命令加控制"式的组织结构是过去遗留下的产物。人们自己最清楚如何做好自己的工作，毕竟，那些一线员工是直接与客户打交道的人。无政府主义方式的倡导者们经常象征性地将组织系统图倒挂，这样，客户和员工们居于图的上方。他们自己将会是社会网络中的拉拉队队长。他们也经常用生物学来比喻战略执行——自组织系统（self-organizing system）就是一个例子。然而，比起首席执行官们，管理大师们更有可能提倡无政府主义，因为在这种无政府主义的环境中，首席执行官们会很难证明自己有理由拿取高薪。规划上的无政府主义者忽略了企业有沿着一贯的、计划的方向前进的需要。规划的使命不仅在于清晰地阐明特定的目标，而且要确保整个组织的合作和遵从。只有如此，规划的权威性才足以体现。

需要指出的是，对规划无政府主义反对的同时也应该避免另一个极端，即"规划工程化"。这一观点把规划执行想象为一项工程的实施，把员工们看成是被计算机控制的机器上的齿轮。工程化的方法忽略了这样的事实：一线员工在多数时间里不得不去创新，去随机应变，因为公司的任何规划、流程和衡量标准，并不总是与现实世界里要取得成功必须具备的东西相符合。工程化的方法并未能确保规划实质意义上的权威性，而只是形式上的遵守。

各个部门每一段时间的工作计划、员工每天的工作安排都要与规划相关。如果每一步工作都与规划相关，每一步工作都离规划更近一点，每一步工作都在实现规划的轨迹上，那么规划完全可以是企业日常工作的水到渠成。这就要求，从公司方面要做好加强员工队伍建设规划，注重将员工业务技能和人文素养结合起来，提高员工履职能力和生活品位。要尊重员工、爱护员工，进一步改善员工工作生活条件。从员工的角度来看，广大员工应以履职思想作为指导思想来实现自身的个人价值。员工要把每一项工作作为与自己一生事业紧密联系的节点，全力以赴、尽职尽责地为之奋斗，在奋斗中，实现自身价值，报答企业关爱，成就一番事业。员工作为公司各项工作的最终推动者和落实者，只有立足岗位，信守责任，坚定执行，以我的天地我做主、我的岗位我尽责的高度负责态度，高标准做成做好每一件小事，才能规划希望、实现希望。

第七章

规划希望之方向：美好愿景引领发展

成功的企业总是那些满怀希望和梦想的企业，总是那些有着坚强信念和美好愿景的企业。希望是企业的理想，是企业发展的航灯，是企业进步的动力。它牢牢扎根于企业每个人的心中，令人振奋，催人上进。但只有希望是远远不够的，离开科学理性的规划和脚踏实地的践行，愿景也永远只能是镜花水月、纸上画饼。因此，要用规划承载我们的意愿和希望，照亮公司前进方向和员工人生道路，激励公司上下奋发前行。要在美好愿景的引领下，沿着正确的方向和道路，一步一个脚印，踏踏实实地干事，这才是企业走向成功的关键。

一、引领公司选择正确的发展道路

规划是企业发展的先导，事关企业发展的全局。正所谓"凡事预则立，不预则废"，规划之于企业的意义很多，但作为企业希望和愿景的载体，规划的价值首先在于引领，在于为企业指出一条正确的，或者说是积极向上的、充满希望的光明之路。

树立正确的发展观

发展观是企业的精神。它不仅表达着企业家和公司员工共同的思想境界和理想追求，也在根本上决定着企业未来的走向。在那些历史悠久、发展快速的企业的旗帜上，无不蕴含着发展观的光辉。成功抑或失败，早已扎根在对待发展的态度和观念里。

人民网在 2011 年 6 月 10 日登载过一篇题为《人民网评：哈药污染门背后的畸形发展观》的文章。文章写道：据《北京日报》6 月 9 日报道，相对于 2010 年 1960 万元的环保投入，哈药股份当年的广告费用可谓惊人，达到 5.4 亿元。一年广告投入竟是环保投入的 27 倍，到底是什么原因促使这样的企业放弃了行业操守，而不惜放纵乃至放大其无良无道的一面？一边为做广告而不惜巨资，一边却明目张胆偷排乱放。哈药其实并不孤单，它的背后站着不少同类。如紫金，如三鹿，如双汇，凡此种种。它们的共同特征是，有钱装门面、树形象，却有意无意地放弃了一些守则，逾越了一些底线。现代企业应是什么样？最起码的是要有企业良知、有社会责任、有行业操守。把这些东西备齐了，才谈得上去发展，去腾飞，去做大做强，去创世界一流。

这无疑是一个糟糕的、可悲的反面例子。人民网的这篇文章透彻地剖析了这种现象发生的根源，指出："说到底，是一些企业和地方政府的发展观走偏了，甚至变得畸形了。在个别企业那里，要面子不要里子，讲自己发展不讲社会代价，图自己得利不管公众受害。在某些地方政府那里，只要能带来 GDP，能带来财政税收，这

污染的那有毒的，都可以放宽一点尺度，变通一下规则就放行了。这样的发展，终究是要付出代价的，甚至是不可承受的。"离开了健康的、积极向上的发展观，企业就会在市场经济的大潮中迷失自己，直至陨落。对于企业来讲，怀抱伟大的梦想固然重要，树立一种以人为本的、和谐的发展观，则是实现梦想的关键。

以人为本的发展观是企业精神的核心部分。随着社会生产力的不断发展，技术的进步与知识的创新成为发展的决定性因素，而技术的进步与知识的创新在很大程度上依赖于人的进步与创新，所以人在企业的发展中的地位随生产力提高而日显重要。进入高速信息社会后，作为知识和信息载体的人在发展过程中起到了更为重要的作用。以人为本就是以人为发展的根本，以人为第一资源和要素，其核心思想是尊重人的个体价值。对于企业而言，以人为本，就是要把员工作为企业的主体与核心，尊重员工的个体劳动，积极调动、发挥员工的积极性，通过激发他们的个体价值驱动其主观能动性，产生更大的创造力。

1995 年成立的 BNMT（北京诺基亚移动通信有限公司）是一家中外合资企业，其业务范围涉及移动通信设备的生产、制造、销售、服务和研发等方面。BNMT 非常注重人才的培养。在现有的 2000 多名员工中，99％以上是本地员工。其中，管理人员和技术人员占到 35％~40％之多。对于很多优秀的人才，BNMT 的待遇并不是最高的，为什么它能够留住人才？这主要取决于 BNMT 的文化氛围和人才理念。BNMT 从建立初期就致力于营造一种优秀的企业文化，让每个人都能了解自己的能力，发现自己的价值，找到自己的位置。在稳定的人才结构的背后，公司有一套行之有效的激励措施，每位员工都会有各种方面的定期或不定期的培训机会。在此之外，很多员工还自己付费上学习班，通过完善自身素质，提升自身能力，更好地为公司服务。这就达到了企业与人才互相激励、相互融合的境界。

企业既要做到人尽其才，又要给予员工最大限度的尊重与关爱。正如张建坤总经理在讲话中所指出，"通过不断壮大公司实力，增加员工物质和精神财富，改善工作生活条件，让员工从繁重的工作中解放出来，有更多的时间提升自我，这是最直接的关爱；扶持施工、修造等困难企业，照顾穷困员工家庭，保障和改善民生，让他们共享公司发展成果，这是最温暖的关爱；重塑先进的世界观、人生观、价值观，弘扬科学精神，注重人文关怀，加强心理疏导，培育员工爱心广于亲情的博爱之心，引导员工在帮助他人中提升自己的业绩，在付出爱心中收获工作快乐，在感恩和回馈社会中播撒幸福，这是最人性的关爱"。

和谐的发展观是企业发展的基本保障。"和谐企业"就是指构成企业系统中的各部分处于一种相互协调的平衡发展状态，其核心是通过促进企业内外"和谐"，达到企业的经济效益、环境效益与社会效益相统一，最终实现企业可持续协调发展。加强企业和谐文化建设，打造企业员工和谐价值观和行为模式，对企业的快速、稳定发展具有十分重要的意义。对于一个企业而言，构建核心价值体

系的关键就在于倡导一种精诚团结、和谐一致的企业精神，使之成为企业文化建设的强大推动力。如何构建企业的和谐精神呢？首先，要培养努力超越、追求卓越的开拓精神。作为一个新时代的企业，我们必须结合企业所处的新环境，建立具有特色、体现时代特征的企业精神和价值观念。其次，必须有一种团结奋斗的团队精神。在竞争日趋激烈的今天，没有团队精神的企业就像惊涛骇浪中的一叶小舟，面临随时被风浪吞噬的危险。只有企业上下齐心协力，拧成一股绳，心往一处想，劲往一处使，形成一种无坚不摧的合力，才能战胜发展过程中出现的各种困难，最终赢得市场，成为赢家。只有这样，才能使企业形成强大的凝聚力，才能使企业在现代市场经济条件下不断开拓进取。

有这样一个寓言故事：一个寒冷冬日的晌午，女主人准备打扫庭院，一出门就看见四个蜷伏在柴堆旁被冻得发抖的老人。出于善良的美德，女主人请四位老人进屋喝点热茶暖暖身子。四位老人犹豫了一下说，"我们不能一起进去，只能进去一人，因为你们家都快吃饭了，不可能有那么多饭"。接着又说，"我们四人分别叫财富、成功、平安、和谐，你去问一下你先生，看他愿意请谁进去"。女主人回到屋里问先生。先生说"财富"最好，就请"财富"，儿子却说还是请"成功"吧，女主人自己倒是有点想请"平安"。这时，一旁的女儿说话了："我看最好请'和谐'。"先生听了女儿的话觉得有道理，全家人也终于达成了一致。女主人又出门把他们的决定对四位老人说了，然后她领着"和谐"往家里走，快进门时她回头一看，四位老人都跟来了，女主人不明白，就问其中的原因，"和谐"笑着回答："你们请了其他三位中的任何一位，就只来一位，你请了我就等于请了我们四个，我们是不可分的。"原来，和谐＝财富＋成功＋平安。

正确处理好企业与职工、职工与职工的关系，职工既是"和谐企业"的主体，又是"和谐企业"的创造者，只有企业与职工和谐了，企业构建其他方面的和谐才有了根基和依托。处理好企业与职工的关系，就要坚持把维护职工的根本利益作为企业开展工作的出发点和落脚点，坚持"尊重劳动、尊重知识、尊重人才、尊重创造"，充分调动职工的积极性和创造力，积极营造职工各尽所能、各得其所的工作环境，形成推动企业快速发展的强大合力。

设定正确的目标

看不到终点的道路总是令人沮丧的，没有目标的规划也不成其为规划。只有设定一个更高的、但是看得见的目标，才能激发人奋发向上的内在动力。当所有员工都清楚地看到目标并且为达到目标而努力工作时，就会凝聚成强烈的向上力，推动企业的发展。这就是发展的动力源泉。

父亲带着三个儿子到草原上猎杀野兔。在到达目的地之前，父亲向三个儿子提出一个问题："你看到了什么呢？"老大回答说："我看到了我们手里的猎枪、草原上奔跑的野兔，还有一望无际的草原。"父亲摇了摇头。老二回答说："我看到了爸爸、哥哥、弟弟、猎枪，还有茫茫的草原。"父亲又摇摇头。老三的回答只有一句话："我只看到了野兔。"父亲才说："你答对了。"

这个故事的寓意就是，只有有了明确的目标，才会为行动指出正确的方向，才会在实现目标的道路上少走弯路。漫无目标或者目标过多，都会阻碍我们的前进，最终可能是一事无成。这个寓意同样适用于每个企业。

知识链接

目标设定理论（Goal-Setting Theory）于 1960 年由代洛克（Edwin Locke）所提出，该理论认为挑战性的目标是激励的来源，因此特定的目标会增进绩效；困难的目标被接受时，会比容易的目标获得更佳的绩效。目标设定理论提出，目标是一个人试图完成的行动的目的。目标是引起行为的最直接的动机，设置合适的目标会使人产生想达到该目标的成就需要，因而对人具有强烈的激励作用。重视并尽可能设置合适的目标是激发动机的重要过程。

企业的目标可以分为长远目标与阶段目标。长远目标为企业前进指明方向，长远目标分解成阶段性目标，体现目标设置的渐进性、可行性和合理性。制订中长期发展规划是企业建立目标体系的首要任务，并要在员工中进行广泛深入的宣传，让员工看到企业发展的前景和目标。面对世界能源新形势和国家电网公司提出的全面推进"两个转变"，建设"一强三优"现代公司，实现世界一流电网、国际一流企业的发展战略，山西省电力公司提出了"三思三晋"的发展思路。"三思"重在启迪思维理念，提升发展动力。"三晋"重在以晋级、晋段、晋升"三步走"目标激励员工、感召员工，让目标成为员工与企业共同发展的方向，成为凝聚人心、汇聚力量的统一信念和使命。山西省电力公司就是要通过晋级、晋段、晋升三步走战略，持续迈进、不断升华，努力从条块分割向协同运作转变，走标准统一、文化引领的新型发展道路，逐步实现建设统一坚强智能电网和"一强三优"现代公司的发展目标。

制定正确的发展策略

目标已经确定，方向已经明确，但这只是你走向成功的开始，而实现目标的关键，取决于你的行动。在现代管理学中，有一种"目标—途径"理论。该理论来源于激励理论中的期待学说。该理论认为，领导者的工作是帮助下属达到他们的目标，并提供必要的指导和支持以确保各自的目标与群体或组织的总体目标相一致。"路径—目标"的概念来自于这种信念，即有效领导者通过明确指明实现工作目标的途径来帮助下属，并为下属清理各项障碍和危险，从而使下属的这一履行更为容易。因此，在企业确定发展目标之后，必须进一步明确发展的策略，包括要完成的重点工作和步骤，确定通往目标的道路。

《易经》中有句话：得其大首，意思就是要抓住事物发展的重点。俗话常说：打蛇打七寸，说的也是凡事要抓重点的意思。唯物辩证法也认为，在复杂事物自身包含的多种矛盾中，每种矛盾所处的地位、对事物发展所起的作用是不同的，其中处于支配地位，对事物发展起决定作用的叫做主要矛盾。抓主要矛盾是解决一切问题的关键。

在解放战争时期的东北战场上，党中央对敌我力量分布形势进行了深刻分析，认为从地理位置上看，锦州的战略地位最为重要，是连接关内外的总枢纽，是敌军同华北战场连接的咽喉。攻取锦州是夺取辽沈战役胜利的重点和关键。基于这种认识，中央确定了首攻锦州，同时分兵阻击沈阳、长春援敌的策略。最终，实现了解放东北全境的战略目标。

在企业实现发展目标的进程中，总有一些关系到全局性的、对于实现目标有决定性的任务、项目或部门，我们称之为战略重点。为了达到战略目标，必须明确战略重点。没有战略重点，就找不到推进发展的着力点。没有战略重点，目标的实现就要大打折扣。事实上，企业规划也不可能面面俱到，只有集中优势兵力打歼灭战，采取重点针对性措施，实行资源重点配置，行动重点推进，才能实现企业的突破性发展和促进企业长期稳定发展。

国家电网公司围绕推进"两个转变"、建设"一强三优"现代公司的发展战略和目标，明确提出了四项战略重点：一是"一特三大"的电网发展战略。建设以特高压电网为骨干网架、各级电网协调发展的现代化国家电网，促进大煤电、大水电、大核电基地集约化开发，实施更大范围内能源资源优化配置。二是"一流三大"的科教兴企战略。发挥企业在技术创新中的主体作用，把增强自主创新能力作为强化公司科技支撑的关键和推动电网技术升级的中心环节，建设一流人才队伍，实施大科研，创造大成果，培育大产业。三是人才强企战略。增加教育培训投入，提高队伍整体素质，建设结构合理、素质优良的人才队伍。四是国际化战略。增强公司核心竞争力，建设具有国际知名品牌和国际竞争力的国际一流企业。

"用规划指导计划，用计划安排任务，用任务实现规划"，这是规划实施的完整程式。在明确企业的目标和重点之后，需要根据实际情况划分阶段并制订相应的计划，确定每一个阶段所要达到的目标和任务，对每个阶段可能遇到的风险和变数进行分析并提出应对风险和变数的措施。

二、引导职工树立正确的价值理念

员工队伍永远都是企业兴衰成败的决定性因素。拥有一支高素质的优秀员工队伍，是企业走向成功和实现梦想的关键。优秀的企业员工，永远是那些拥有与企业一致的理想追求和价值理念的员工。企业规划的目的，在很大程度上就是把企业的价值理念向职工传递，使员工普遍塑造企业成功所需要的优秀品质。

忠诚敬业理念

忠诚是中华民族的优良传统美德。早在几千年之前，古人就有对忠诚的含义及推崇的记载。《说文解字》云：忠，敬也，从心。忠诚作为一种道德原则，是指对一个人、一种理想信念、对事业、国家、政府、组织、家庭等的忠实状态或程度。随着时代的发展，忠诚已经逐步扩展到经济领域，成为现代企业所致力于推广的一种

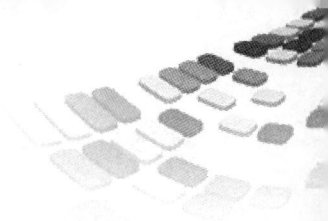

价值理念。

在现代企业管理中，忠诚已经是一个广受关注的概念而成为企业文化建设的重要内容。许多企业兴衰成败的经验教训，都验证了在当代市场经济的激烈竞争中，企业的生存发展比任何时候都需要员工的忠诚。忠诚是企业管理的根本，是企业精神的魂魄，是企业发展的基石，也是企业不断进步的动力之源。同时，对员工来讲，忠诚也是为人之本和处事之道，是一种任何时候也不能失去的操守和信念。

埃菲尔是一家企业的业务部副经理，他聪明能干，毕业短短两年便业绩卓著。然而半年之后，他悄悄离开了公司。原来，埃菲尔在担任业务部副经理时，曾经收过一笔现款，业务部经理说可以不入账："没事儿，大家都这么干，你还年轻，以后多学着点儿。"埃菲尔虽然觉得这么做不妥，但是他也没拒绝。没多久业务部经理就辞职了。后来，总经理发现了这件事，埃菲尔不能在公司待下去了。埃菲尔很后悔，但是有些东西失去了是很难弥补的。

有时，一个人背弃忠诚，也许会得到一些现实利益，但不要为此沾沾自喜，其实仔细想想，失去的远比获得的多，而且你暂时获得的东西可能最终还不属于你。一个人固守忠诚，也许会让他失去一些机会，但从长远来看，今后所赢得的机会要比失去的多得多，除此之外还能赢得尊重和敬佩。事实上，无论什么原因，只要失去了忠诚，就失去了人们对你最根本的信任，也失去了成功的机会。

许多著名企业都会考虑应聘者是否能够认可和适应本企业的价

215

值观和企业文化，因为这决定了这个人能否更好地发挥自己的潜能，更好地为企业服务。他们并不强求员工个人能力非常出众，但必须有团队精神，能融入自己的企业文化。"客户第一，自律，质量，创新，工作开心，看重结果"——这是世界著名的大公司英特尔的企业文化和企业精神。英特尔聘人的首要条件就是认同这个精神、这种文化，员工必须融入企业的文化，因为这是英特尔的凝聚力所在。

忠诚是员工对企业的感情依赖。员工能够为企业的发展奉献自己的一切，是因为深厚的情感因素，而不是物质性的报酬或其他东西。员工对企业的情感，是对企业的真正归属感，是以企为家的主人翁心态；员工对企业的情感，是对企业的无限热爱，是时时刻刻为了企业利益着想的信念；员工对企业的情感，是恪尽职守的工作准则和勇于承担使命和责任的勇气；员工对企业的情感，是与企业同舟共济的精神和危难时刻的不离不弃。

1973年，美国联邦快递经历了这样一场危机：在开始营业的26个月里，联邦快递公司亏损2930万美元，欠债主4900万美元，联邦快递处在随时都可能破产的险境。这是联邦快递公司最为艰难的时期。令人感动的是，就在公司最艰难的时期，大多数联邦公司的雇员选择了留下，心甘情愿地把自己的利益和前途交给公司，同弗雷德·史密斯一起面对危机。这些忠诚的员工最终看到了公司的成功，同时也赢得了公司的尊敬和重用。

敢于担当理念

任何一个人都应有所担当。敢于担当，就是一个人对自己的行为主动承担责任，对自己的工作、任务和使命尽心尽力和履行义务的一种自觉态度。正所谓"三分能力，七分担当"，敢于担当的人一定会认真、努力地工作，会把每一件事坚持到底而不中途放弃，会出色地完成任务而没有任何抱怨。因而说，勇于负责、敢于担当就是走向成功的基石，相反，逃避担当不仅仅是一种懦弱的人格表现，也最终会失去别人的信任，失去成功的机会。

20世纪初的一位美籍意大利移民曾为人类精神历史写下灿烂光辉的一笔。他叫弗兰克，经过艰苦的积蓄开办了一家小银行。但一次银行遭抢劫导致了他非凡的经历。他破了产，储户失去了存款。当他带着一个妻子和四个儿女从头开始的时候，他决定偿还那笔天文数字般的存款。所有的人都劝他："你为什么要这样做呢？这件事你是没有责任的。"但他回答："是的，在法律上也许我没有责任，但在道义上，我有责任，我应该还钱。"偿还的代价是30年的艰苦生活，当寄出最后一笔"债务"时，他轻叹："现在我终于无债一身轻了。"他用一生的辛酸和汗水完成了他的责任，而给世界留下了一笔真正的财富。

人的一生必须承担着各种各样的担当，社会的、家庭的、工作的、朋友的，等等。在现代社会，当你选择一个企业和一份工作，同时就意味着你选择了一份责任。只有那些敢于担当的人，才可能被赋予更大的使命、更高的职位和更多的荣誉。企业有了担当的员工，才能够不断发展壮大，在遭遇挫折时不屈不挠，在面临危机时化险为夷，在激烈的竞争中不断取得成功。

陈任和张明新到一家速递公司，成为工作搭档，他们工作都很认真努力。老板对他们一直很满意。有一次，陈任和张明负责把一件贵重的大宗邮件送到码头。老板反复叮嘱他们要小心。到了码头陈任把邮件递给张明的时候，张明却没接住，邮包掉在了地上，里面的古董碎了。老板对他俩进行了严厉的批评。"老板，这不是我的错，是陈任不小心弄坏的。"张明趁着陈任不注意，偷偷来到老板办公室对老板说。老板平静地说："谢谢你张明，我知道了。"随后，老板把陈任叫到了办公室。"陈任，到底怎么回事？"陈任就把事情的原委告诉了老板，最后陈任说："这件事情是我们的失职，我愿意承担责任。"几天后，老板把陈任和张明叫到了办公室，对他俩说："其实，古董的主人已经看见了你俩在递接古董时的动作，他跟我说了他看见的事实。还有，我也看到了问题出现后你们两个人的反应。我决定，陈任，留下继续工作，用你赚的钱来偿还客户。张明，明天你不用来工作了。"

人不能逃避责任，对于自己应承担的责任要勇于承担，放弃自己应承担的责任，就等于放弃了生活，最终也将被生活所放弃。既然从事了一份职业，被安排在一个岗位，就不能仅仅享受工作带来的收益和快乐，而是必须接受它的全部。工作中总会遇到这样或那样的问题，当遇到问题和困难的时候，要主动地去承担、接受并积极寻求解决的办法，而不是一味地推卸和逃避。

沟通协作理念

在现代企业中，任何人都不可能独立完成所有的工作，而个人所能实现的仅仅是企业整体目标任务的一小部分。它要求企业分工合理，把每一个员工放在正确的位置上，同时使所有员工形成一个有机整体，为实现企业的目标而奋斗。对于员工而言，必须要学会尊重别人，学会沟通和协作。事实上，也只有那些善于合作、具有团队精神的员工，更容易获得成功的机会。

据科学家研究发现，大雁飞行的"一"字或"V"字队形，可以使雁群整体减少30%的飞行阻力。整个雁群比每只雁单飞时，至少增加71%的飞行距离。当雁鼓动双翼时，对尾随的同伴具有鼓舞的作用，不论何时，当一只雁脱离队伍，它马上会感受到一股动力阻止它离开，借着前面伙伴的支撑力，它很快便能回到队列中。当带头的雁疲倦了，它会退回队伍，由另一只雁来取代它的位置。队伍后面的雁，会以叫声不断鼓励前面的雁继续前进。

这就是著名的"大雁法则"，生动地诠释了协作的力量和团队的精神。事实上，在当前社会分工越来越细化的情况下，每个人的专业技能都是有限的，没有无所不能的人。一个人如果没有合作精神，光靠自己单打独斗，是不会取得什么成绩的。从你踏进企业的那一刻起，就应当学会合作，学会和工作伙伴们的知识技能互补，从而培养一种很强的团队精神。俗话说：一个篱笆三个桩，一个好汉三个帮。懂得合作，形成一个优秀的团队，必然能发挥1+1>2的效应，产生巨大的力量。团队合作精神已经成为现代企业最重要的价值理念。如果每一个员工都具备团队合作精神，企业不仅可以在短期内获得较大的效益，从长远来看也非常有利于企业的发展。

微软公司在美国以特殊的团队精神著称。像 Windows2000 这样产品的研发，微软公司有超过 3000 名开发工程师和测试人员参与，写出了近 5000 万行的代码。对此，比尔·盖茨讲：这种企业文化营造了一种氛围，在这种氛围中，开拓性思维不断涌现，员工的潜能得以充分发挥。微软公司所形成的氛围是，你不但拥有整个公司的全部资源，还拥有一个能使自己大显身手、发挥作用的小而精的部门。

每个员工都应该致力于培养自己的团队合作精神。要看清自己的位置，看到他人的长处，要把自己真正融入工作伙伴中间。信任和沟通，不仅可以增加员工对组织的情感认同，也有助于形成相互包容、相互帮助的良好氛围和积极热情的情感。信任和沟通，不仅能使每个人感觉到自己对他人的价值以及他人对自己的价值，并且能有效提高相互合作的和谐程度，促进工作的顺利开展。

有一天，一个男孩问迪斯尼公司的创始人华特·迪斯尼："你画米老鼠吗？""不，不是我"，华特·迪斯尼回答。"那么你负责所有的笑话和电子吗？""没有，我也不做这些。"最后，男孩忍不住问："迪斯尼先生，你到底做些什么呀？"华特·迪斯尼笑了笑说："有时我把自己当成一只小蜜蜂，从片场一角飞到另一角，搜集花粉，给每个人打打气，我猜，这就是我的工作。"

勇于创新理念

创新精神是指要具有能够综合运用已有的知识、信息、技能和方法，提出新方法、新观点的思维能力和进行发明创造、改革、革新的意志、信心、勇气和智慧。创新精神是一个国家和民族发展的不竭动力，也是一个现代人应该具备的素质。对企业来说，创新也是企业长盛不衰的法宝。在当今这个知识化、信息化时代，创新也是企业生存的根本和关键。企业要在激烈的竞争中得到发展和成长，就必须不断创新产品和服务，在产品和服务上推陈出新，才能不断增强竞争力，争取更多的市场份额，立于不败之地。具有创新能力的企业是充满活力和希望的企业，而缺乏创新能力的企业也必将是走向失败的企业。

19世纪60年代，肖尔斯公司生产的打字机，由于机械在击打后弹回的速度较慢，一旦打字员打字速度较快，就容易发生绞盘现象。为了解决这个问题，一位工程师建议：既然我们无法提高字键的弹回速度，为什么不想办法降低打字速度呢？这个办法得到了公司多数人的赞同。可如何降低打字速度呢？公司想到一个办法，那就是把最常用的字母放到最笨拙的手指下面，而把不常用的字母放到最灵敏的手指下。于是，我们今天所用的键盘就这样被设计出来了。

企业的创新实质上是员工的创新，企业的创新必须依赖于一批具有创新意识、创新能力的优秀员工队伍的支撑。因此，每一个员工除了勤奋踏实工作以外，在工作中还要不断学习和总结经验，抛弃那些逐渐僵化、陈腐过时的观念和规矩，敢于创新、敢于实践，创新出适应市场经济要求的管理手段，创新出满足市场需求的产品和服务。

每个员工要养成独立思考的习惯，这是创新思维产生的根源。思为行之先，你只有在工作的同时，不断地思考，才能发现不足和落后，才有可能创新，才能高质量地完成工作。一个只知工作，不懂思考的人，永远只会照搬别人的经验，在遇到困难与挫折时手足无措，这种循规守旧、安于现状的人，永远不可能实现创新。敢于打破常规和突破自己的思维障碍，敢于对旧的方法和观念进行大胆的怀疑，能够超越经验和惯性的束缚，才可能产生新的设想，发现企业所需要的"金矿"。

伟大的天文学家哥白尼经过长期的观测，算出太阳的体积大约相当于161个地球（实际上比这个数字还大）。他想，这样一个庞然大物，会绕着地球旋转吗？他开始对流传了1000多年的托勒密的"地心说"产生了怀疑。通过长期的观测和计算，哥白尼终于创立了以太阳为中心的"日心说"。

很多时候，创新还需要不怕出问题的冒险精神。冒险精神也是优秀员工的品质之一。任何创新都隐含着失败的可能。正因为存在创新的风险性，许多人在创新的道路上裹足不前，不敢承担风险，恐惧失败。但是，不敢冒风险就不可能有创新，到头来不仅自己的工作没有改进，而且企业也可能会丧失发展的良机。从某种角度讲，不冒风险就是最大的危险。请想一想：即使你的创新失败了，也会留下一些经验教训，值得后人借鉴。这不也是对企业的贡献

吗？请记住，你是企业的主人，你的创新将给企业带来新的希望，为了企业，有什么风险不值得去面对呢？

三、促进公司和员工实现新的发展

规划是起点，不是终点。规划是企业发展的引领，是企业前行的动力。规划指引企业不断前进，为了希望中的美好愿景，朝着既定的方向和目标。落实规划是企业的重中之重，落实规划的过程也是企业不断挖掘潜力、实现新的发展和提升的过程。

增强公司实力

企业实力是指包括财力、生产能力、技术水平、管理水平、营销能力等在内的综合能力水平。拥有强大的综合实力，是企业实现伟大梦想的前提，是企业履行社会责任的保证，是企业在激烈竞争中立于不败之地的依靠，是企业持续发展的支持。同时，拥有强大的实力也是促进企业形象不断提升和实现员工最大福祉的希望所在。维护企业的利益，促使企业不断发展壮大，是每一个员工的神圣职责和共同追求。

小虎第一次到镇上去卖西瓜，瓜市上的人都不相信他的瓜甜。回家后，小虎把遇到的事告诉了爷爷。爷爷问他为什么不切两个西瓜来证明自己的瓜甜？小虎嗫嚅着说："我怕万一切出不熟的西瓜，其他西瓜不好卖。"第二天一大早，爷爷带着小虎、推着昨天没卖出去的西瓜来到瓜市。爷爷随意切开了七八个西瓜，瓜全是熟透的沙瓤瓜。他叮嘱小虎把每块西瓜都用保鲜袋裹了起来，单独出售。每块西瓜的切口截面，透过保鲜袋，在明晃晃的阳光下，显得格外诱人。大家纷纷拥了过来，把那些尚未切开的西瓜抢购一空。

事实上，企业经营和卖西瓜的道理也是相通的。唯有以实力来证明自己，才能够得到普遍的认可和接受，得到良好的赞誉和口碑。张建坤总经理在 2009 年公司系统党政主要负责人会议上的讲话中就省电力公司如何增强企业实力提出了明确的要求：一是要在思想上凝聚。要使每一位员工紧紧围绕公司的战略目标和中心工作，从维护公司经济效益、增强公司信誉、提高公司形象出发，思考问题、处置事务、对外交往，都要有代表公司责任、维护公司利益的义务，这是公司各级领导干部和广大员工开展工作的出发点和落脚点；二是要在制度上约束。要把制度建设作为大事来抓，建立覆盖建设、生产、经营全过程的管理制度，健全公司决策体系、执行体系、监督体系，构建以业绩论英雄、以结果评成败的激励约束机制，确保公司所有活动都能以公司利益为准则，确保各级领导干部在其位，谋其政；广大员工在其岗，谋其责；三是要在工作上实干。既要立足公司实际，围绕市场开拓、"三节约"活动，千方百计增供扩销、降本增效，又要着眼长远，围绕智能电网发展、深化"两个转变"，在安全生产、电网发展、依法治企、人财物集约化管理等方面多办打基础、强根本的事，保持公司可持续发展。

2010 年，山西省电力公司通过科技创新，不断提升公司实力。组建了 3 个科技攻关团队，建成投运电科院试验中心，"电力冲击负荷特性研究实验室"被命名为国家电网公司实验室。围绕特高压

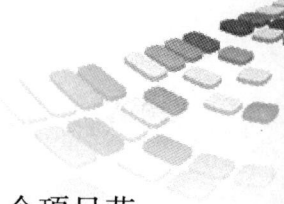

电网建设和运营，制定了 4 项国家电网公司技术标准，5 个项目获国家电网公司及以上科技进步奖。500 千伏线路防冰、防风偏、差异化改造等新技术推广应用，44 项科技成果获得国家专利。完成"套装软件深化应用"等 19 个项目建设，ERP 系统实现 100%全覆盖和全应用，协同办公、人资管控等 5 个系统通过国家电网公司实用化评价验收。

"十二五"期间，是山西电网发展升级腾飞的关键时期，也是山西省电力公司发展创新突破的关键时期。"十二五"期间山西电网计划投资 677 亿元，是"十一五"总投资的 2 倍左右，将全面建成 3 个特高压通道和 500 千伏"三纵四横"主干网架，统筹开展全方位的智能化建设与改造，加快电动汽车充换电网络和电力光纤到户工程建设，全面提高电网安全性和可靠性，基本形成安全可靠、经济高效、清洁环保、透明开放、友好互动的坚强智能电网。公司售电量年均增长 10%，固定资产总额年均增长 15%;公司"三集五大"体系全面建成，集团化运作优势充分发挥，专业管理进入国家电网公司同业对标先进行列，企业素质和综合实力大幅提高，公司的凝聚力、执行力、软实力进一步增强，初步建成现代化的国内一流电网公司。

如何实现这个宏伟目标？对此，张建坤总经理指出，"在这条道路上稳健前行，我们还需要全面提升企业素质"，"提升企业素质，必须在增强战略引领力、电网调控力、集团管控力、管理创新力、队伍软实力等企业核心力量上下工夫，充分发挥这'五种能力'的合力作用，激发公司的发展潜能，为公司晋级发展、晋段跃升给足动力"。

提升企业形象

在现代市场经济中，企业形象是一种无形的资产和宝贵的财富，对企业内部管理和对外经营方面的影响和作用巨大而深远，其价值甚至可以超过有形资产。一个真正的现代化企业，必须要树立自己的企业形象。松下、丰田、三菱、福特……那些有名的国际大公司，莫不如此。实践经验证明，良好的企业形象不仅可以得到公众的信赖，增加投资或合作者的好感和信心，还可以吸引更多人才加入，激发职工的敬业精神，创造更高的效率和价值。一个不重视形象的企业，即使有优质的产品和良好服务，也难于在竞争中取胜。

"恒源祥"原是1987年创立的一个小商店，专门销售人造丝和手编毛线。之所以能从1987年以后逐步发展成为一个大型企业集团，关键就是"恒源祥"利用品牌优势撬动了庞大的社会有形资产，1987年，刘瑞旗除了"恒源祥"这个100平方米小店之外，一无所有，只剩下一个老字号"恒源祥"三个字，可是，"恒源祥"人就是将眼睛盯上这个老字号，将其名称注册成了商标，此后，充分运用老字号这一无形资产的魅力，以品牌为纽带，通过联合经营而非直接投资的方式组建了日长夜大的"战略联盟"，并使"恒源祥"这一品牌价值达到6个亿，实现年销售额30亿。这就是企业形象的魅力所在。

良好的企业形象是企业的精神风貌和气质，是企业文化的综合

展现。企业真实的内在精神素质，是构成企业形象的脊柱和骨架。企业形象的塑造，得力于公共关系的精心设计和市场推广的积极开展，但在根本上，企业形象的塑造要靠企业员工积极奋进的精神，要靠优质的产品和服务，要靠企业勇担社会责任的行为。每个人心里都有一杆秤，老百姓看在眼里，企业的形象也装在心里。

2010年3月28日13时40分，山西省临汾市乡宁县王家岭煤矿碟子沟坑口发生透水事故，153人被困井下。山西省电力公司第一时间启动应急预案，张建坤总经理带队连夜奔赴现场，安排部署事故抢险保供电工作。1000余人不畏艰辛、连续奋战15天，以源源不断的电力保障守护着被困矿工的生命线，为我国矿难救援史上的奇迹创造了条件，受到了国务院张德江副总理以及山西省委、省政府主要领导的肯定，彰显了国家电网积极履行社会责任的央企形象。公司总结推广抢险保电经验，完成供电区域内2086个高危及重要客户应急抢险保电"一户一案"，投运应急指挥中心举行"保安全、促和谐"迎峰度夏联合应急演练和首次"黑启动"试验，强化应急救援体系建设和调度指挥权威，供用电安全精益化管理和标准化建设迈上新台阶。山西省电力公司紧急支援王家岭煤矿透水事故抢险保电的行为，彰显了责任央企的新形象。

与此同时，山西省电力公司积极开展"塑文化、强队伍、铸品质"供电服务提升工程，实施"优质服务先进集体和个人的亮点扶植计划"，大力加强窗口建设，重点建设多个新型营业厅。建成省级"95598"集中呼叫中心，并构建统一、高效的管理体系，全面提升供电服务质量和水平。优质的服务终于换得了老百姓的口碑，塑造起良好的企业形象。

山西省电力公司吕梁供电分公司交城供电支公司围绕深化"彩虹工程"，开展了"阳光—彩虹"等丰富多彩的实践活动，着力提升优质服务水平，树立起了"国家电网"的品牌形象。针对农村居民相对缺乏安全用电知识的现状，支公司开展了"安全用电、节约用电从娃娃抓起"的活动，得到了学校老师和家长们的普遍欢迎。2008年北京奥运会期间，支公司克服重重困难，全身心投入奥运保电工作，对输电线路进行不间断巡视，确保了交城电网的安全稳定运行，为圆满完成奥运保电任务作出了应有的贡献。

助推员工发展

员工和企业是和谐发展、同步共进的关系。企业发展的过程同时也是员工发展的过程，企业的进步也意味着员工的进步。对企业来说，要在实现企业发展的同时努力为员工创造和提供个人进步的条件，关爱员工，让员工更多地享有企业发展的成果。对员工来说，要秉承和企业共同成长的观念，不断学习和提高，做素质更高、能力更强的员工。

要通过合理的薪酬制度设计使广大职工分享企业发展的成果。科学的薪酬制度不仅要考虑企业发展的实际情况，还要考虑对未来的情形有良好的预期；不仅要增加员工的就业安全感和促进员工队伍稳定，还要有足够的弹性以达到激励员工的目的；不仅要最大限度地保证员工分享企业发展的成果，还要防止出现"吃大锅饭"的

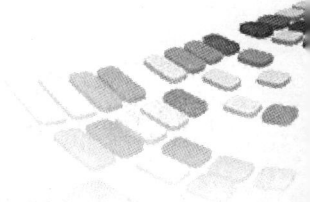

现象和多干少干一个样的想法。

上世纪 90 年代，全球排名前 500 家的大工业企业中，至少有 89%的企业实行了股票期权制度。美国硅谷的企业普遍采用这一制度。到 1999 年之前，全美企业用作认股权配额的总股值已由 1985 年的 590 亿美元增至 10000 亿美元。2000 年，有超过 1000 万的美国雇员拥有公司的股票期权，是 1990 年的 10 倍，也就是说一年增加一倍。

要以完善的培训机制为员工打造学习进步的平台。企业培训具有传递信息、转换观念、更新知识和提高能力的作用，是企业培养人才和员工提高素质的有力手段，是激励员工工作积极性的重要措施。同时，员工培训也是建立学习型组织的最佳手段。成功的企业将员工培训作为企业不断获得效益的源泉。

2010 年，山西省电力公司制定了《山西省电力公司 2010—2012 年培训规划》，《规划》深入分析了公司员工队伍的现状和加强培训教育的形势要求，明确提出了要以"三思三晋"工作方式和发展战略为指导，以加强"三个建设"为中心，以培养高素质的员工队伍为目的，以集约化管理为手段，以基地建设为支撑，以机制建设为保障，创新培训理念，培育培训文化，打造培训品牌，建设一流队伍，为建设"一强三优"现代公司提供人才保障。在此基础上，明确提出要围绕公司"晋级、晋段、晋升"的发展战略，全面实施"三个六工程"：即建设完善六大培训基地、着力培养六支人才队伍、实现六大具体目标，推动"一强三优"现代公司建设。2010年，公司围绕《规划》确定的年度目标，不断加强队伍建设和人才培养，教育培训经费投入率创历史新高，队伍素质整体提升。

张建坤总经理指出，"十二五"期间，公司要进一步深化全员教育培训。充分发挥科研院校作用，统筹六大培训基地资源，分层开展各类培训，扩大覆盖面。针对性开展管理岗位"走出去"培训、供电生产技能岗位持证上岗、新入职和转岗员工专项培训、基层单位"送教到班组"等培训，强化效果评价，提高培训质量。

新的希望，新的规划，新的起点。我们拥抱着谋求突破、实现跨越的新目标，拥抱着化解矛盾、破解难题的新机遇。未来蓝图鼓舞人心，未来目标催人奋进。让我们在希望的指引下奋力进取，开拓创新，用心用智，开创公司科学发展的新局面。

第八章

规划希望之重点：夯实发展的基础

科学发展观的第一要义是发展。发展对于一个企业来说，是第一位的。没有发展前途的企业就失去了存在的可能。为此，要把夯实企业发展的基础，作为规划希望的出发点和落脚点，着力提升企业的核心竞争力、全面提升企业素质、兼顾各方利益诉求作为规划希望、实现希望的重中之重。

一、打造企业核心竞争力

核心竞争力是群体或团队中根深蒂固的、互相弥补的一系列技能和知识的组合。企业核心竞争力就是企业长期形成的，蕴涵于企业内质中的、企业独具的、支撑企业过去、现在和未来的竞争优势，并使企业在竞争环境中能够长时间取得主动的核心能力。随着国际市场的一体化发展，市场竞争将日趋激烈。对于在尚不成熟的市场经济环境下拼搏的中国企业来说，未来如何在惨烈的市场中生存和发展将是最重要的课题。

企业优势的根本

在竞争激烈、瞬息万变的市场经济社会里，利润关系到每一个企业的命运，因此有的经营者为了追求利润，不把经营事业的目光放在"永续经营"上，而着眼于"短线操作"。为了实现利润的最大化，不惜采取各种非法途径去达到目的：假冒仿制、欺诈行骗、商业贿赂、行业垄断。这些经营观念不利于企业之树常青，不利于经济增加值的增长。北京大学张维迎教授曾指出：对于企业而言，产品可以被其他企业仿制，经营战略可以被竞争对手复制，人才可以被同行业挖走，但企业核心竞争力却"偷不去，买不来，拆不开，带不走，溜不掉"。

知识链接

核心竞争力理论是当代经济学和管理学相互交融的最新、最高的成就之一。"核心竞争力"这一术语首次出现在 1990 年，由美国经济学家普拉哈拉德（C.K.Prahalad）和哈默（Gary Hamel）在《哈佛商业评论》上的 *The core competence of the corporation* 中提出。他们指出："核心竞争力是在一组织内部经过整合了的知识和技能，是企业在经营过程中形成的不易被竞争对手效仿的能带来超额利润的独特的能力。"此观点一经提出，就得到了学术界和企业界的广泛认可，并引起了企业家的高度重视。介绍核心竞争力概念的文章《哈佛商业评论》成为被转载次数最多的文章之一。

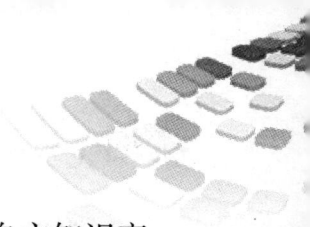

所谓偷不去，是指别人模仿你很困难，如你拥有的自主知识产权——品牌、文化。这些东西是很难被偷走的。比如，有些企业创立了自己独特的品牌，就拥有了别人无法短时间颠覆、超越的市场公信度，就形成了自己的核心竞争力。我们可以看到，虽然手机产品有很多种，但iphone却成为众多高端人士的首选，其核心原因就是这一手机厂商拥有其他厂商所无法具备的核心竞争力。

买不来，是指这些资源不能从市场上获得。通常，人们认为人才是企业的核心竞争力，但这是以人才不能流动为前提的。因为，你可以高薪诚聘，别人就可以付更高的价格把你的人才挖走，因此，单个的人才不能算作核心竞争力。但是任何一个企业也无法买走企业独特的技术优势、独特的经营理念和管理模式，更买不走一个企业的文化积淀。世界上软饮料的种类数不胜数，但可口可乐却占据了全球市场份额的绝对优势。

拆不开，是指企业的资源、能力有互补性，分开就不值钱，合起来才值钱。要结出不同于众的果实，必须有不同于众的树枝、树干乃至树根。树叶再茂盛，也不能说明它是否强壮；反过来，树根和树干必须能生长出繁茂的枝叶，才能真正壮大，否则只会枯死。真正对核心竞争力形成起作用的，是把树枝、树干和树根整合成一棵大树的能力。对企业而言，这就是将各种技能、知识整合起来并发挥出效能的管理能力。比如鞋子，左右鞋具有互补性，别人拿走一只是没有用的。企业核心价值力是一个系统，单独的任何一个要素都无法支撑起核心价值体系这座大厦。

带不走，是指资源的组织性。个人的技术、才能是可以带走的，因此，拥有身价高的人才也不意味着有核心竞争力。核心竞争力不是指单纯的技术、人才、资金，也不是指暂时拥有的市场份额优势，而是指企业能抓住市场需求，不断创新，最终能够获得用户对企业的忠诚度。整合企业所有资源形成的竞争力，才是企业的核心竞争力。而这样的竞争力会成为企业的组织制度、企业文化而内化于企业生存和发展的每一环节，谁的离去也不能影响企业的生存和发展。目前虽然各个企业的发展方向不同，但要达到自己的目标或者生存下去，就一定要提升核心竞争力。在这方面，每个企业的关注点会有所不同。但海尔的成功给出一个很好的启示。

溜不掉，是指提高企业的持久竞争力。今天拆不开、偷不走的资源，明天就可能被拆开、偷走，所以，企业家真正的工作是不断创造新的竞争力。以海尔集团为例，海尔品牌的核心竞争力是企业内部的集体学习能力而不是外在资源的强大；是人的能力而不是物或可以继承的资产；是为客户创造价值的能力而不是相比对手的优势。海尔品牌的核心竞争力的培养是一个不断学习的过程，所有相关要素以不同形式参与到学习之中来，从而在很大程度上，海尔是一个学习型组织，海尔品牌也因此有了自我发展、自我完善的内在机制，使品牌的生命力得以连绵不断。这样的一种核心竞争力自然不可能随意溜走。

海尔今天能大步迈向国际化之路，在于始终抓了企业核心竞争力机制的培育、构造、强化及其作用的发挥。从 1985 年之后，海尔始终把品牌战略作为自己的基本战略之一，并且随着时间的推移和情况的变化，不断丰富和发展其中包含的内容。海尔通过品牌外延变化：冰箱名牌——家电名牌——中国名牌——世界名牌及其内涵变化：质量高——服务好——个性化——速度快的一次又一次的成功，使其从一个濒临倒闭的集体小厂发展壮大成为世界级企业。海尔在 20 多年的发展中摸索出提高品牌核心竞争力的成功经验，并且在经济环境发生剧烈变化的条件下实现品牌核心竞争力的成功转换。

海尔核心竞争力突出表现为制度和企业文化，而这两点的核心是创新。创新的实质是集体学习的能力。1995 年海尔创造出了 OEC 管理模式，这使其获得"国家级企业管理现代化创新成果"一等奖，在 2001 年 4 月 22 日上海举行的"企业家活动日"上，中国企业联合会向海尔集团颁发第七届"全国企业管理现代化创新成果"证书。海尔集团的"以'市场链'为纽带的业务流程再造"获得特等奖。以观念创新为先导、以战略创新为保障、以市场创新为目标、员工主动参与为主体的企业文化指引企业发展壮大。

2007 年 11 月 16—18 日，在北京举行的"'十一五'期间最具核心竞争力的中国企业颁奖典礼暨首届中外跨国公司 CEO 圆桌会议"上，国家电网公司荣获"'十一五'期间最具核心竞争力的中国企业"奖项。该奖项评选由中国国际跨国公司研究会主办，评选的主要指标包括：公司资产总额、销售额、利润率、市值、专利、品牌等。同时获奖的中央企业包括中石化、中石油、中国移动、中国电信、宝钢集团、中国联通等。国家电网公司总经理助理马治中代表公司参加会议并接受了由中国国际跨国公司研究会、联合国全球契约组织、联合国环境规划署联合颁发的"'十一五'期间最具核心竞争力的中国企业"奖牌。对于我们山西省电力公司而言，要想在当前经济社会发展中更好地履行职责，就必须全面提高企业核心竞争力。

延伸时空视野，全面辨识资源

资源是公司赖以生存和发展的基础，是公司创造和提升价值的源泉。历经一代又一代薪火相传、打拼创业，公司在人、财、物、技术、经验、文化等方面积淀了厚重的资源。资源的价值在于发现和挖掘，资源的增值在于配置和利用，我们要学会认识、保护、善用资源。

人才是第一资源。员工队伍永远都是公司兴衰成败的决定性因素，是创造财富的财富，是升值资源的资源。在当今时代，知识已成为企业竞争的最重要资源。人才作为知识的拥有者和使用者，决定了企业的竞争实力和发展能力。我们必须把调动和激发员工的积极性、创造性作为根本策略，强化学习型组织建设，强化执行力培训，优化成长环境，投资员工教育，获取公司未来。

客户是珍贵资源。客户就是市场，没有市场就没有公司的存在。电网企业的客户群体具有其他企业无法相比的广泛性，山西电力更有直接遍布山村的客户资源。与广大客户的天然联系，是我们开展新业务新服务的绿色通道。电传输的是现代文明，创新的是未来动力。为客户提供智能化增值服务，就是为公司的发展创造更大更多的机会。

资源无处不在。公司本身就由各类资源集合而成。无论是有形资源还是无形资源，外部资源还是内部资源，都是公司不可或缺的。从公司外部来看，站址用地、线路走廊、通信设施等都是战略资源，需要努力保全和扩充;公司品牌、社会信任度、公共关系等都是软实力资源，需要精心维护和培育。从公司内部来看，除主营业务资源外，已被改革边缘化的辅业和多经资源渐渐再受关注，特高压建设、抗冰抢险的感人表现使得施工修造企业资源价值再提升，我们需要用未来的眼光看待周围的事物。

资源可以转变。资源的价值是动态变化的，用得好就能对企业发展产生积极的推动效应，用不好轻则失去价值，变成包袱，重则危及企业生存。因此，我们要善识、善辨、善用资源，让低效闲置的土地、设备、厂房等存量资源在运作中增值。这里没用的，放在那里就是可用资源。让意外突发事件、安全生产事故、重大活动保电等事项在变化中增值，成为催生一项发明、一项制度、一项变革的资源，正所谓"过去的成功是我们的财富，过去的错误也是我们的财富"。

资源有待创新。历史是由人缔造的，未来的世界也将是人梦想并创造的。那些未知的东西将进入人们的生活，并支配人们的行动，她们都是有待创新的资源。我们要开放想象力，要相信第四次工业革命会带来更巨大更深刻的变化。资源的过度开发会造成资源枯竭，需要有创新的资源来代替。我们必须跟进时代的脚步，必须推动科技先导、教培先行，使我们能尽早地感知新资源，获取公司发展的新能量新动力。

企业的发展因资源而兴，谁拥有资源的总量越多，谁配置资源的能力越强，谁发展的空间就越大。集团化运作的核心和本质就是资源再配置再优化。国家电网公司深入推进"两个转变"，主要途径就是大力实施集团化运作，创造规模效益和集团优势。我们理解了资源的重要，就理解了集团化的必要。因此，我们要自觉树立集团意识，克服"自转"惯性影响，坚持全局一盘棋，局部服从整体，小局服从大局，主动协同配合，全面整合和优化配置企业内外资源，实现集团效率和效益的最大化，推动企业做强做大。我们要坚决贯彻落实国家电网公司集团化运作的决策部署，实施统一管理，强化集团管控。以全面推动企业组织架构、劳动用工方式改革为重点推进人力资源集约化管理;以实施"六统一、五集中"为重点推进财务资源集约化管理;以建立健全统一的物资标准体系和物资管理体系为重点推进物资资源集约化管理，进一步加强公司核心资源的重组整合和集约调控，形成企业持久的竞争优势。

提升站位高度，深度挖掘优势

优势是人无我有、人有我优的竞争力，是引领公司晋级发展、赶超发展的冲击力。优势是变化的，过去的优势未必是现在的优势，现在的落后未必是将来的落后;优势又是相对的，只有站得更高，跳出山西、放眼全国，才能准确判断公司的优势。

资源配置产生优势。通过合理调配资源，能够有效生成和放大资源优势。贯彻落实国家电网公司"三集五大"体系的各项任务，需要提高人、财、物核心资源的集中度和控制力，最大限度发挥规模效益;需要统筹利用系统内外资源，破除狭隘思想，打破单位壁垒，实施扁平化、专业化管理，使资源异地发挥、合理流动，形成更大优势。公司拥有 11 个地市公司和 101 个县（区）支公司，按行政地域分割，设置齐全，但差异明显。实施区域化与专业化相结合的组织构架，实施大型主设备跨区域供电，利用信息化的最新成果和技术配置公司资源，是未来集约化运营的取向。

正确用人激发优势。人是企业发展的决定性力量，干部是企业发展的关键。选好用好一个干部，就能树立一面旗帜，带动一支队伍，振兴一个企业。我们要坚持德才兼备、以德为先的选人用人标准，拓宽视野选拔干部，广辟途径培养干部，加大干部交流力度，把学习创新能力强、互动沟通能力强、整合资源能力强、决策执行能力强的干部放在更加重要的位置，努力打造一支政治坚定、作风过硬、业绩突出、群众公认的干部团队。

相对比较方显优势。通过相对比较，我们具有无以比拟的天时、地利、人和优势：山西建设新型能源基地步伐正在加快，以特高压胜利投运为标志的国家电网公司"一特四大"战略赋予公司先发优势;煤炭资源丰富，电源点充足，跨区"西电东送"和特高压"两纵两横"输电通道汇集山西，赋予公司特有的能源优势和区位优势;广大干部员工在走出去比较中思变思新，思发展、谋进步、创一

239

流的强烈愿望汇聚成公司发展的巨大力量，奠基了未来的优势。

顺应规律占得优势。科学发展必须顺应规律。我们顺应规律，就能减少彷徨、争论、内耗，高效率地进步发展。我们顺应智能电网发展的规律，主动开展智能化研究与试点，就能在满足新型能源接入和智能用电不断提高的要求中占得优势。我们顺应和把握安全生产规律，就能在电网大建设快发展中，关爱员工生命与健康，提高工程质量和生产效率。我们顺应集团化运作的规律，积极参与资源的重组优化，就能为困难企业争取更多的生存空间，为优势企业争取更大的发展平台。

低碳智能是新优势。低碳经济是未来可持续发展的方向。谁越早进行低碳技术改造，谁就越早占得优势。投资新项目、开发新领域，一定要分析其环境约束条件及碳排放成本，推动企业的良性变革。公司具备电力综合规划设计、技术科研和信息化的坚实基础，拥有特高压大电网先进技术和运维经验，在我省大型煤电基地集中开发、风力发电不断增多的能源新格局中，占有强劲的优势。我们要坚持统一规划、科技攻关、自主创新，不断攻克新能源接入和调控等关键技术难题，构建绿色坚强智能通道，为公司可持续发展增创新优势。

蓄势后发也是优势。优势和劣势对立统一，相互依存，相互转化。一方面，只要我们辩证看待劣势中蕴含的后发优势，善于在差距中寻找机遇，就可以站在前人的肩上，借鉴别人的成果和经验，实现跨越式发展。另一方面，面对劣势，我们要认识到悲观抱怨只能削弱斗志，走入狭隘的胡同，保持积极乐观的精神、开放平和的心态，才能发现劣势时的利势，没有不可舍弃的包袱、没有可以惧怕的困难，树立从谷底攀升的信心;要认识到只要努力就有成绩，只要科学就有大发展。

提高运营管控力

张建坤总经理指出：我们要把公司的整体利益放在第一位，加快形成以责任、执行为引领的高效运作体系、和谐文化氛围，积极打造公司整体的核心竞争力，推动电网和公司又好又快发展。企业基业长青的关键是企业的运营效率，提高企业运营效率的关键是企业的有效管控。公司管控模式的确定是一个复杂体系，它涉及三个层面的问题：首先是狭义管理模式的确定，即总部对下属企业的管控模式；其次是广义管控模式，它不仅包括狭义的具体的管控模式，而且包括公司的治理结构的确定、总部及各下属公司的角色定位和职责划分、公司组织架构的具体形式选择、对集团重要资源的管控方式(如对人、财、物的管控体系)以及绩效管理体系的建立；第三个层面是对与管控模式相关的一些重要外界因素的考虑，涉及业务战略目标、人力资源管理、工作流程体系以及管理信息系统。

按总部的集、分权程度不同而划分成"操作管控型"、"战略管控型"和"财务管控型"三种管控模式。这三种模式各具特点：一是操作管控型：总部从战略规划制定到实施几乎什么都管。为了保证战略的实施和目标的达成，集团的各种职能管理非常深入。如人事管理不仅负责全集团的人事制度政策的制定，而且负责管理各下属公司二级管理团队及业务骨干人员的选拔、任免。在实行这种管控模式的集团中，各下属企业业务的相关性要求很高。为了保证总部能够正确决策并能应付解决各种问题，总部的职能人员的人数会很多，规模会很庞大。如 GE 公司在 1984 年以前采用的就是这种管控模式，导致总部职能人员多达 2000 多人。直到杰克·韦尔奇任 CEO 后才转变为战略管控模式，大大减少了总部参谋人员。这种模式可以形象地表述为"上是头脑，下是手脚"。IBM 公司可以说是这方面的典型，为了保证其全球"随需应变式"战略的实施，IBM 公司各事业部都由总部进行集权管理，计划由总部制定、下属单位则负责保障实施。

二是战略管控型：集团总部负责集团的财务、资产运营和集团整体的战略规划，各下属企业(或事业部)同时也要制定自己的业务战略规划，并提出达成规划目标所需投入的资源预算。总部负责审批下属企业的计划并给予有附加价值的建议，批准其预算，再交由下属企业执行。在实行这种管控模式的集团中，各下属企业业务的相关性要求很高。为了保证下属企业目标的实现以及集团整体利益的最大化，集团总部的规模并不大，但主要集中在进行综合平衡、提高集团综合效益上做工作。如平衡各企业间的资源需求、协调各下属企业之间的矛盾、推行"无边界企业文化"，高级主管的培育、品牌管理、最佳典范经验的分享，等等。这种模式可以形象地表述为"上有头脑，下也有头脑"。运用这种管控模式的典型公司有英国石油、壳牌石油、飞利浦等。目前世界上大多数集团公司都采用

或正在转向这种管控模式。

三是财务管控型：集团总部只负责集团的财务和资产运营、集团的财务规划、投资决策和实施监控，以及对外部企业的收购、兼并工作。下属企业每年定有各自的财务目标，它们只要达成财务目标就可以。在实行这种管控模式的集团中，各下属企业业务的相关性很小。典型的财务管理型集团公司有和记黄浦。和记黄浦集团在全球45个国家经营多项业务，雇员超过18万人，它既有港口及相关服务、地产及酒店、零售及制造、能源及基建业务，也有因特网、电讯服务等业务。总部主要负责资产运作，因此总部的职能人员并不多，主要是财务管理人员。GE公司也是采用这种管控模式。这种模式可以形象地表述为"有头脑，没有手脚"。

山西电力公司做好运营控制，要进一步加强经营管理，强化内部管控，严格风险防范，努力增供扩销，堵漏增收，实现公司经济效益最大化。加强生产经营指标跟踪分析。强化综合计划和预算管控，深入推进"五库合一"，开展全方位同业对标，深入分析短板指标，持续改进提高，为公司经营决策提供准确支持。严控关键环节成本费用。建立主网、农网、辅助建筑物大修项目等标准作业库，重点抓好招标采购、施工建设等关键环节的成本控制，加大降损投入，堵塞管理漏洞，提高经济效益。深化精益化管理,最大限度降低非生产性支出。继续帮扶辅业和集体企业。主动指导和引导施工修造单位规范运作、科学管理，帮助解决困难和问题，积极反映诉求、维护利益，确保辅业单位生产安全、经营连续和队伍稳定，促进企业健康发展。加大扶持晋能公司力度，帮助做好做强符合自身实际的产业和项目，努力实现平衡发展，实现收缩规范再创业。

在此基础上，要做好预防惩治腐败工作。坚持"干事、干净"的理念，把依法治企和惩治腐败的要求全面融入企业管理，加快构建全面覆盖、全员参与、全程管控、协同高效、惩治有力的管控与惩防体系。建立协同监督机制。成立公司本部和二级单位监督工作委员会，整合内部监督资源，推行全员"一岗双责"，实施纪检书记定期向上汇报制度，加强协同监督责任考核。严格财务管理。严控各级财务报销管理，加大报销凭证审核力度，强化北京办事处等驻外单位管控，控制公务出差、公务接待经费，规范会议、庆典、社团组织活动，加强改革过程中各类资产管理。抓好重点审计项目。开展县级供电企业突出矛盾和问题等专项审计调查，强化对县供电企业领导班子的监督、检查和考核。严格执行重大决策、制度订立、合同管理法律把关制度。以专项治理促进规范管理。继续抓好工程建设领域的突出问题、"小金库"、业扩报装"三指定"、公务用车问题等专项治理。严肃改革各项纪律。实施省公司层面的主多分开回头看，稳妥推进地（市）县层面主多分开，做好股权清退、资产处置、人员安置等工作。密切跟踪国家关于"厂办大集体"的有关政策，继续加强集体企业规范管理。严格执行财经纪律，依法规范操作，严禁突击调人、突击提干、突击分钱分物和扩大非生产性开支。

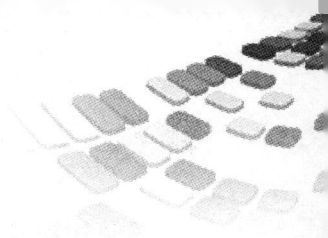

加快科技和信息化建设

科学技术是第一生产力。200年前，瓦特发明蒸汽机，从而带动了机械化进程。100年前，爱迪生发明了电，从而加快了电气化进程。与此相媲美的是，当今由于计算机网络技术的发明和应用的普及，使得实现信息化最终具备了充分必要条件。回望200年工业化的历史，如果没有机械化，没有电气化，人类近现代经济发展的效率、速度和社会的巨大进步是不可想象的。而今天计算机网络技术之于信息化，是与工业化进程中蒸汽机和电具有同等重要地位甚至更加重要地位的一项革命性的技术。如果没有这一革命性技术的发明和应用的普及，当代特别是近年来人类社会经济发展的速度、水平及其所揭示的未来更为美好的发展前景，不可想象。在知识经济时代背景下,信息化作为一种以技术效率为核心的管理模式,是提升企业核心竞争力的重要手段。基于核心竞争力的企业信息化建设将在研发、设计、制造、营销、服务等环节产生巨大的优势,在这种技术效率向组织效率转化整合的过程中,知识管理、人力资源开发与制度环境将起到中介作用,促使企业的综合素质和核心能力得到有力的提升。

山西电力公司要围绕建设坚强智能电网的总体发展目标，着力推动核心技术和关键技术攻关，提升支撑公司发展和解决基层一线实际问题的能力。要进一步加大科技攻关和知识产权保护力度。发挥电科院试验中心、"冲击负荷特性研究"实验室的科研带头作用，组建重点项目攻关团队和专业协作小组，快速推进特高压串补平台建设相关技术、智能用电小区等项目实施，完成运城等 8 家推广单位的 GIS 平台建设。增强保护知识产权的意识，实现申请专利 35 项、获得专利 20 项的目标。做好信息系统的实用化评价验收工作。加快 SG-ERP 建设，进一步推进 ERP 在营销、生产等业务应用的延伸覆盖，整体通过国家电网公司业务信息系统的实用化评价验收。

二、全面提升企业素质

公司战略规划是指在相对较长的时间段内对目标和策略的确定，实现目标的方法、步骤、策略的谋划和实施计划。在公司战略规划的道路上稳健前行，我们还需要全面提升企业素质。企业素质是队伍素质、管理水平和技术水平的综合反映，是企业文明程度和社会价值的集中体现。提升企业素质，必须在增强战略引领力、电网调控力、集团管控力、管理创新力、队伍软实力等企业核心力量上下工夫。提升"五种能力"事关公司发展全局，既是当务之急，又是一项长期任务。"五种能力"有机联系、相辅相成、相互促进。其中，战略引领是方向，电网调控是基础，集团管控是手段，管理创新是动力，队伍软实力是根本。必须充分发挥这"五种能力"的合力作用，激发公司的发展潜能，为公司晋级发展、晋段跃升给足动力。

以"三思三晋"为统领，提升战略引领力

战略是企业管理的核心和灵魂。围绕国家电网公司发展总战

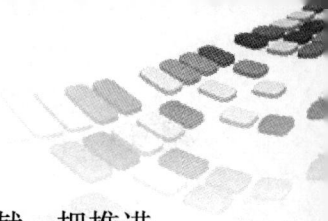

略，我们认真思考山西的事业、公司的发展和岗位的奉献，把推进"两个转变"、建设"一强三优"现代公司细化为"三思三晋"工作方式和发展战略，引领电网和公司发生了焕然一新的变化，开创了人心思进、团结奋进、开拓前进的良好局面。实践证明"三思三晋"工作方式和发展战略符合公司的实际，必须毫不动摇地坚持下去。

要进一步让员工明确规划要旨，了解关键任务，以规划来安排任务，以战略引领发展，以关键环节带动全局工作，全面提高规划在公司发展上的引领作用。

公司发展战略目标是：建设以 500 千伏电网为骨干网架，各级电网协调发展,具有信息化、自动化、互动化特征，安全可靠、经济高效、清洁环保、透明开放、友好互动的坚强智能电网，实现从传统电网向现代电网的升级和跨越。到 2015 年，建成以晋北—石家庄、晋中—豫北和晋东南（长治）—南阳三个特高压通道及"三纵四横" 500 千伏电网为主网架的坚强山西送端电网。重点城市形成坚强的 500 千伏、220 千伏主网架和 220 千伏、110（66）千伏分区供电的网络格局。农村电网建成以 220 千伏变电站为枢纽的 110 千伏（66/35 千伏）主网架，县域电网、重点用户全面实现双电源供电。基本形成智能电网运行控制和互动服务体系，关键技术和装备实现重大突破。

增强战略引领力必须坚持以下几个方面：一是要加强宣传，达成共识。要大力宣传公司发展规划，让公司发展规划在员工心中扎下根来，转化为自觉地行动。二要坚持统一规划、协调发展。各部门、各单位要在公司总战略的基础上制定本公司的发展战略。各部门、各单位要坚持电网与电源的统一规划，优化电源结构和布局，促进电源集约化发展。坚持上级规划指导下级规划、以国家电网总体规划为指导，统筹发电、输电、变电、配电、用电和调度及信息通信各个环节，促进各级电网协调发展。三要重视思考、勤于思考、善于思考，以思考把准定位、找准时机，以战略统领全局、争先发展。面对国内外形势的变化，要认真思考公司的定位，定位准确才能立意高远，实现企业长远发展。应以开放的视野、世界的眼光、超前的思维审视行业发展，针对未来五年新能源、电动汽车、节能环保等战略性新兴产业迅速崛起的新格局，把公司定位于坚强智能电网的建设运营企业，定位于规划引领和传输接纳新能源的电网平台，定位于助推电动汽车新动力的主营服务商，以正确的方向赢得发展先机。四要认真思考发展的时机。识别时机是最大的智慧，是企业抢占发展制高点的关键。要密切关注政策取向和经济走向，善于在复杂局面中谋划布局，在严峻挑战中抓住机遇。目前特别需要我们思考的是，在山西全面实施综合改革试验的初始期，更多地争取电力发展规划的主动权、电力用地和通道清障的特许政策，营造扩大输电占能源输出的比重、电能在终端能源消耗的比重等导向环境。五要认真思考争先的目标，目标引领发展，争先决定高度。我们要继续弘扬"努力超越、追求卓越"的企业精神，围绕希望建设什么样的企业，实事求是地确定争先目标，认真客观地选择优势资源，以优势带动全局，形成争先发展态势。各单位要选准突破点，求强不求大、求优不求全，放大优势，以点带面，力争在某一专业、某一领域率先争优，形成各具专长、百舸争流的进发局面。

以坚强智能电网建设为重点，提升电网调控力

建设坚强智能电网是时代发展的必然。特高压交流试验示范扩建工程是 2011 年电网建设的重中之重，山西电力公司应以此为主线，全面增强电网技术含量，提升山西电网的外送能力和安全控制水平，提高配电网的灵活可靠供电能力。

首先要坚持电网引领，协调发展。要认真贯彻国家能源战略方针和经济发展方针，强化电网的主导地位，以电网规划引导电源布局，促进电网、电源的协调发展。全面提高电网运行效率，满足山西大煤电基地集约化开发、电力高效送出的需要，增强电网对风电、水电、煤层气发电等清洁能源的适应性，带动分布式电源、电动汽车、智能社区等开发和建设，充分发挥电网助推低碳经济发展的作用。其次要坚持质量为本，技术跨越。落实资产全寿命周期管理要求，严格投资管控，优化投资结构，推行统一标准，切实提高电网规划、设计、建设、运行和服务质量;积极应用领先时代的新技术、新工艺、新材料、新设备，加大科技创新，提高装备水平，升级硬件设施，让电网更坚强。再次要坚持突出两头，重点突破。围绕"三纵三横"特高压规划，以特高压骨干电网和配电网建设为重点，全面加强安全质量管理，全方位营造和谐环境，全过程强化协同工作机制，加快推进 1000 千伏晋北、晋中等特高压工程，按

期完成配电网和新一轮农网改造工程投资计划，高质量完成智能电网试点工程，建成 55 个充换电站，实现直供直管客户用电信息采集系统"全覆盖、全采集、全费控"，推广应用 1000 万只智能电表，进一步加快坚强智能电网发展。

统筹资源优势为手段，提升集团管控力

资源优势是公司提升价值的源泉。实施"三集"，就是要深入推进人、财、物核心资源的优化配置，挖掘、开发和利用好资源优势，增强集团管控能力，培育最有价值的核心竞争力。

一方面，要树立资源为王、优势为先的理念，从全局出发，统筹运用好公司系统所有内部资源和外部资源、有形资源和无形资源，让资源在重组整合和集约调控中增值，实现集团优势和规模效益。尤其是利用好发改委等 6 厅局与公司签署工作备忘录和合作发展协议等外部资源，不断提高发展效益；善于把人、财、物资源集中到优势业务上来，以优势业务的发展带动整体水平的提高，不断提升发展合力；大力支持符合专业化等未来发展方向的业务和工作，超前谋划占有未来资源，不断增强发展潜力。

另一方面，要拓展资源有限、创造无限的思维，深刻认识创新是最大的生产力，既要"有中生有"，用活现有资源，在开拓售电量市场、建立客户关系和建设电网等业务中，加强统一运作，提升工作价值，发挥资源的最大效率和最大能量；又能"无中生有"，用胆气和才智把握经济社会发展大势，在创意创新中发现新的利润增长点，开创公司发展的新境界。要运用辩证分析、集约管理的手段，以发展的眼光进行静态比较和动态分析，辩证地看待公司的劣势和弱项，在劣势中找到发展机遇，在差距中明晰后发优势，努力形成集团化运作的新优势，推进公司整体实力跨越提升。要不断推进人财物集约化管理向纵深发展，提高人、财、物对"五大"体系的支持与服务能力，实现公司核心资源的集中管理和高效利用。

以递进"四化"管理为途径，提升管理创新力

管理创新是科学发展的基础。要围绕加强思想科学化、科学制度化、制度信息化、信息人性化四个方面的工作，通过思想—制度—信息化—人性化的循环递进，提升思想、强化管理、创新突破。具体来说：一是要以标准规范精益管理，全面梳理建设、生产、经营等业务标准，从自身实践中汲取成功经验，从同业对标中学习借鉴先进适用的方法，优化创新现有制度和流程，使每一个岗位、每一项业务、每一个事项都有标准化的要求、标准化的流程，提升管理的标准化和精益化水平。二是要以信息系统保障执行，加快制度信息化建设，做好基础数据的收集整理，顺畅系统接口，促进各个信息系统无缝连接，强化员工执行力考核，形成有序高效的管控机制。三是要以扁平管理提升效率，按照做实省公司、做优分公司、做精支公司的要求，充分运用信息化加强机构之间的联系，减少管理链条，缩短管理流程，强化公司本部管理的核心作用，建立纵向贯通、横向集成的扁平化运作机制。

以培育"三专"为基础，提升队伍软实力

加强队伍建设是提升企业素质的根本途径。要深刻把握国家电

网公司加强"三个建设"的内涵，以培育员工专长、增强领导专注力、提升公司专业精神为载体，凝聚人心鼓干劲，干事创业增活力，攻坚克难强动力，为公司发展提供坚强保障。一要增强政治素质，形成团队意识。团结是战胜困难和风险最有效的武器。要加强政治学习，坚定理想信念，始终坚持以大局为重、以公司整体利益为重，正确处理大局和小局、眼前利益和长远利益的关系，形成团队高度统一的意志和信念，以高昂的斗志和向上的精神状态推动公司科学发展。二要增强技术素质，培育优良作风。良好的作风是企业高效运转的重要保证。要培育职业素养，增强责任意识，强化专业学习，提高业务技能，创造性地解决实际问题。要坚持求真务实，敢于坚持原则，发扬"三吃一担"精神和艰苦奋斗作风，切实做到贯彻坚决有力、落实不折不扣、执行决不走样，创建敢干事、能干事、干成事的环境。三要增强文明素质，强化品牌建设。文明标志成熟，品牌铸就形象。要把对企业、对社会、对国家的贡献作为人生价值追求，遵守社会公德，恪守职业道德，崇尚家庭美德，全面提高品德修养。要自觉把公司发展和履行社会责任统一起来，担负起节约资源、保护环境、关注民生的社会责任，积极为社会办实事，为政府解难题，打造"诚信履责、可靠信赖"的统一的"国家电网"品牌，实现与社会、资源、人文环境的互动共赢。

三、全面履行社会责任

现代市场经济条件下，企业对社会生活的影响日益深入，在经

济社会发展中发挥着越来越重要的作用。企业不仅是物质财富和精神财富的创造者，还对科技、教育、文化、环境等各个领域产生重要影响。作为众多社会主体利益的交汇点，全面履行社会责任，兼顾多方利益诉求，成为现代社会对企业的普遍期望和要求。

2010年12月3日，中央企业社会责任工作会议在京隆重召开，130多家中央企业代表悉数到场。国家电网公司作为首家介绍履责经验的中央企业，播放的"试点示范、根植基层，扎实推进全面社会责任管理"的视频短片，感染了在场的每一个人。国资委副主任黄淑和在报告中充分肯定了"国家电网大力推进全面社会责任管理体系建设，选择天津市电力公司、江苏无锡供电公司、浙江嘉善县供电局作为试点，努力将企业社会责任根植于基层单位和日常运营"的履责实践。这是对国家电网社会责任管理实践的充分肯定。

2005年，国家电网公司立足贯彻国家能源战略和服务经济社会发展全局，提出了"四个服务"（服务党和国家工作大局、服务电力客户、服务发电企业、服务经济社会发展）的公司宗旨和建设"一强三优"（电网坚强、资产优良、服务优质、业绩优秀）现代公司的发展战略目标。2006年初，公司发布了我国第一份企业社会责任报告，得到了中央领导的充分肯定。在这份报告中，公司提出了"发展公司、服务社会，以人为本、共同成长"的社会责任观，初步阐述了推进自身、产业和社会可持续发展的努力与探索。2007年底，公司认真总结履责实践，发布了我国第一个企业履行社会责任指南，初步构建了全面社会责任管理体系，为将社会责任理念融入公司使命、战略、运营和文化，持续改进运营方式和管理体系提供了全面指导。为进一步落实《国家电网公司履行社会责任指南》，将全面社会责任管理根植基层和一线，国家电网从 2008 年4 月起，先后在天津市电力公司、江苏无锡市供电公司和浙江嘉善县供电局启动了省、地市和县供电企业全面社会责任管理试点。

构建和谐的劳动关系

经过多年改革，我国已经由计划经济体制逐步转型为市场经济体制，社会形态、产业结构发生了很大变化，农村大量空闲劳动力进城务工，院校学生从国家包分配到自主择业，企业经营管理模式日益复杂化、多样化。可以说，多种用工形式已经成为电力企业的一种必然选择。既然多种用工形式是企业的必然选择，那么企业就必须转变计划经济体制下的用工制度和用工观念，就必须认真地研究思考如何搞活企业内部人力资源的配置方式。

从公司的情况来看，大致有四种主要的用工模式。一是直接签订劳动合同的职工。这部分员工是在计划经济条件下的固定工向市场经济条件下的合同工整体转制过来的，这部分职工大多数都有一定工作年限，具有一定管理能力，熟悉电力工作，同时他们的工资水平、福利待遇等相对要高一些。二是劳务派遣工。劳务派遣工主要是指与中介公司签订短期劳动合同，通过劳务派遣机构，以劳务派遣方式派遣到公司工作的员工。这部分工人主要在项目部从事施工员、技术员、资料员、库工等岗位的工作。这部分员工有一定理论基础，不需要太长时间的培训就能上岗工作，但是对公司的归属感、认同感不强，有一定的流动性和淘汰率。三是劳务分包队伍人员。这部分人虽然没有与公司签订直接的劳务合同，但是为保质保量完成任务，需要主动对这部分人进行培训。他们的主体绝大部分是农民工。四是非全日制工。这部分人主要是公司负责清洁、卫生的临时工，或者是因工程建设需要从当地农村招收的临时工。这部分人主要集中在装卸工、炊事员、清洁工等临时用工岗位，根据工作的需要，可以随时进行调整和替换。在多种用工形式形势下，构建和谐劳动关系需要做到：

一要培育新的用人理念，营造健康的用人环境。针对多种用工形式的配套改革尚不规范、尚不完善，不同身份的员工，尤其是劳务派遣员工和劳务分包队伍存在着诸多的政治、思想、物质利益诉求的实际，公司在生产经营和管理活动中，坚持发挥多种用工的积极因素，努力减小其消极因素，增强员工对企业的归属感、向心力、凝聚力，调动员工工作的积极性、主动性和创造性。利用内部报纸、网站、宣传栏、印发学习书籍、手册等，大力提倡科学的用人理念，打破签订劳动合同人员的一劳永逸的就业观念，帮助派遣制员工树立正确的认识方法，客观看待派遣制用工方式"管人不用人、用人不管人"的特殊性，避免他们在观念上产生误解，正确地看待自己的责、权、利。同时，纠正劳动合同制人员的认识偏差，引导他们把派遣制员工、分包单位员工等看作企业的一部分，一视同仁，共同发展，互利共赢。

二要变身份管理为岗位管理，为稳定员工队伍提供制度保障。

根据不同工作和岗位需要，对劳动合同工、劳务派遣工、劳务分包队伍人员、非全日制用工等多种用工形式分别制定管理办法，使各种用工方式都能独立正常运行，并充分发挥各自的优势。结合多种用工形式的特点，在多种用工形式之间建立起一个相互联通的结合点，形成一个形式多样、制度灵活、相互联系、共同发展的有机整体和有效运行机制。要对任职人员实行统一的人员管理，对所有职位的招聘程序、考评方式和晋升规则都做统一规定，打破用工身份界限，建立以岗位竞聘为主要内容的岗位动态管理机制。

三要协调收入分配，以解决实际问题稳定员工队伍。充分发挥工资的经济杠杆调节职能，借鉴社会劳动力市场的指导价位，建立与各种用工形式相适应的灵活多样的内部收入分配办法。薪酬结构都由基础工资、岗位工资、知识分子津贴、绩效工资四部分组成。基础工资和津贴都执行统一的标准，薪资发放周期和发放方式也完全一致。岗位工资依据岗位责任、技能要求、劳动条件及劳动力市场价格设有多个岗级。岗位工资实行动态管理，以岗定薪，岗变薪变。在绩效管理中，所有员工都按相同的流程进行绩效管理，都拥有形式、结构一致的绩效计划和考核标准，以减少不同用工形式的员工因薪资不同产生的心理落差，使员工感受到公司的关怀。

四要开展技术培训，稳定员工的成长路径。明确每一个岗位的工作职责及上岗必须的岗位职能、知识水平，使每一位员工都可以根据自身所处的岗位，结合企业发展的方向、目标，从自身知识、技能和创造力出发，做好自身的职业生涯规划，明确发展目标和方

向。将所有员工培训都纳入统一的培训计划，培训方法、培训资源和形式不会因用工形式不同而有所改变。实施全员的素质工程和持证上岗制度，将"员工课程"作为日常培训活动的主要形式，强化公司、基层、班组三级培训，拓展多种培训模式，加大对一线岗位的培训力度，形成培训知识专业化、培训工作规范化、培训管理制度化的培训机制，激励员工不断提高岗位技能，激发从事本岗位工作的热情。

推进员工参与管理

员工参与企业管理是现代企业民主的主要表现。员工参与企业管理，要通过一定的渠道来进行。拓宽员工参与企业管理的渠道，是积极推进企业内部民主建设的重要形式。

尽管企业广大员工的民主意识不断提高，参与企业管理的愿望不断增强，但仍有部分员工民主意识淡薄，参与企业管理的积极性不高，他们习惯于领导说了算，一切由上级决定，不珍惜自己的权利，自觉不自觉地放弃了自身权利，不敢也不愿理直气壮地行使自己的民主权利，保护自己的合法权益，对本单位领导干部滥用手中权力侵害自己民主权利的行为缺乏举报和提出意见的勇气。同时，相当数量的企业员工没有意识到自己的主体地位和权利，在日常生活中，不主动参与企业内部事务，不独立发表意见，不会正当合理地维护自己的权益，不敢对领导班子实行监督，等等。

要积极推进厂务公开。厂务公开的内容要体现全面性、真实性和可靠性。厂务公开不是"公开什么，群众就看什么"，而必须是

"群众关心什么，就公开什么"。凡是群众关心的热点问题，容易出现以权谋私、滋生腐败、引发不公的事情，只要不涉及企业的秘密，就要最大限度地予以公布。同时，要根据"规范、实用、明了、方便"的原则，针对不同内容确定公开形式。只适宜在党组织内部公开的，主要通过党内有关会议、下发文件、定期通报、党员活动栏目等形式公开。适宜对全体员工公开的，则要按照因地制宜、灵活多样、简便实用的原则，最大限度地方便群众。必要的时候，可以采用电子屏幕、公开栏等形式，甚至利用计算机、网络等现代媒体进行公开。

建立员工参与管理的保障机制。首先要建立情况通报制度。做到重大事情向全体员工进行传达，从而增强员工的荣誉感和责任感，调动员工的积极性、主动性和创造性。其次要完善情况反映制度。企业各级组织要建立信息联络点，保证基层员工的意见建议能够及时、准确地反映到上级组织中来，上级组织要认真处理反映的问题和提出的意见、建议，并将结果通报基层员工。再次要建立重大决策征求意见制度。上级组织作出与下级组织有关的重要决定，一定要征求下级组织的意见。重大事项的决定，一定要在全体员工会议上公布，组织全体员工进行讨论，使之具有坚实的群众基础，保证重大决策的科学化、民主化。最后要建立侵犯权益的惩罚制度。严肃查处压制批评、对反映真实情况的同志进行打击报复等严重侵犯员工民主权利的行为，保护员工批评建议、检举揭发的权利，在全体员工中形成良好的批评与自我批评的风气。

霍桑实验是管理心理学史上最出名的事件之一。这一系列在美国芝加哥西部电器公司所属的霍桑工厂进行的心理学研究是由哈佛大学的心理学教授梅奥主持的。主要进行了"照明实验"、"福利实验"、"访谈实验"、"群体实验"等。霍桑实验表明，人不是经济人，而是社会人，不是孤立的、只知挣钱的个人，而是处于一定社会关系中的群体成员，个人的物质利益在调动工作积极性上只具有次要的意义，群体间良好的人际关系才是调动工作积极性的决定性因素；士气，也就是工人的满意感等心理需要的满足才是提高工作效率的基础，工作方法、工作条件之类物理因素只是第二位的东西。

用心服务社会

树立社会责任理念，用心服务社会，报效国家，是关系中央企业改革发展和建立中国特色现代化国有企业制度的重大战略问题。胡锦涛总书记明确提出企业要"树立全球责任观念，自觉将社会责任纳入经营战略，完善经营模式，追求经济效益和社会效益的统一"。李源潮同志在全国国有企业党建工作会议上指出，"国有企业不仅是一个经济组织，还承担着重要的国家义务和社会责任"。

国家电网公司是关系国家能源安全和国民经济命脉的国有重要的骨干企业，是关系各行各业发展和百姓生活的公用事业企业，是维护社公公共安全和人民群众生产生活需要的公用事业企业，运营着上万亿元的国有资产，对社会有着广泛的社会影响力、带动力，社会公众高度关注。同时，电以光速传播，电力生产、输送和消费瞬间完成、实时平衡，电力系统具有高度的整体性和协调性特征。也就是说，电网公司的企业特性和电网技术属性，都决定了公司和电网的发展，必须以赢得政府、社会和伙伴、用户的信任、理解与大力支持为基础。因此，公司必须自觉发挥中央企业履行社会责任的表率作用，坚持开放透明运营，从利益相关方的视角来审视公司工作，以社会价值衡量公司工作绩效，自觉接受政府和社会监督，统筹平衡利益相关方的期望和要求，追求经济、社会和环境的综合价值最大化，要对各特定利益相关方履行法律责任、道德责任和合作创造综合价值的共赢责任，赢得利益相关方对公司和电网发展的价值认同，凝聚各方发展合力，协调推进公司与社会可持续发展。

要竭力满足人民群众用电需求。随着经济社会的发展和人民群众生活水平的提高，国民经济和电力需求将长期保持较快增长的态势。电网发展必须满足经济社会发展的需要。近年来，虽然山西电网公司全力加快电网建设，但电网总体滞后的局面并未根本扭转，骨干网架和配电网"两头薄弱"等问题依然突出，因此要加快电网建设，不断提高安全运行水平和供电质量。与此同时，要增强服务意识，全面提升服务水平，以优质的服务赢得社会各界的认可。

要尽力服务山西转型跨越发展。山西省委提出了推进转型跨越发展、再造一个新山西的宏伟目标。作为中央驻晋企业，要努力服务山西经济社会建设。为此，我们一方面要大力推进外送通道建设，满足山西煤电基地外送电力的需要。目前山西电网外送通道 4 个 500 千伏网对网通道，9 回线路，输送能力 1100 万千瓦；1 个 500 千伏点对网通道，3 回线路，输送能力 330 万千瓦；1 个特高压网对网输电通道，1 回线路，280 万千瓦；总的外送输送能力达到 1710 万千瓦。根据山西省委、省政府"输煤输电并举"的政策，"十二五"期间将大力加快晋电外送步伐，2015 年山西电网外送装机将达到 4500 万千瓦，现有的输电通道不能满足规划外送电力的需求。根据国家电网公司的特高压电网规划，在山西将规划建设晋中和晋北两座特高压变电站，并规划建设陕北—晋中—长治—南阳—荆门—长沙、蒙西—晋北—石家庄—济南—潍坊和晋中—豫北—徐州特高压输电通道。"十二五"期间，应大力推进特高压输电通道的建设，满足山西煤电基地外送电力的需求，实现全国范围内资源优化配置。另一方面，要进一步加强省内 500 千伏主网架的建设，提高抵御严重自然灾害的能力。目前山西电网电力流向是北电南送，根据对前期电源项目和电力负荷发展分析来看，北电南送趋势还将长期存在。山西 500 千伏电网北部与中部目前通过忻侯双回和朔云单回 500 千伏线路联络，由于朔云线跨越吕梁山脉，且为紧凑型线路，档距较大，遇到极端气候天气会频繁发生跳闸现象，不能正常运行。朔云线与神头二电厂—忻州—侯村两个 500 千伏北电南送通道都位于吕梁山脉的东侧，属于同一微气象区，同时遭遇冰雪灾害而失去该 500 千伏通道的概率较大，北中部之间的联系相对还是较弱。"十二五"期间，应加强北部电网与中部电网之间

261

500千伏通道建设，以抵御严重的自然灾害，满足北电南送的需要。

要全力推进节能减排。节能减排是国家的大政策。电力行业既是能源生产大户，也是能源消费大户，是节能减排的重点领域。而电网企业具有电力调度、电能输送功能，在电力行业节能减排中具有不可替代的作用。山西省是能源大省，也是高耗能企业较为集中的省份，完成国家确定的节能减排目标，建设资源节约型、环境友好型社会，面临着很大的压力。山西电力公司要紧紧围绕国家、总公司、山西省节能减排的要求，实现电网发展方式转变，保障能源安全，支持低碳经济发展，服务我省工业化、城镇化和社会主义新农村建设，为全面建设小康社会提供安全、可靠、清洁、优质的电力保障。要认真落实国家电网公司的决策部署，以全面推进特高压和各级电网协调发展为目标、以建设坚强智能电网为目标，促进电网与发电、用户的友好互动。进一步拓展电网增值服务，提升电网的服务能力，促进和保障山西经济社会协调发展。要坚持统一规划、协调发展。智能电网规划与国家能源、地方经济社会发展、城市、乡镇发展规划相结合。为提高可再生能源在终端能源消费中的比重创造条件，要充分发挥规划统领作用，保障各级电网协调发展，保证发电、输电、变电、配电、用电、调度各环节及通信信息平台智能化同步规划、同步建设。

第九章

规划希望之保障：党的建设、企业文化建设、队伍建设

国有企业是我国国民经济的重要支柱，是中国共产党执政的重要基础。在新的历史条件下，国有企业面临的国内外社会环境发生了深刻的变化。对于国有企业来说，坚强有力地执行是规划希望得以实现的重要环节，是国有企业发挥作用、健康发展的重要支撑。张建坤总经理指出，在建党 90 周年的时候，要进一步加强党的建设、企业文化建设以及干部队伍建设。这实际上就从三个方面指出了，要通过发挥企业党组织的作用、企业文化建设、干部队伍建设三个方面的作用，来更好地促进规划的实施。

一、发挥企业党组织的政治核心作用

国有企业特别是国有大中型企业是国民经济的支柱，控制着国民经济发展的关键行业和关键领域。它是国家财政收入的主要来源，也是社会主义公有制的重要表现，更是中国共产党执政的基础。国有企业承担着我国经济、社会变革的主要成本，为社会提供大量的就业机会，对于促进我国经济发展，增强我国综合国力，维

护社会安定秩序发挥着重要作用。同时，国有企业又是产业工人的集中之地。要充分地发挥工人阶级先锋队的模范带头作用，巩固并扩大共产党执政的阶级基础，国有企业是主要阵地。

国有企业党组织是中国共产党在企业中全部工作和战斗力的基础，在国有企业中处于政治核心地位。充分发挥企业党组织的作用，对于完善国有企业制度建设，促进国有企业科学发展，加强企业的贯彻力、执行力具有非常重要的作用。新形势下，加强和改进国有企业党的建设，发挥国有企业党组织的政治优势，必须提高国有企业党的建设科学化水平。

"一方有难八方援，安全责任重泰山，不辱使命不畏困难，服从命令团结战斗，书记到现场，党员上一线；认真践行社会责任，积极传播国网品牌。"2010年6月20日上午，国家电网福建省福州电业局支援南平抗灾抢险队举行誓师大会，在关键时刻发挥了党员骨干的先锋模范作用。

从6月份以来，福州市高规格、大影响的活动接连不断，"海峡两岸经贸交易会"、APEC中小企业技展会等6项重大保供电任务摆在该局面前。期间又适逢高考、中考，灾害天气频发，迎峰度夏在即。如何确保电网安全稳定运行、优质可靠供电，成了该局的一大考题。

"既是考验，亦是检验。越是关键时刻，越要发挥党组织的战斗堡垒作用，党员的先锋模范作用。"该局党委负责人表示。

该局迅速启动特殊时期政治工作方案，开展"履行社会责任

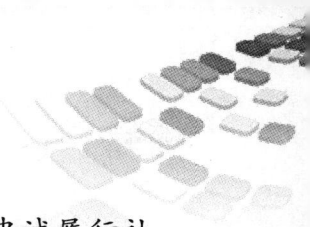

月"活动，推行"书记到现场，党员到一线"，达到"忠诚履行社会责任，传播国家电网品牌"的目标。

重大保供电任务期间，也是展示传播国家电网品牌的最好时期。该局要求亮出统一制作的国家电网共产党员保电服务队旗帜，传播诚信履责、可靠信赖的国家电网形象。

持续的暴雨引发洪水、山体滑坡、泥石流等自然灾害，造成三明、南平等地市电力设备不同程度受损。该局精心挑选43名党员骨干、入党积极分子和团员骨干，作为158名抢险队伍的主力军从福州紧急奔赴南平，增援南平电网抗灾抢险工作。按照特殊时期政治工作方案要求，该局抢险队成立了临时党支部，组建了9支党员抢险保电突击队。在南平东坑抢修现场，党员突击队硬是靠肩挑手扛，将抢修物资运送到位。大漳溪界竹口水库一带出现部分山体滑坡。党支部书记带领党员服务队光着脚、背着行囊，徒步1个多小时抵达目的地，帮助库区移民安置转移。关键时刻，支部打头阵，党员做先锋。急难险重处，国家电网的旗帜总是出现在最需要的地方。当地群众激动地说："关键时刻，党就是我们的靠山。看到'国家电网'四个大字，就看到了光明。"

但在实际工作中,国有企业党的建设工作也存在许多不适应的地方，主要表现在：有的同志对党组织的地位和作用认识不够深刻，忽视党的建设，党建工作被弱化和边缘化。一些领导并没有充分认识到国有企业党的建设工作的重要性。他们仅仅围绕国有企业的经济效益，单纯追求利益的最大化，从而忽略了党的建设工作对国有企业稳大局、促发展的重要作用，轻视党务工作，甚至采取各种方式抵制和妨碍党的建设工作。这种重经济、轻党建的思想往往使得党组织在促进国有企业发展中显得力不从心，缺乏影响力；特别是中央关于国有企业改革的方针政策得不到全面贯彻落实，党组织的权利和义务无法得到实现，党建工作处于边缘化状态。有的地方和企业党的建设体制机制创新滞后于企业改革发展，党建工作缺乏活力。一些国有企业党的建设不能适应企业改革的趋势，落后于企业的发展，不能与时俱进。企业党组织还是保留着传统单一的工作方式和传统的思维方式，单纯地以党建抓党建，离开企业经济单纯搞政治化，忽视职工实际利益要求，工作没效果，缺乏权威性。

围绕中心抓党建

企业党委要围绕企业规划的中心工作，充分发挥各级党组织的政治优势、组织优势，以党组织的凝聚力提高企业整体的凝聚力，以党员的先进性带动职工群众的积极性、主动性和创造性，在企业生产经营中充分发挥战斗堡垒作用和党员的先锋模范作用，提升企业规划的执行力。

党的基层组织是党的全部工作和战斗力的基础，也是国有企业执行力的基础。党员队伍是企业具有坚定信念和严密组织的先进人力资源。国有企业党委应积极适应形势变化，既防"淡化"，又防"僵化"，推进党建工作创新，发挥党组织的引领和党员的带头、带动作用，激发广大职工的内在活力，实施好董事会和总经理的决策，促进企业的改革发展稳定。

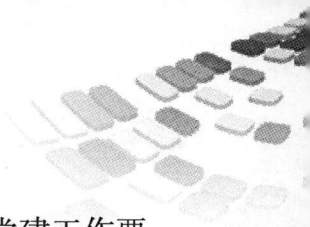

坚持"组织全覆盖、活动正常化、工作有实效"的党建工作要求。要随着国有企业的调整和改革，适应生产经营组织结构多元变化的趋势，及时调整、建立党组织，适时调整组织设置和隶属关系，保证哪里有党员，哪里就有党的组织，不让一个党员脱离组织。应做到正常地开展党组织活动，要结合企业特点和实际，在保证正常生产经营的前提下，采取集中与分散、脱产与业余等灵活多样的形式，开展组织活动。认真落实"三会一课"和民主评议党员等党内活动的基本制度，确保党组织活动的"正常化"。必须做到党组织活动"有实效"，切实提高党员素质、增强党组织的凝聚力和战斗力，在促进企业发展上见实效。公司党委要着力加强和改进党支部建设，紧紧围绕成本改善和产品经营，充分发挥党支部在加强基层建设、基础管理中的战斗堡垒作用。国有企业党组织要把保持和发展党员队伍的先进性作为工作的中心环节，通过对党员的教育和管理，使广大党员做到履行义务的充分全面性、履行义务与行使权利的统一性。广大党员能不能保持和发展先进性，固然与党员的自身努力有很大关系，但起决定作用的是有实效的党员教育和管理工作。要加强党员教育管理工作，把提高党员思想政治素质与提高业务能力结合起来，既要重视科学理论的学习，又要大力倡导党员学技术、学业务、学管理，成为本岗位的行家里手。引导党员不断实现自我超越，发挥广大党员在生产经营中的模范带头作用和对职工群众的带动作用。

进入管理起作用

进入管理起作用，参与企业重大问题决策，把企业党建的大部分工作与生产经营活动紧密结合起来，这是党章赋予企业党组织的重要职责之一，是企业党组织发挥政治核心作用的基本途径，是实现国有企业目标的重要手段。企业党委要通过参与企业重大问题的决策，保证、监督党和国家的方针、政策的贯彻落实，保证企业党组织在企业生产经营活动中不边缘、不缺位、有作为，从而坚持国有企业的社会主义方向，推动国有企业科学发展。

党委在参与决策中要注重决策的战略性、正确性，主要参与那些涉及企业经营和发展的带方向性、全局性、长远性、关键性的问题,对社会产生较大（影响的）敏感问题，与职工切身利益相关的原则问题。通过参与决策，使党组织全面地了解掌握企业的生产经营状况，并根据企业的中心任务来制定党组织的工作目标、计划和保证措施，安排好党组织的活动内容，把规划与经济建设密切结合起来，切实把党的建设工作渗透到企业改革和生产经营的各个环节中去，同时紧紧围绕企业改革和生产经营，使党组织建设得到改进和加强。

党委参与企业重大决策是供电企业性质和根本任务的客观要求。供电企业有其独特的企业性质，作为从事基础产业和公用事业的国有企业，企业的使命、根本任务是"主动承担社会责任，全力做好电力供应"，其关系到国民经济命脉、能源安全与社会稳定大局，必须充分体现国家意志，与党中央保持高度一致，当好建设小康社会的"先行官",服务地方经济社会发展,为客户提供安全可靠的电力。供电企业要确保党的意志在企业中的充分体现,确保承担维护社会公众利益的责任,促进班子决策更科学、执行更有力,监督更到位,从根本上保证企业健康发展。

党委参与企业重大决策是市场经济发展的客观要求。市场经济的发展,使国有企业生存和发展的环境发生了深刻变化,市场竞争日益剧烈。企业党委只有建立在企业的决策层中,才能真正成为企业的政治核心,要求企业党政双方同心合力,荣辱与共,党政工要"拧成一股绳",参与市场竞争,使企业求得生存和发展。党委参与重大决策,可以克服党政领导"一身兼"的缺陷和不足,避免党组织领导人员在管理职责上完全独立于经济组织领导人员的尴尬现实,还可以在重大问题的决策中体现党组织的意图,解决党建和生产经营"两张皮"的问题。

具体来说,国有企业党组织要支持股东会、董事会、监事会和经理(厂长)依法行使职权。股东会、董事会、监事会和经理(厂长)承担经营管理企业的法律责任。党组织支持股东会、董事会、监事会和经理(厂长)依法行使职权,必须紧紧围绕生产经营开展工作,不要偏离中心;必须按照"发挥政治核心作用"的定位开展工作,不要"越位";必须在党建工作"有实效"上下工夫,不断提高工作水平,真正做到工作"到位"。全心全意依靠职工群众,是由我们党的工人阶级先锋队的性质和我国人民民主专政的社会主义国家性质所决定的,是建设社会主义政治文明的必然要求。国有企业党组织要增强民主意识，有序扩大党内外民主；要进一步发挥工会、共青团和科协等群众组织的作用，支持职代会依法开展活动，推进厂务公开，提高职工民主管理水平。保证监督党和国家的方针、政策在本企业的贯彻执行。在新世纪新阶段，关键是保证监督科学发展观、构建社会主义和谐社会等重大战略方针、政策在本企业的贯彻执行。

强化监督严治企

加强对企业各级领导班子成员和管理人员的监督管理，是国有企业党组织的重要职责。国有企业党委应注重综合协调内外部监督资源，强化纪律、法律和民主监督，确保各级领导人员廉洁从业，促进企业健康发展。党组织的监督应当是积极的监督，把监督国有企业贯彻执行党和国家的方针政策和保证法人代表充分行使职权统一起来，把支持企业经营管理层开展工作与监督廉洁行使职权统一起来，把监督工作贯穿于企业经营活动的全过程。

国有企业党风建设和反腐倡廉工作的方向，是构建与现代企业制度相适应的教育、制度、监督并重的惩治和预防体系。应明确监督内容，要把企业贯彻执行党和国家的各项方针政策，依法进行生产经营活动的情况；正确处理国家、企业、职工三者利益关系，维护企业和职工的合法权益的情况；企业重大决策的制定和实施，企业经营任务的完成和国有资产的保值增值的情况；行政领导或企业主要负责人的决策民主化程度及决策执行情况，特别是资金运作的情况；尊重职工的民主权利，充分发挥工会、职代会等群众组织的民主管理和监督作用的情况；企业干部人事工作和行政负责人遵纪守法的情况等作为监督的主要内容。要健全监督机制，形成监督合力。国有企业党委要积极支持出资人履行监督职责，支持监事会独立负责地开展工作。同时，发挥纪委的组织协调功能，支持监察、审计等部门的工作。积极营造讲法律、讲制度、讲程序的氛围，支持经营管理者规范经营行为，防范风险，确保国有资产保值增值。国有企业党委要理直气壮地展开监督工作，对不廉洁的倾向性问题，进行不留情面的批评；对违反制度的行为，坚决予以纠正；对违纪违法行为，及早发现、主动查办、严肃查处，遏制腐败蔓延，避免大案、要案的发生。

二、发挥企业文化的精神动力作用

文化是一个有着多重含义的复杂概念。广义地说，文化是指人类在社会实践过程中所获得的物质、精神的生产能力和创造的物质、精神财富的总和。狭义的文化是指精神生产能力和精神产品，包括一切社会意识形态。企业文化对于凝聚员工思想、激发员工创造力、发挥团队作用等有着不可估量的意义，它是保证员工工作热情、提高工作效率的法宝，也是让企业发展永葆青春活力的不二法门。美国的文化专家肯尼迪曾经指出:企业的精神文化在企业起着至关重要的作用,它影响着企业中的每一件事,大至企业决策、人事任命、干部选拔,小至员工的行为举止、衣着爱好。美国哈佛大学的研究人员约翰和詹姆斯对企业文化、企业精神研究得出了两个结论：企业文化精神对企业的经营业绩有重大的作用；企业文化精神在下一个十年内很可能成为决定企业兴衰的关键因素。

西南航空公司每名员工平均服务旅客的数量是其他航空公司的两倍，员工的平均工作效率是其他航空公司的三倍，而员工流动率平均每年低于5%（最低），客户的满意度和忠诚率更是长期保持在一个较高的水平。而让这一切发生的真正动因其实是西南航空的企业文化——"员工第一"（结果：员工成为真正重要的企业资产）、"重视客户"（结果：乘坐西南航空飞机成为一种乐趣）、"团队合作"（结果：高度的员工忠诚度、使命感和奉献精神，良好的团队精神，持续优良的企业业绩）。

正是因为西南航空公司注重企业文化建设，才使员工保持了对企业的高度忠诚与信赖，才能够使西南航空的战略规划在执行中变得如此鲜活生动。

企业文化是企业核心竞争力的关键所在。企业文化具有鲜明的个性和时代特色，是企业的灵魂，它是构成企业核心竞争力的关键所在，是企业发展的原动力，是企业明天的竞争力。优秀的企业文化可以增强企业的凝聚力、向心力，激励员工开拓创新、建功立业的斗志；可以为员工提供健康向上、陶冶情操、愉悦身心的精神食粮，能营造出和谐的人际关系与高尚的人文环境；最终促进企业经济效益的提高和企业内部和谐的提升。要进一步推动企业发展，要真正成为一流企业，就是要借助企业文化强大的推动力。世界上成功的企业必然都有先进的企业文化作支撑，没有卓越的企业价值

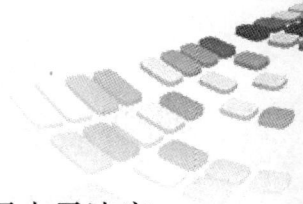

观、企业精神和企业哲学信仰，再高明的企业经营目标也无法实现。反观世界上一些遭受挫折、甚至破产的著名企业，出问题大都在企业文化上面，不是没有建立起先进的企业文化就是背离了企业的价值观出了乱子。

继承与创新公司文化

企业文化核心理念一般指企业的使命、愿景、核心价值观及其指导下的相关理念，是企业文化的精髓。企业核心理念最忌脱离企业实际，没有针对性与缺乏特色。集团公司提出了包括企业核心价值观、企业精神、企业愿景、职业道德观等在内的企业理念。具体到山西省电力公司，面对全球一体化进程加快的形势，企业迫切需要提高自己的内部凝聚力和外部竞争力，从而谋求在新形势下的发展。为实现这一目标，企业必须进行系统性变革，而变革的核心就是充分发挥企业文化的力量，提升企业的竞争能力，使企业立于不败之地。要在全面宣传贯彻总公司企业文化理念的同时，要紧密结合自身实际，以培育和谐执行文化为重点，大力弘扬"诚信、责任、创新、奉献"的核心价值观和"努力超越、追求卓越"的企业精神，加快建设优秀的企业文化。着重在以下几个方面进一步拓展深化：

一是创先理念。企业文化反映企业的内在特质，是企业管理的灵魂，是企业基业长青、永续发展的动力和源泉。创先工作与创先文化相伴相生，伴随着创先工作的深入开展，创先文化体系也将应运而生；创先工作是推动企业文化建设的良好契机，必须以创先工

273

作为抓手，切实将科学发展观贯穿于创先工作的全过程，从而形成内强企业素质，外塑企业形象，持续增强企业凝聚力、竞争力与创新力，既体现山西电网的发展内涵，又反映时代要求的先进企业文化体系。

二是责任理念。对山西电网公司负责，为山西省经济社会发展服务；主动承担社会责任，全力做好电力供应；始终牢记关系国计民生和公用事业的从业者的责任，忠于职守、守土有责，任何时候都不发生责任缺失。张建坤总经理指出："责任是汇集企业资源、推动企业进步的力量之源，也是一个人事业与人生不断向上的内在动力。具有责任感的企业才可以在社会竞争中独占鳌头，具有责任感的员工才可以在岗位对标中脱颖而出。各级领导干部作为员工的带头人、主心骨，必须把责任心作为个人品格与能力的载体，在电网和公司提速发展、保障安全和队伍稳定等工作中勇于担当、恪尽责任；必须率先垂范，用心用智激发员工的责任感，分解责任，传递责任，打造责任团队，带领员工在晋级发展中大有作为。"必须以"想尽办法去完成每一项任务"的理念为核心，立足本职岗位，有效履行职责，勤奋、敬业、服从、诚信，不断提高执行力，确保各项重要决策和工作部署落到实处。

三是服务理念。牢固树立"以客户为中心"的价值观和"服务永无止境"的理念，始终站在客户的角度来构建营销服务文化体系，坚持融入管理、切合实际、规范行为。以"服务永无止境"的理念为核心，逐步建立具有现代化水平的电力营销管理体系，规范、完善区域统一的电力市场，实现"一体化"管理，实现营销管理手段的现代化，供电服务实现服务方式创新化、服务管理规范化、服务过程程序化、服务质量标准化。

四是安全理念。牢固树立"一切事故都可以预防"的安全理念，加强安全生产宣传教育和培训，通过开展"党员、团员身边无事故"、"安全生产不违章承诺"、"安全月"、"青年安全生产示范岗"等活动，营造良好的安全文化氛围，使安全生产理念渗透到干部职工的工作、生活中去，使安全生产成为干部职工的自觉行为。以"一切事故都可以预防"理念为核心，全面推进"大安全"管理模式，逐步形成有山西特色的安全文化。

五是团队理念。坚持"政治素质好、经营业绩好、团结协作好、作风形象好、讲原则、重感情，团结和谐，有战斗力的坚强领导集体"的领导班子建设目标，不断提高班子的执行能力、治企能力和创新能力；坚持"高标准，严要求，严爱结合带队伍"理念，带出政治思想好、工作作风正、业务水平精、组织纪律严、忠诚能干的职工队伍；坚持"政令畅通，人人快乐工作"的理念，创造员工干事有舞台、成才有机会、发展有空间的良好环境，使肯干事、能干事、干成事的人有为有位；鼓励敢为天下先的精神，使优秀人才脱颖而出。

培育班组文化

班组文化建设是企业文化管理的重要内容，其对于培养班组成员的爱企情怀、培养班组成员的优良品德、班组精神，有着至关重要的作用。开展班组文化建设工作是大势所趋，势在必行。班组文化是企业文化的有机组成部分，是班组在组织生产、提供服务的过程中，形成的群体意识、班组氛围、行为规范和管理方式，是班组全体成员共同认同并付诸实践的共同价值观。班组文化决定着企业文化内容的丰富性和可操作性，是企业文化在班组层面的体现。只有以班组文化为切入点，才能激活文化细胞，才能更好地发动、吸引广大员工的参与，更好地把国家电网公司的核心价值观进一步与广大普通班组的工作目标、岗位要求相结合，才能将班组的普遍价值观、行为规范和管理方式与公司所倡导的文化传统、行为规范、管理模式有机统一起来。

班组文化建设的关键是班组长。班组作为电力企业最基层、最活跃的组织，是我们企业开展各项工作的落脚点和具体实践者。班组长作为班组领导者，既是班组生产管理的直接指挥和组织者，又是直接的生产者。在实际工作中，经营层决策的贯彻落实，有赖于班组长的大力支持和密切配合。在班组文化建设中，班组长是实际工作的组织者、倡导者。文化建设工作，必须依赖于班组长的大力配合和支持。班组文化建设之初最容易碰到的问题就是班组长对工作的抵触，因为很多班组长会主观地认为班组文化建设活动就是给班组增添新的工作负担，我们只有将班组文化建设工作目的和班组长的工作目的高度统一，帮助班组长不断提升管理水平，充分发挥班组全体人员的主观能动性和生产积极性，建立和谐的班组氛围，合理地组织人力、物力，充分地利用各方面信息，才能得到班组长的大力支持和认可。

要充分明确党群工作者的工作定位。在国有企业中的班组文化建设活动，多是由党群工作者负责，而如何正确定位党群工作者在班组文化建设中的作用与地位，对班组文化建设工作的顺利实施至关重要。党群人员可以是文化建设活动中的号召者、鼓动者，在经过专业学习后，也可以是班组长文化管理的咨询者，但决不能是班组文化建设的主导者。党群工作者应该也只能是一个辅导者、引导者，班组文化建设最重要、最基本的工作都只能由班组长带领班组成员共同完成。

根据班组的实际情况，合理选择突破口。班组文化具有鲜明的班组个性，是不能被复制的。而每一个班组因为人员构成不同、核心业务不同、压力来源点不同、管理水平不同，所以造成了班组文化的不同特点。班组文化建设的关键是通过观察，找到班组中存在的薄弱环节，以此为突破口，帮助班组改善这一环节。这样不仅能够取得班组成员尤其是班组长的信任，也能为进一步的文化建设明确方向。

弘扬廉洁文化

张建坤总经理在讲话中指出："要清除各种腐败行为、落后的思维观念、消极的工作情绪等前进道路上的挡路"石"、绊脚"砖"，深化反腐倡廉，勤政清心，干事干净，营造风清气正的环境，员工才能专心工作，干事干成事；公司才能专势发展，谋利谋正利。"这段讲话专门指出了要干事干净，明确提出了既要干事也要干净的要求。干事是领导干部的职责所在。不干事、不能干事，当一个昏官、庸官，无所事事，碌碌无为，这个"官"还有什么意义？这样的人还有什么资格当"官"？古往今来，当官要干事乃为共识。即使在封建社会，"当官不为民做主，不如回家卖红薯"，也是许多为政者的追求。这里的"为民做主"，就包含着干事的意思。应该说，当今的绝大多数领导干部都是想干事，也都是能干一些事的。但深入分析一些领导干部的干事，其表现和效果却很复杂。牢记立党为公、执政为民，干事为国为民的是主流、是多数；但失去了正确导向，干事不是为国为民，而是为了谋取自己的功名，或者为了谋取家族或小圈子的私利的，也同样存在。胡长清、成克杰、慕绥新等也都曾经干过一些事情，但最终却在干事中东窗事发，沦为人民的罪人。事实上，这一类领导干部的垮台并不在干事本身，而是在干事背后的动机与目的上。于是，这就十分自然地联系到了干净的问题。对于领导干部来说，干事与干净就像并蒂莲一样密不可分，缺少了哪一条，都算不上称职。怀着干净的动机和目的去干事，事才能干得利国利民，才能赢得人民群众的拥护、支持和爱戴。反之，动机不纯，作风不正，把干事作为谋取私利、博得虚名的手段，或者片面地认为只要干事，何须干净，就极有可能使干事变形、变味。这样的干事，违背了党的宗旨，只能劳民伤财、激起民怨。不干净的事干多了，最终就会栽跟头、吃苦头。可见，既干事又干净，才是最佳状态。只要像孔繁森、郑培民那样，扎扎实实地做事，清清白白地做人，干干净净地做"官"，就会受

到人民群众的爱戴。

引导大家干净干事，不仅要靠制度的约束，也要靠文化的熏陶。廉洁文化是企业文化的重要组成部分，是企业在长期发展过程中逐步形成的促使领导干部和广大员工廉洁从业，推动企业依法经营的思想观念、行为规范和从业行为的一种依法管理理论和管理行为。廉洁文化自古就有，在新时期对廉洁文化赋予了新的内涵。我们今天所指的廉洁文化是电力企业在长期发展过程中形成的，能促使企业领导干部和员工廉洁从业，推动企业依法经营的思想观念、行为规范和从业行为的一种依法管理理论和管理行为，它以"依法经营、廉洁从业"为主要内容，来统领山西电力公司干部员工的思想意识、价值标准和精神观念。

廉洁文化的作用在于无声沁润，潜移默化。加强电力企业廉洁文化建设，对电力企业各方面工作都有促进作用。有利于优良传统和作风的弘扬。加强电力企业廉洁文化建设，能让电力员工通过传承中华民族所具有的光荣美德，克服各种腐朽落后的思想意识。有利于企业与客户关系的融洽。电力员工是廉洁文化的主体，电力企业开展廉洁文化建设，反映了广大客户的利益和愿望，有利于电力企业改善形象，凝聚客户，深化服务宗旨，提升服务质量。企业开展廉洁文化建设有利于激活企业员工活力。廉洁文化看似无形，实则表现在企业生产、经营、管理、服务的方方面面，通过丰富载体形式，可以激发干部员工的内在潜力，使企业焕发更大的活力，有利于提高企业的核心竞争力。廉洁文化是促进企业健康、持续、和谐发展的重要途径。用自律约束经营行为，规范从业意识，对构筑安全、文明、稳定的供电秩序，发展壮大企业综合实力，将会起到巨大的促进作用。

要构筑廉洁文化景观。结合廉洁文化开展主题教育活动，积极利用宣传橱窗、电子显示屏、走廊、大厅等设施和场所，设置廉洁文化宣传栏；在办公场所、营业厅、变电站等悬挂廉洁宣传标语、公益广告、书画、摄影等作品；在办公桌摆放的桌签、公示牌或电脑显示屏上，印制、播放廉洁格言警句等，营造浓厚的廉洁文化建设环境。高度重视廉洁报刊的征订工作，每年为每位领导干部、每个党支部订阅 1 至 2 份党风廉政教育报刊，重点学习刊物要做到党员干部人手一册。积极开展报刊的读用活动，以阅读《中国纪检监察报》、《党风廉政教材》、《从政提醒》等重要文章和正反面典型电教片为重点内容，充分发挥党风廉政报刊在文化建设中的宣传、指导和教育作用。

深化领导干部和普通党员教育。将廉洁从业内容列入党委中心组学习计划，每年组织领导干部参加各类廉政党课、专题学习会和民主生活会。实行领导干部教育登记制度，对领导干部参加廉政教育活动的情况进行登记，列入年度党风廉政建设责任制的考核内容，促使领导干部认真履行，自觉带头遵守党纪条例和各项规定。注重日常教育与主题教育相结合，不断强化党员的日常学习教育，每年印发廉政教育工作计划，部署安排全年的廉政教育工作。每年开展一次主体教育活动，不定期开展廉政知识竞赛、参观革命旧址等活动，开展各类文体活动，寓教于乐，丰富学习内容，进一步强化党员干部的党性观念，增强遵纪守法的自觉性。

健全廉洁文化建设工作机制。进一步完善党委统一领导，党政齐抓共管，纪委组织协调，相关部门发挥优势，各展所长，广大员工积极参与的廉洁文化领导体制和工作机制。成立廉洁文化建设领导小组和办公室，配备专职或兼职工作人员。将廉洁文化建设摆上重要议事日程，做出总体规划，制定廉洁文化建设的近期、中期和远期目标和规划。明确各阶段的工作目标、方法和步骤，指导开展廉洁文化建设工作。同时，把廉洁文化建设纳入企业发展的总体规划，纳入精神文明的整体部署之中，统筹规划，实现良性互动，长远发展。力争经过一段时间的努力，形成具有山西特色的廉洁文化机制，构建起完整的廉洁文化体系。

三、发挥干部队伍干事创业的作用

人才资源是第一资源。人才队伍、干部队伍是企业发展的原动力。企业的竞争归根结底就是人才的竞争。拥有一批优秀而稳定的各类人才，企业才能谈及可持续发展。包括企业管理人员在内的各类人才队伍、干部队伍建设是国有企业发展壮大的重要保证。为企业的人才队伍、干部队伍充满生机活力营造环境是干部队伍建设的一个基本要求。

2011年5月12日上午，山西省电力公司2011年青年干部培训班暨挂职培养锻炼干部培训班在公司党校举行了开学典礼。

为办好本次培训班，省公司党组高度重视，人董部、人资部精心策划、周密安排，从培训方案策划到组织实施、从党校主体课程到公司专题讲座，都给予了全方位的指导。本期青干班共有54名学员，主要以学习中国特色社会主义理论体系特别是科学发展观为中心，着力提高领导干部的素质和能力；以强化大局意识、应对复杂局面为重点，着力培养战略思维；以坚定理想信念、培养优良作风为重点，着力加强党性修养；特别是贴近公司发展实际，以建设坚强智能电网和"三集五大"体系为重点，加强对公司工作的专题性学习。

对于公司而言，要围绕待遇留人、情感留人、事业留人的总体思路，稳定现有人才、引进急需人才和储备后备人才。在具体的工作中，要着力为干部队伍提升素质，提升能力营造环境，将党的干部、人才方针政策全面落实到国有企业，为企业跨越式发展提供人才支撑，使企业的干部、人才都能才尽其用，能在自己的岗位上各尽其长，能在工作生活中心情舒畅。

领导干部要有开放思想、改革创新的精神

思想决定思路，思路决定出路，每一次时代的大变革、社会的大进步，首先是一场思想的大解放。面对世界范围内新能源迅猛发展、用电需求多样化带来的新挑战，面对特高压电网建设全面加快、体制机制变革迫在眉睫的艰巨任务，各级领导干部必须抓紧学习科学的新思想新知识，把学习作为一种精神追求、一种人生境界、一种生活习惯，真正做到学以立德、学以增智、学以创新，让学习的价值体现在培育思想方法与工作思路上。

学习科学的思想，提升发展的效率和实力。科学思想就是要精准研究、认识和把握发展规律。领导干部必须敏锐把握电网和公司发展的内在规律和本质，遵循规律、顺应规律、服从规律，高效率地推动"两个转变"。要结合我省省情和公司实际，深刻认识发展特高压电网是解决我国能源发展深层次矛盾、构建科学能源供应体系的必然选择，是实现我省能源优势向发展优势转变的根本途径，全力以赴把特高压电网建设好、管理好、运行好。要清醒认识公司管理水平与一流企业的差距，与电网快速发展要求的不相适应，按照国家电网公司统一部署，变革组织架构，创新管理模式，优化工作流程，深化人财物集约化管理，积极推进市县层面主多分开、集体企业规范管理等工作，尽快形成科学的现代企业管理体系和运营机制。

学习先进的思想，增强创新的胆识和能力。先进思想就是要超前探索、辨识、把准发展趋势。领导干部必须善于学习一切先进的管理思想，掌握先进的思想工具，用于解决长期阻止和困扰我们发展的"疑难顽症"，促使企业发展不停滞、不呆板、不老化，始终保持蓬勃的生命力。要清醒地认识：旧矛盾是新问题的"酵母"，始终在消磨队伍意志；"机遇"不敢抢抓，失去的不仅是利益，还有人心。要坚定地相信：别人能做到、做好的事情，我们也要做到、做成；别人没能开启的工作，我们要去创新。不锐意创新就找不到发展的有效途径和办法，就难有突破和卓越成就。要把创新作为自觉行动，打破习惯思维，摒弃安逸松懈，科学借鉴先进网省公

283

司的经验，推动解决同业对标指标落后、电网前期工作滞后等难题。我们鼓励干部大胆想、大胆闯，敢作敢为，先行先试，允许在创新的过程中有失误，但不允许不去闯、不作为。

学习健康的思想，修炼人生的价值和活力。健康思想就是要保持阳光的心态。领导干部要养成开放的胸襟和气度，力戒心浮气躁，以平常心处事，以高标准自律，克己容人、乐观顺势，心态健康、快乐工作。要把岗位作为展现自身能力、比赛贡献大小的平台，力戒心浮气躁，平和对待晋升和转岗，晋升则更加奋发有为、严格要求；转岗则努力掌握新本领、开创新局面。特别是在相对艰苦的岗位上，更要发现蕴含的新机遇，砥砺自身，提高素质，创造不平凡的业绩。要有开明睿智、大气谦和的胸怀，学会为他人鼓掌、为自己加油，多用宽厚包容之心对待同事，多用换位思考之法对待分歧，努力为他人创造价值、为自己赢得机会。

领导干部要有力行实践、实事求是的精神

实践是检验真理的标准，落实思想的根本。围绕国家电网公司以"三个建设"为保障、深入推进"两个转变"、建设"一强三优"现代公司的总战略，公司确立了"三思三晋"工作方式和发展战略，明晰了"规划希望、和谐执行、幸福发展"的科学发展道路，这是引领和指导公司未来发展的总要求。各级领导干部只有身体力行、带头实践、真抓实干，让多干实事成为企业风尚、行为规范、价值标准，才能形成推动公司发展的巨大物质力量，我们的宏伟蓝图才能成为现实。

要理论联系实际。实践出真知，出创新思维。任何固守本本、漠视实践、超越或落后于实际生活的做法都不会得到成功。领导干部要善于把所学到的理论与实际工作相结合，创新探索解决实际问题的新方法、新路子，在解决历史遗留"老问题"的实践中出经验、树经典，在解决电网和公司发展"新问题"的实践中创标杆、造精品，让理论在创新实践中绽放活力、结出硕果。要善于思考、总结、积累经验，把实践中的感性认识及时上升到理性认识，更好地指导实践，使工作越干越好、水平越来越高，各项事业不断向前推进。

要密切联系群众。来自员工、植根员工、服务员工，是公司和谐稳定、基业长青的根本。我们必须自觉贯彻党的群众路线，始终保持同员工的血肉联系，使我们的工作获得最广泛、最可靠、最牢固的群众基础和力量源泉。领导干部要坚持依靠员工、为了员工，尊重员工的首创精神，放低自己，拜员工为师，把个人才智的增长深深扎根于员工的创造性实践中。要坚持工作重心下移，沉心静气深入一线调查研究，集民智、解民忧、暖民心，知实情、想实招、干实事，以求真务实的个人作风带动广大员工干事创业的积极性。要在风雨中锻炼成长。经历是财富，经历是能力，经历铸"底气"。只有历经丰富实践，工作才充满自信，处事才"底气"十足。领导干部要注重在实践中锻炼自己，在经历中丰富自己，在作为中提高自己。特别是广大年轻干部要主动到生产建设的一线去，自觉到艰苦地方、复杂环境、关键岗位锤炼作风、积累经验、增长才干、树立威望。经过艰苦复杂环境磨练、重大事情考验、实践证明优秀的年轻干部能够不断涌现出来，电网发展和公司事业才大有希望。

领导干部要有谋取幸福、以人为本的精神

我们党本身就是一个为人民谋利益的政党，决无私利可图。对于公司各级领导干部来说，为人民谋利益就是为员工和社会谋幸福，就是要始终把以人为本、为民谋福作为指引、评价、检验一切工作的最高标准，把员工的利益作为一切工作的出发点和落脚点，让员工全身心地为电网和公司发展贡献力量。以人为本，就会幸福启航。

要坚持先人后事，在谋划工作、推动工作、评价工作时，把人放在第一位。在安全中，要把员工的人身安全作为头等大事，根据员工身心状态合理安排任务，按照现场实际需要配置劳保用品，不断为员工创造更安全、更适宜的作业环境。在管理中，要尊重人，包容员工的个性差异，避免简单、生硬、粗放的管理，使管理更具人性化、包容性和艺术性；要尊重人才，牢固树立人人皆可成才的观念，敢为事业用人才，让各类人才都拥有成长平台、发展空间；要尊重一线员工，真诚倾听一线员工的意见和呼声，让决策植根于一线、服务于一线、成就于一线。员工是公司财富的创造者，是推动公司发展的根本力量，只有充分尊重员工的幸福发展主体地位，公司才能幸福起航。予人利益，才会幸福自己。

要坚持先人后己，在为员工创造幸福、为公司创造价值的基础上，享有幸福，提升自我。予人玫瑰，手有余香，真正的幸福来源

于帮助他人、奉献社会。领导干部要把员工利益和社会责任放在心中最高位置，始终牢记手中的权力只能用来为员工和社会谋利益。提升自己，首先要提升自己在员工心中的地位，也就是做员工满意、信服、有益于员工的事，让员工感受幸福，自己才能在工作的成就中体会幸福。要更加看重社会责任，立足奉献社会，建立与当地社会和人民群众互相支持、水乳交融、友好相处的良好关系，实现电网发展与资源、环保和人文的协调统一。同心聚力，定会幸福发展。要坚持先人后名，在推动公司幸福发展的过程中，不图虚名，不慕虚荣，而是更加注重公司发展中的实力增强，更加注重员工在发展中的幸福感。领导干部要用智慧统筹公司资源，既不急功近利、过度地透支未来，也不贪图安逸、只注重现时的享受，而是让人事匹配、人尽其才，实现持续、健康、和谐地发展。对内要营造共建共享的幸福文化，倡导部门之间协作配合、协同攻坚，员工之间团结互助、资源共享，主辅之间主动帮扶、积极解难，在和谐共进中赢得民心、增进情谊。对外要创造和合共赢的幸福发展环境，促进网厂互利共赢，营造和谐网厂关系；提高电能质量和服务水平，营造和谐供用关系；强化舆情监测和危机管理，营造和谐的公共关系，在和谐制胜中赢得美誉、树立形象。通过维护员工和社会利益，促进上下同心，凝聚各方力量，不断增创幸福发展新优势，实现发展的过程使人快乐、发展的结果让人幸福。

领导干部作为企业的旗帜，不仅自己要振奋精神，更要善用思想文化手段，传递精神、感染员工、积淀文化，增强企业的凝聚力

287

和向心力，激发员工的内生动力，为企业创造更大的财富。要在传承文化中传递精神。山西电力百年历史积淀了深厚的文化底蕴，领导干部要善于挖掘、总结、继承、传播企业的优秀文化，敏锐把握先进文化的前进方向，以高尚的文化追求武装员工、鼓舞员工、引领员工，为员工提供更健康、更充实的精神生活。领导干部要善于创建文化载体，创立文化仪式，创造文化符号，丰富企业的精神资源，打造员工的精神家园，让文化成为统一思想、凝聚人心的精神旗帜，让文化成为创造业绩、推动发展的精神力量。要在践行核心理念中凝聚合力。一个人一时的热情容易激发，长久的激情不易保持；企业中个别人的努力容易做到，整个团队的努力不易促成。这就需要共同价值理念的支撑，以"上下同欲"的内在精神支柱，凝聚力量，激发活力，形成众志成城、无往不胜的坚强团队。领导干部要善于创新形式，开辟途径，大力宣传"诚信、责任、创新、奉献"的核心价值观，让公司的核心价值观成为企业立业、员工立身的道德基石，成为激励全体员工奋发向上、团结进取的思想共识和精神纽带。领导干部要带头遵守、倡导和践行公司的核心价值观，杜绝表面文章，力戒随意行为，以自身的实际行动赢得广大员工对公司的信任和价值认同，增强公司的向心力。要在成就大事中提振士气。随着"两个转变"的深入推进，电网和公司发展进入关键阶段，迫切需要我们在发展中锻炼队伍、鼓舞斗志，在干事成事中坚定信心、提振士气。每一个单位、每一个部门都要不拘泥于常规工作，勇于挑战自我，敢于迎战困难，以更高的目标、更富有创造性

的工作，让工作成为承载团队理想和个人梦想的航程。领导干部要顺应时代潮流，以大手笔谋划大事业，以大气魄搭建大舞台，让每一个员工都能尽施才能、成长进步，幸福才意味着希望，幸福才意味着发展，公司才是真正走上了幸福发展之路。

建设学习型组织

面对时代大变迁以及日渐复杂的社会现实，传统的官僚制组织结构及其活动方式在应对新环境、解决新问题时已显得力不从心，学习型组织理论作为一种应时代而生的新理论逐渐显出其生机与活力。麻省理工大学的彼得·圣吉博士以及一些杰出企业家，融合系统动力学等几项理论和方法，推出了学习型组织的理论和实务，发表了《第五项修炼——学习型组织的艺术与务实》，激起了学习型组织理论研究的热潮。彼得·圣吉认为，"学习型组织是一个不断创新和进步的组织，在其中，大家都以突破自己的能力为上限，创造真心向往的结果，培养全新、前瞻而开阔的思考方式，全力实现共同的抱负，以及不断一起学习如何共同学习"。其实践可以概括为五项修炼：自我超越、改善心智模式、建立共同愿景、团体学习和系统思考。作为一个企业来说，其所肩负的任务较之以往更有复杂性、艰巨性等特征，企业干部仅凭以前的经验、知识和认识根本不足以承担起这一重任，必须通过学习不断提高自己的水平和能力。

作为关系国家能源安全和国民经济命脉的国有重要骨干企业，国家电网公司党组把建设学习型领导班子作为建设学习型党组织的龙头和关键，纳入"四好"领导班子建设中，健全并严格落实中心组学习的各项制度，促进理论学习的制度化、规范化、经常化，不断增强学习的针对性和实效性。坚持理论与实践相结合，在学习中解放思想、更新观念，不断深化对我国国情和能源电力发展规律的认识，准确把握电网和公司的发展定位，确立了国家电网公司以"三个建设"为保证（党的建设、企业文化建设、队伍建设），深入推进"两个转变"（电网发展方式转变、公司发展方式转变），加快建设"一强三优"现代公司（电网坚强、资产优良、服务优质、业绩优秀）的科学发展总战略，引领和推动公司和电网实现科学发展。

国家电网公司在学习型党组织建设中，通过抓班子、带全员，把理论学习的成果转化为推动公司和电网创新发展的成效。通过坚持理论学习，进一步提升了各级领导班子领导和推动科学发展的能力，解决了一批影响和制约公司科学发展的突出问题，同时，进一步提高了员工队伍的素质。

学习型组织建设要把培养干部队伍优秀的品质习惯作为第一要务。优秀的品质习惯应该具有如下特点，一是尽职尽责。只有每名员工都意识到尽职尽责是自己的使命，主动分担责任，公司才能在日益激烈的市场竞争中立于不败之地。二是诚信。诚信是一个人成功的根本，是一个人从平凡走向卓越必须具备的品质。三是敬业。敬业就是敬重自己的工作，将工作当成自己的事，其表现为对工作忠于职守、认真负责、一丝不苟、善始善终、全力以赴。第四是坚韧有毅力。即做事不仅需要深思熟虑后的果敢决定，更需要有一种

实现自己的决定而无悔的、不懈的努力精神。第五是团结协作。要主动培养团结协作的精神，让团队成员之间彼此相互理解，取长补短。

要注重培养干部队伍优秀的学习习惯。一个企业中员工的执行力与优秀的学习习惯有密切关系。要养成专心致学的习惯，通过日积月累，实践转化成知识，知识转化为智慧，逐渐形成优势，逐渐变得优秀。在工作中学习，在学习中工作。优秀的员工善于从工作中洞察和发现新知识、新技能，了解专业知识和技能发展的新动态，并且能根据工作的实际需要，学习、掌握和吸收新知识、新技能。养成终身学习的好习惯，要适应不断发展变化的客观世界，就必须学习从单纯的求知变成生活的方式，努力做到活到老、学到老，终身学习。

要注重培养干部队伍优秀的工作习惯。制定目标，并把目标化整为零，从最容易处着手。要为自己确定切实可行的目标，全身心投入，提高工作效率，使自己成为一名优秀的员工。分清事情的轻重缓急。工作一定要讲章法，一步一步地把事情做得有节奏、有条理，这样才能达到良好的结果。优秀的员工懂得做要事而不是做急事。既要做正确的事情，又要正确地做事。要善于化繁为简，把复杂的问题简明化；要善于区分先后与轻重，做到工作秩序条理化；要灵活机动，做到工作方法多样化。

要注重培养干部队伍优秀的行为习惯。员工可发挥的主动性分为五个层次：第一级是等待别人的吩咐；第二级是询问该做些什么；第三级是提出建议，然后就采取相应的行动；第四级是采取行动，但立即提出建议；第五级是自己主动行事，然后定期汇报。把简单的事做对并不难，难的是持续做对，难的是不找任何借口，做好本职工作。我们每个人都会做却又不屑于做的事贯穿于我们日常工作和生活中，虽然简单，但我们不能采用简单对待的做法。我们要把它们看作一件需要付出全部热忱、精力和耐心的伟大事业。当你能够把一件简单的事情做得非常好时，你就变得很不简单。注意细节，功夫要用在平时，养成良好的习惯，关键的时候才能水到渠成，成就卓越。

注重选人用人

选人用人是一个企业中广泛关注的热点，事关企业的发展大局，也是组织工作提高群众满意度的重点。从我们党的历史来看，人民群众是决定一个国家兴衰的根本因素，是党执政的基础。广大党员干部群众对选拔任用干部的关注度和参与度大大提高，这必然要求在干部选拔任用工作中，进一步落实群众知情权、参与权、选择权和监督权，从人民群众委托干部工作机构去选人，向干部工作机构依靠人民群众选人转变。只有选拔任用工作和所选用的干部被广泛认可了，我们的企业才会进一步赢得群众的信任和拥护，党的执政基础才会进一步扩大和巩固。

要在干部选用工作中坚持崇尚实干、重视基层的导向。实干兴邦，空谈误国。要在干部队伍中进一步弘扬这种实干精神，真正把敢抓敢管、攻坚克难的实干者重用起来，把那些在艰苦环境和平凡岗位上做出突出实绩的干部选用上去，坚决不用那些"庸官"、"懒官"、"太平官"，决不让老实人吃亏，不让投机钻营者得利，引导和激励各级领导干部干事创业、奋发进取、创造出经得起实践、人民和历史检验的工作实绩。还要重视基层工作。实践证明，经过基层一线和艰苦环境锻炼的干部，做工作、处理实际问题、应对复杂局面的能力会明显提高，开展工作能够更加贴近群众、贴近基层、贴近实际。必须将选人用人的视野放宽、放远、向下延伸、向基层拓展，尤其要格外关注长期在条件艰苦、工作困难地方努力工作的干部，形成在基层培养干部、从基层选拔干部的良好导向。

要逐步探索民主推荐、民主测评的途径和方法。坚持把民主推荐、民主测评作为群众参与干部选拔任用工作的重要方式，更加广泛地听取民意。根据不同的对象，大胆探索采取等额推荐和差额推荐相结合、定向推荐和非定向推荐相结合、一次推荐和多次推荐相结合、动议性民主推荐和非动议性民主推荐相结合等多种方式。杜绝某些干部存在的敬业精神不好、开拓能力不强、团结协作意识差、作风不够扎实等问题。完善差额选拔任用的方法。积极探索和完善差额提名、差额推荐、差额考察、差额酝酿、差额表决等差额选拔任用方法，逐步推行干部选拔任用工作的全程差额化。在公开选任职位、选任信息的基础上，由全委会成员对重要岗位的领导干部进行"海推"，在分类统计、综合分析、充分酝酿和征求有关方面意见的基础上，党委集体讨论决定差额考察人选。通过全方位、多角度、多层次的差额考察，深入比较差额考察人选的德才素质、工作实绩、发展潜力、廉洁情况和群众基础,客观、科学、全面地评判干部的优劣。在差额考察的基础上,提交党委进行差额票决。

要拓宽干部工作公开的范围。根据公开内容、公开主体的不同,实行差异性公开、分层式公开、互动式公开,不断丰富公开方式和渠道。适宜内部公开的,主要通过内部会议,下发文件、定期通报等形式公开;适合全社会公开的,可以通过广播、电视、报刊、网络等大众媒体和党务公开栏等方式进行公开。要建立与职工沟通的互动机制,倾听群众对干部工作的意见建议,变"我公开什么,群众看什么"为"群众想知道什么,我公开什么",调动群众参与干部工作的积极性。特别是当有重要岗位任免时,应积极在一定范围内由负责人向全体职工介绍人事任免的有关情况,避免少数人背后议论、道听途说、以讹传讹等不良现象的发生和蔓延。

开展心理健康管理

人力资源是企业建设发展中最宝贵的资源,员工心理健康是企业实现科学和谐、持续快速发展的重要基础,也是实现人本管理的重要体现。西方的企业管理从上个世纪开始,先后经历了流程化管理、全面质量管理、学习型团队管理等多个阶段,从对管理体制的重视逐步演变到对人的管理的重视。尽管东西方文化上存在明显差异,但"人本化管理"这一趋势是不容置疑的。在发达国家的成功企业中,"加强人性化管理,关注员工的心理健康"、"心理健康比身体健康更重要"的论调在上个世纪90年代初期就已经在研究并付诸实践,但在国内企业管理中还涉足较少。引入员工心理帮助这一新的管理模式和工作思路，是对传统企业工作的创新，目的是落实以人为本的发展观，将现代心理学的新方法、新技巧应用到我们的管理工作中，提升压力管理水平，实施心理疏导和帮助，调适员工情绪，有效解决员工职业心理困扰问题，进而提高工作绩效，实现企业和谐健康发展。

必须要高度重视员工的压力管理和情绪管理。重视员工的身心健康，注意缓解员工的工作压力，是关爱员工、建立和谐企业的重要组成部分。随着工作节奏的加快、工作负荷的增加、安全压力的增大，给员工带来的心理压力和困扰日渐增多。从整体上看，要继续加大有关心理减压方面培训的力度。加强思想宣传引导，开导员工接受心理帮助计划，以积极的心态参加心理帮助计划的有关活动，主动向公司领导反映心理诉求。要着重从思想方面加强对员工心理压力管理与控制的宣传与培训，引导员工理解心理学的理论知识，让员工正确认识压力，掌握自我压力调解与情绪控制的技巧，帮助员工掌握提高心理素质的基本方法，增强对心理问题的抵抗力。

重点人群和个别人员的帮扶是心理健康的重点工作。各级政工人员直接或间接地从各方面深入了解掌握实际情况，确定和掌握真实问题，有重点、有针对性地开展帮助工作。对员工个体的帮助工作，应广泛动员各级组织的力量配合开展。往往是越靠近基层一线、越靠近现场的人员对事件的了解更为及时、更为准确、更接近真实。这就需要调动基层党、工、团组织的力量，甚至需要调动班组长、党小组长、工会小组长的积极性，充分发挥他们的一线优势，提高员工心理帮助工作的准确性和针对性。

配备有心理健康咨询能力的政工干部。随着工作节奏的加快，员工渴望有能够交流和倾诉的对象，说教式的简单的思想政治工作方法只会让员工产生逃避心理。同时，由于长期以来对心理咨询的误读和误解，员工往往认为做心理咨询是自身有问题的表现，出于保护隐私和个人面子的问题，不愿意轻易去做，因此对身处本单位、了解部门和自身情况的政工干部就抱有很大的希望，但我们的政工干部队伍中具备相关能力的却寥寥无几，不能满足员工的需求。在这种情况下，可以考虑建立心理咨询师队伍，开展精神支持与心理辅导，开通员工压力与情绪释放和宣泄的渠道。